十二下りのてをどりを身近に

深谷太清
Fukaya Motokiyo

道友社

はじめに

以前、ある女性が教会に参拝に来てくれたときのことです。彼女はすでによふぼくであり、月次祭にも欠かさず参拝し、教会の諸行事にも積極的に参加してくれていました。ところが、よく聞くと、よろづよ八首はなんとか踊れますが、十二下りはまだ踊れないとのことでした。

信仰初代の彼女は、天理の学校に行ったことがなく、修養科などにもまだ入れる環境ではなかったため、それまで十二下りのてをどりを習得する機会がなかったのです。

申し訳なかったなと思い、早速《さっそく》一下り目から一緒に学ばせていただくことにしました。すると、驚いたことに、彼女は「こゑのさづけ」の「こゑ」は、「肥」ではなく「声」だと思っていたことが分かったのです。

しかし実は、こうしたことは彼女だけではなく、別のある男性も「むしやうに」を「無償に」だと思っていたなど、十二下りを踊れる人でも、お歌の意味を誤解していたり、よく分からないまま勤めていたりする人が意外と多く、教会としても、なんとかさせていただかなければならないと思いました。

＊

振り返れば、教祖《おやさま》は最初、「なむてんりわうのみこと」と一心に唱《とな》えることを教えてくだされました。その後、ご恩を感じ、熱心に信心するような人々が出てきた立教三十年ごろより、いよいよ本格的に、「かぐらづとめ」（第一節～第三節）と「てをどり」（第四節～第五節）を教えてくださるようになりました。

その際に、おふでさきに、

つとめても初てをどりまたかぐら
一寸のほそみちつけてあれども
（四 74）

とありますように、教祖は、「てをどり」から先に教えてくだされました。すなわち、「あしきはらひ」のおつとめ（第一節の原形）の後に、「十二下りのてをどり」（第五節）を先に、最後まで教えてくだされ、「十二下りのてをどり」を勤めることを通して人々の成人を促され、「かぐらづとめ」の完成へと向かわれたように拝察します。

＊

「十二下りのてをどり」は、お祓《はら》いや祝詞《のりと》のように専門家にしか理解できないようなものではなく、農業をしていて文字（学問）とは縁遠《えんどお》い生活をしていた当時の人々でも、すぐに唱えて教えを学び、親神様の思召《おぼしめし》を手で振って、心を陽気にしていけるものとして教えてくだされたのだと拝察します。

たとえば、教祖ご在世当時の先人の一人である桝井伊三郎《ますいいさぶろう》先生は、息子に、

「お道の最初には暇《ひま》さへあれば御かぐら歌をやつてゐた。夜おそくお屋敷から宅へ帰《か》へる野中《のなか》の

淋《さび》しい夜道を歩きながらも、お屋敷を出ると何時《いつ》の間にやら御かぐら歌を口でとなえ、手振りをさせて頂きながら帰つて来た。心は陽気に躍つて足も何時しか心と共に躍動して何の疲れる事もなく、淋しさもなく、恐ろしさもなく、極楽の様《よう》な気持ちで帰らせて頂く事が出来た」

（桝井孝四郎《こうしろう》「御教祖と御かぐら歌」〈『みちのとも』昭和５年１月５日号〉）

と語っておられます。

おそらく、ここでいう「御かぐら歌」は、主に「十二下りのお歌」のことではないかと思います。そして、「御かぐら歌」を日常生活のなかで唱え、手を振らせてもらうことによって、本人はもとより、周りの心も陽気になっていったのだと想像します。

先ほどの桝井先生の奥さんは、「御かぐら歌」を歌い踊りながら帰ってくる主人のことを息子に次のように伝えています。

「……夜分機《はた》を織りながら起きて待っている。寝《ね》静まっているものやから、外から物音一つ聞こえてはこない。その静かな中から、遠い所からお父さんの歌っておられる陽気なみかぐらうたの歌い声が、門口《かどぐち》の戸の開けられる前から聞こえてくるのや。その迎えるお父さんの顔色はいつもいつも陽気なものやった。時には風呂敷包みなんかが、首に結びつけてある時があるのや。荷物を手に持っていたら、おてふりができんからやといってニコニコしておられたものやで」

（桝井孝四郎『みかぐらうた語り艸《ぐさ》』）

＊

ところで、「十二下りのてをどり」は、一人ひとりの信心を育《はぐく》み、人々の心を陽気にしただけではありません。

「かぐらづとめ」とともに、まさに世界たすけの「つとめ」として、人々によって熱心に習得され、命懸けで勤められてきたのです。

たとえば、大阪の真明《しんめい》組（のちの芦津《あしつ》大教会）では、次のように熱心に稽古《けいこ》が行われたと伝えられています。

本田《ほんでん》の寄所《よりしょ》には、毎夜三十人、五十人と信者が参拝し、太鼓をたたいておつとめを行い、十二下りを踊ったが、その太鼓が破れるほど熱心であった。随分賑《ずいぶんにぎ》やかで、寄所の畳が三カ月ですっかりすりへった位《くらい》であった。

余り賑やかに熱心にするので、近所の人からやかましいと文句をいわれたり、町内から安眠を妨害すると苦情を申し込まれるようになった。そこで適当な空地《あきち》で稽古を行ったり、夜は近くの国津橋《くにつばし》の上まで出かけて稽古をはげみ、夜の更《ふ》けるのも知らず、ようやく東の空が白《しら》みかける頃《ころ》、

「あっ、もう夜明けだ。」

と白みかけた東方の空に合掌をしては解散することがしばしばであった。

（松隈青壺《まつくませいこ》編『真明芦津の道』）

このように人々が熱心に稽古をしたのは、それが直接おたすけにつながっていたからでしょう。当時のおたすけ現場の様子は次のように伝えられています。

病人のおたすけには、先《ま》ずつとめの人数を揃《そろ》え、つとめの道具をもって出かけた。一同水を冠《かぶ》り、身を浄《きよ》めて神様にお願いし、三座のお願いづとめをした。朝三座、昼三座、夜三座というようにおつとめ、おてふりをし、水を冠っては踊り、踊っては水を冠ってお願いし、二日でも三日でもそれを続けた。

ところによっては御神饌《ごしんせん》を新しくお替えしてはおつとめをし、おつとめをしては、水を冠るという風に三座のおつとめをした。一座がすむと、その間、何下り目の何番目を誰が間違ったが、それはどういう理であろうと、おつとめ人一同がさんげし、練り合い、心定めをし、それを病人の家の人々にもさとし、それから又《また》水を冠っておつとめにかかるという真剣そのままであった。

（同）

このようなおつとめに対する真剣さは、人々のたすかりを願う心の真剣さの現れでもあったようです。それは、次の心定めの様子からも窺《うかが》えます。

心定めは、その時々で、いろいろあったが、

「私の命を縮めて下さって結構ですから、あの病人をおたすけ下さい。」

とよく願った。全く命懸けのおたすけであり、おつとめであり、おてふりであった。

だから病人たすけのおつとめに何回も出た人は、

「これで、俺の命は何年縮まったよ。」

と計算していた人もあったといわれる。こうした一身一家のことを打ち忘れ、超越《ちょうえつ》したおたすけ

であったので、どんな重病人も結構な御守護を頂いた。（同）

ただし、人々は真剣でありながらも、あくまでも陽気におつとめを勤めたのであり、神様を第一に、常に病人のことを思っておつとめを勤めていたことが、次の文からも分かります。

病人の家の運命が一変するように、病人の部屋の空気がすがすがしく入れ換わるように、病人の枕許《まくらもと》で陽気なおつとめ、おてふりをするのであるが、そのときどんどんと畳を踏みつけて、病人に振動をあたえてはいけない。それで当時の人の踊りは、どんなに陽気につとめても、水の流れるような、水の上をすべるようなお手であったといわれる。（同）

＊

現在でも、おぢばにおいては申すまでもなく、各地の教会や布教所などにおいて、十二下りは世界たすけのために真剣に勤められていますし、日々の生活のなかで十二下りを歌い踊り、そこに込められた親心を感じながら信心の道を陽気に歩まれている方も大勢おられることでしょう。

その一方で、冒頭の例のように、時代が下り、言葉づかいや生活形態の変化と相《あい》まって、お歌の意味を十分に理解できていない人が増え、また、十二下りを月次祭でのみ拝し、自らの日々の信仰生活と結びつけられなくなってしまっている人も出てきているのではないでしょうか。

実は私自身が、そうした一人でした。

＊

さて、立教一八〇年一月号から立教一八二年五月号まで、貴重な『みちのとも』の誌面《しめん》をお借りして（途中四回休む）、二十五回にわたり、「十二下りのてをどりを身近に」を連載させていただきました。

そこでは、十二下りのお歌を数首ずつ区切り（区切り方は便宜上《べんぎじょう》のもの）、当時の時代背景や教祖のひながたに言及しながら、お歌の意味と、そこに込められた親心を尋ねさせていただきました。ところが今回、出版のお話を頂き、あらためて原稿を読み返してみますと、一つの下りを二回に分け、決まったページ数に一回一回を完結するような形で書いていた文章を、そのまま一冊の本にすると、「流れ」が良くないことに気づきました。

そこで、各下りの意味のまとまりを意識しながら、文章や内容を見直し、加筆修正させてもらったのですが、気がつけば、ほぼ全面的に書き直すことになってしまいました。

しかし、「流れ」を意識したからこそ、お歌の意味をあらためて理解できた部分がいくつもあります。また、連載を終えてから頂戴《ちょうだい》した貴重なご指摘や、新たな発見を多少なりとも反映させることもできました。

本書では、三つの試みをしています。

一つ目は、各下りの最後に、「一つの悟りとしてのまとめ」を加えていることです。「木を見て森を見ず」ということわざもありますが、個々のお歌にのみ集中するのではなく、各下り全体を見通す視点を大切にしたいという思いからです。ただし、個々のお歌の説明と同様、お歌同士のつながりも、一つの悟り（思案）ですので、本文を読んでから、各下りを振り返るときの参考にしていただければと思います。

二つ目は、お手を中心としたイラストを描《か》き入れてもらったことです。お手のイラストは、動きのある「おてふり」について固定化するイメージを与えてしまう恐れがあります。また、そもそも手の高さとか、振り方を正確に描きあらわすのは難しいとも言えます。それでも、あえてお手をイラストとして描き入れてもらったのは、お歌の意味を考えるうえで常にお手を意識し、また、お手を振らせてもらうときに、お歌の意味を思い起こして、理を振ることにつながればという思いからです。お手のイラストは、畏《おそ》れ多くも私の手を写真に撮ったものを元に描いてもらっています。ぜひ、該当の箇所では、ご自身で、おぢばや教会で習得されたお手を振っていただきますようお願い申し上げます。

三つ目は、教祖が教えてくだされた順序に着目して、「なむてんりわうのみこと」について触れたのちに、一下り目から取り組ませていただいていることです。

よろづよ八首は、十二下りのだし《い》とも仰せいただき、おつとめをするときには、十二下りのはじめに勤めることになっています。その一方で、教祖は、慶応三年（一八六七年）に教えてくだされた十二下りから区別して、よろづよ八首を教えてくだされました。すなわち、明治二年（一八六九年）に記された、おふでさき第一号の最初の八首とほぼ同じお歌を、明治三年に手振りをつけて、よろづよ八首として十二下りの前に加えられたのです。そのことを踏まえて、今回は、十二下りにまず取り組ませてもらい、よろづよ八首については今後の課題にしたいと思います。

＊

ここ数年、「十二下りのてをどりを身近に」の執筆に取り組ませていただいたおかげで、私自身、教祖直々《じきじき》のお歌と手振りに真剣に向き合い、そこに込められた親心を繰り返し尋ねさせていただくことができました。それは本当に幸せな時間であり、今まで以上に十二下りを、そして教祖を身近に感じさせていただけて、ただただありがたい気持ちでいっぱいです。

しかし、その一方で、いかに自分が「十二下りのてをどり」について分かっていなかったかを、分からせていただくこともできました。

もちろん、執筆を終えた今でも十分に分かっているとはとても言えません。むしろ、汲《く》めども尽きせぬ親心を前に、おふでさきの、

このよふのもとはじまりのねをほらそ
ちからあるならほりきりてみよ　（五　85）

というお歌が思い起こされ、自分の力のなさを痛感しています。

本書のなかでも、悟り違いや、十分に親心を汲み取れていないところが多々あるかと存じます。大方のご叱正《しっせい》、ご教授を賜《たまわ》りたいと存じます。

目次

十二下りのてをどりを身近に

なむてんりわうのみこと なむてんりわうのみこと

十二下りのてをどりの各下りの最後に、「なむてんりわうのみこと」と神名を二回繰り返します。ここがまさに、おつとめの核心であると拝察します。

教祖は、慶応二年（一八六六年）に「あしきはらひ」のおつとめを、翌三年に「十二下りのてをどり」をお教えくださいましたが、それ以前には、人々に、ひたすら神名を唱《とな》えるようにと教えてくださっていたのです。

たとえば、『稿本天理教教祖伝』には、文久三年（一八六三年）に信仰を始めた辻忠作《つじちゅうさく》先生（当時28歳*）のお話が載《の》っています。

辻先生は、妹の気の病をたすけてもらいたくて初めてお屋敷に参詣《さんけい》しました。そしてその後、教えられるがままに、朝夕、拍子木をたたき、「なむ天理王命、なむ天理王命」と繰り返し唱えて、妹のたすかりを願いました。すると、妹の病は少し良くなったのですが、すっきりとは良くならなかったそうです。そこで、再び参詣し、教祖にお伺いしてもらうと、「つとめ短い」と聞かせていただいたというのです。

線香が燃え尽きるまで神名を唱えて祈る様子

実は、「当時のつとめは、ただ拍子木をたたいて繰り返し繰り返し神名を唱えるだけで、未《ま》だ手振りもなく、回数の定めもなく、線香を焚《た》いて時間を計っていた」（『稿本天理教教祖伝』第三章「みちすがら」）のです。しかし、辻先生は、一本立てるべき線香を半分に折って勤めていたのでした。そのことに気づいた先生は、早速《さっそく》お詫《わ》び申し上げ、家に戻り、線香を折らずに毎朝毎晩、熱心に勤めるようになりました。すると、妹の患《わずら》いも薄紙を剝《は》ぐように次第《しだい》に軽くなって、間もなく全快《ぜんかい》したとのことです。

ちなみに、線香一本が燃え尽きるまで約四十分ともいわれています。しかし、これは単純に時間の問題というよりも、それくらい熱心に神名を唱え、本気になってお願いさせてもらうことが大切だということでしょう。

これ以外にも、『稿本天理教教祖伝逸話篇』に載っている天理王命の神名が出てくる逸話（四四「雪の日」など）を拝読すると、「なむ天理王命」と一心に唱えることが、いかに重要であるかを分からせていただけます。

このように教祖は、人々に神名を唱えることからお教えくださり、慶応二年以降は、そこに少しず

＊本書では、年齢は数え年で表記します。数え年とは、生まれた年を1歳、翌年を2歳というように数える年齢のことです。昔から日本では数え年で年齢を数えていましたが、明治以降、諸外国との交流が増え、満年齢で年齢を数える必要が出てきました。満年齢とは、生まれたときを0歳として、誕生日が来るたびに1歳を加えて数える年齢のことです。明治6年には太政官布告《だじょうかんふこく》第36号で満年齢が採用されています。日ごろから満年齢で数えるようになったのは、昭和25年に「年齢のとなえ方に関する法律」が施行されて以降だといわれています。

なむてんりわうのみこと

十全のご守護の理

五分五分に理を立て合う

つ理のお歌を加え、その理を振る手や鳴物《なりもの》をお教えくださりました。そのおかげで私たちは、親神様のお心を学ばせていただき、その理を味わったうえで、親神様に一心におすがりさせていただけるようになったのです。

　したがって、初めての人も、各下りの最後の「なむてんりわうのみこと　なむてんりわうのみこと」と唱えるところだけは、しっかりと手を合わせて真剣に祈ることが大切だと思います。

　さて、「合掌の手」に関しては、ある先人の先生が、「十柱《とはしら》の神の御恩を忘れんがため、何《いず》れを拝めども両方手を合《あわ》す」（『本部員講話集〈中〉』高井猶吉《たかいなおきち》「因縁の理」）のだと言い伝えてくださっています。つまり、神社や仏閣《ぶっかく》においてにしろ、あるいは切羽《せっぱ》詰まった緊急事態においてにしろ、私たちが、いつ、どこで、何を拝むにしても「両手を合わせる」のは、十本の指を通して常に親神様の十全のご守護の理に思いを致し、その大恩を忘れないようにするためだと聞かせていただくのです。

　また、別の先生は、「いくら、手ばかり合《あわ》せてをが《拝》んでも、なんにも、うけとる理はありやせん。

手を合は《わ》せる理、の通り、日々心合せて、五分《ごぶ》々々に理、をたてあふといふ理、がなくば、此《こ》れ、しん〲にはなりやせんで」（諸井政一《もろいまさいち》『改訂正文遺韻《せいぶんいいん》』）とお話しくださっています。すなわち、両手の五本の指を合わせて合掌の手をするように、夫や妻をはじめ、どんな相手に対しても、「五分」と「五分」の心で、相手を認め、尊重し、互いに補い合って、二人で「十分」になるように通らせていただくことが肝心なのでありましょう。

そのほかにも、「なむ天理王命」の「なむ」ということに関して、ある先人の先生は、「ナムは親々やで。いかな大水も、大火事も、大風も、皆是《こ》れ親のいけんやから、知らず〱、親を呼び出して頼むといふは、佛法《ぶっぽう》と云《い》ふものを、人間の心やはらげる為《ため》に、をしへておいたのやでと仰有《おっしゃ》いました」（同）という話を伝えてくださっています。

すなわち当時の人々は、自然の脅威《きょうい》など、本当にどうしようもないことに直面したとき、思わず手を合わせて「なむ（南無）」と口にすることがあったようですが、実はそれは、親神様があらかじめ仏教（「南無阿弥陀仏《あみだぶつ》」の念仏など）を通して、「なむ」と唱えることによって親にすがる道をつけておいてくださったからだと聞かせていただくのです。

こうした口伝《くでん》に関しては、どれほど正確に伝わっているかは定《さだ》かでありませんが、親のお心を知る貴重な手がかりであり、それらを通して親の心づくしに触れるとき、ただただ手を合わせずにはおれないのです。

一下り目

一ッ　正月こゑのさづけは　やれめづらしい

このお歌が作られた慶応三年（一八六七年）の日本では、月の満ち欠けを基準とする旧暦（太陰《たいいん》太陽暦）が使われていました。旧暦の正月一日は、現在使っている新暦（太陽暦）の一月二十一日から二月二十日ごろに当たります。したがって、ここでいう「正月」とは、季節的には冬というよりも春先だと言えます。立春を迎え、梅の蕾《つぼみ》がふくらみ、日の光も少し強くなってきて、春の兆《きざ》しが感じられるころです。

「正月」の手振りは、右足を一歩前に出し、腹前で両人さし指の指先を左右に開く手振りをします。まさに、新たな年が始まり、また、春の訪れとともに、明るく前が開けるような感じがするのではないでしょうか。

日本では、昔から、正月には、しめ飾りや門松《かどまつ》を飾り、鏡餅《かがみもち》を供《そな》えて、

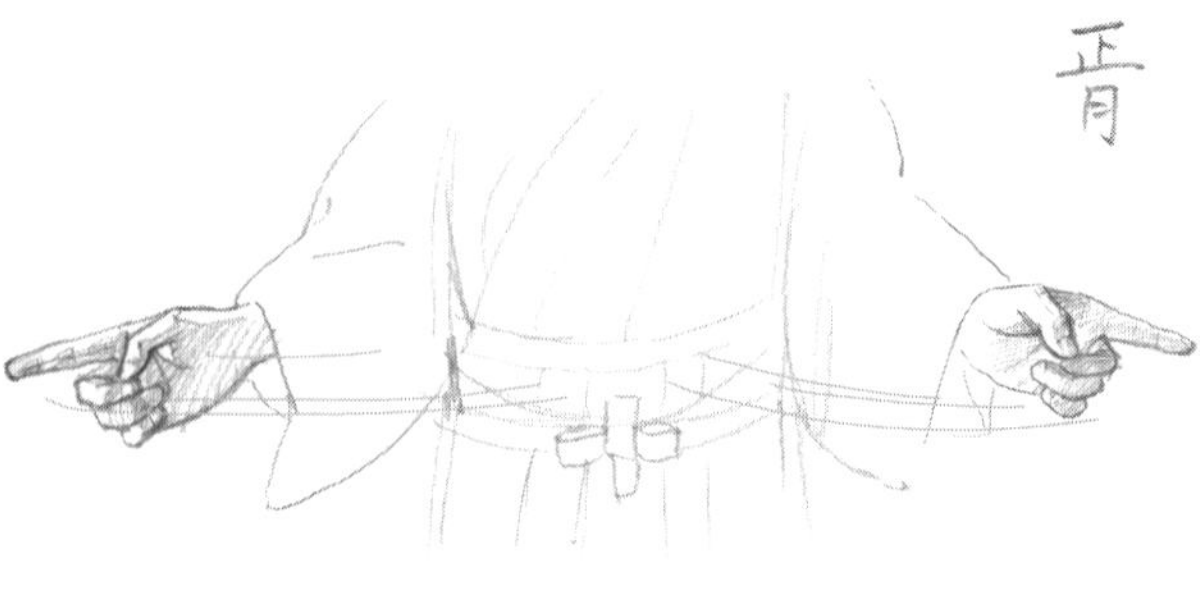

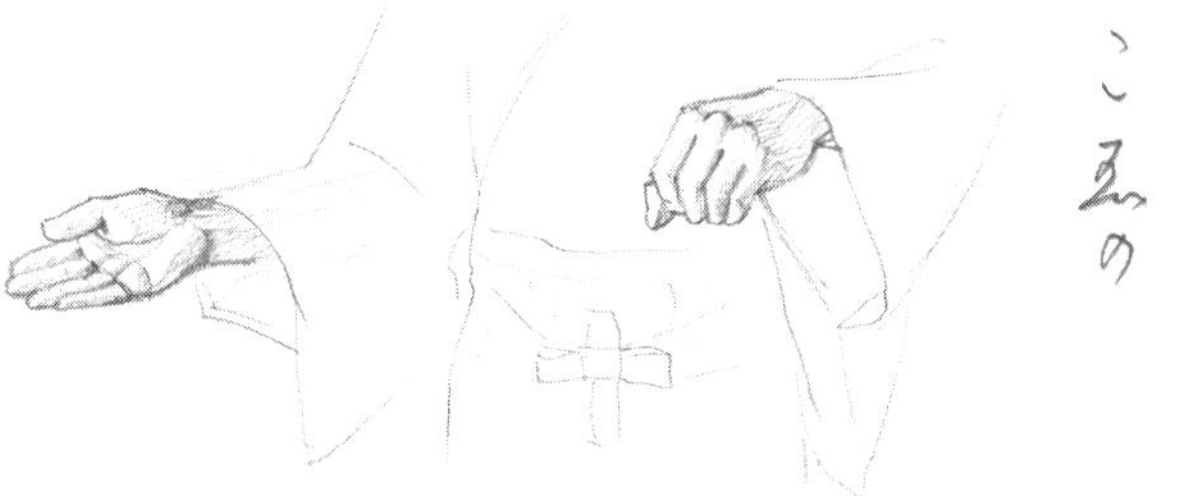

大和地方で使われていた肥の容器《いれもの》

「歳神様《としがみさま》」を家にお迎えするという風習がありました。この歳神様の由来には諸説ありますが、一つの有力な説としては、歳神様の「歳」は、稲の実りに関係する言葉「登思《とし》」がルーツであるともいわれます。つまり歳神様は、稲の豊作をもたらしてくれる農作物の神様として、毎年、人々から大切にお迎えされてきたのであり、正月と農作業（稲）とは深い関係があると言えるのです。

当時の信者さんの多くは百姓をされていました。ですから、農作物の出来具合を左右する「肥料」については、誰もが大きな関心があったと思います。特に、お金を出して買う「金肥《きんぴ》」については、年貢《ねんぐ》に次いで経費の大きな割合を占めていたので、年の初めである「正月」には、誰もが心にかけていたことでしょう。

ところが、信心しはじめて熱心にお屋敷に通《かよ》いはじめた人々は、ひのきしんをしたり、つくし・はこびをするなかで、だんだんと自分の田畑に十分な時間をかけられなくなり、金肥を買う余裕もなくなっていきました。すると当然、家の人たちは心配するようになり、信仰を始めたばかりの当人たちも、信仰と生活（家族）の間で心が揺れ動くようになっていったようです。

そうした人々に、教祖は「こゑのさづけ（肥のさづけ）」を下さりました。

「肥のさづけ」とは、土と灰と糠《ぬか》を一定の割合で混ぜ合わせたものを、このさづけを頂戴《ちょうだい》した人が親神様に祈願して田畑に施《ほどこ》すと、肥料を施したときと同様の効能《こうのう》があるという「珍しい」ものでした。

したがって、冒頭のお歌の「こゑのさづけ」の「こゑ」とは「肥」のことであり、その手振りは、肥の入った容器を提《さ》げ、そこから肥料をまく格好をします。

さて、現在においても、信仰しはじめた人（特に、初代の人）が、信仰熱心になるにつれて、自分の家族との関係や、これからの生活について悩むことがあります。そのときに教会長やよふぼくは、そのことを見逃さずに、親身になって寄り添うことが求められます。そして、信仰と生活の両方に配《はい》慮《りょ》しながら「肥のさづけ」を渡された教祖の深い親心を手本として、悩み葛藤《かっとう》する人を優しく励《はげ》まし、信念を持って、おさづけの理を頂戴してもらえるよう丹精《たんせい》することが肝心なのです。

二《に》　にっこりさづけもろたら　やれたのもしや

さて、「肥のさづけ」をはじめ、親神様が授けてくださるものは、人々にとって、いままで見たこ

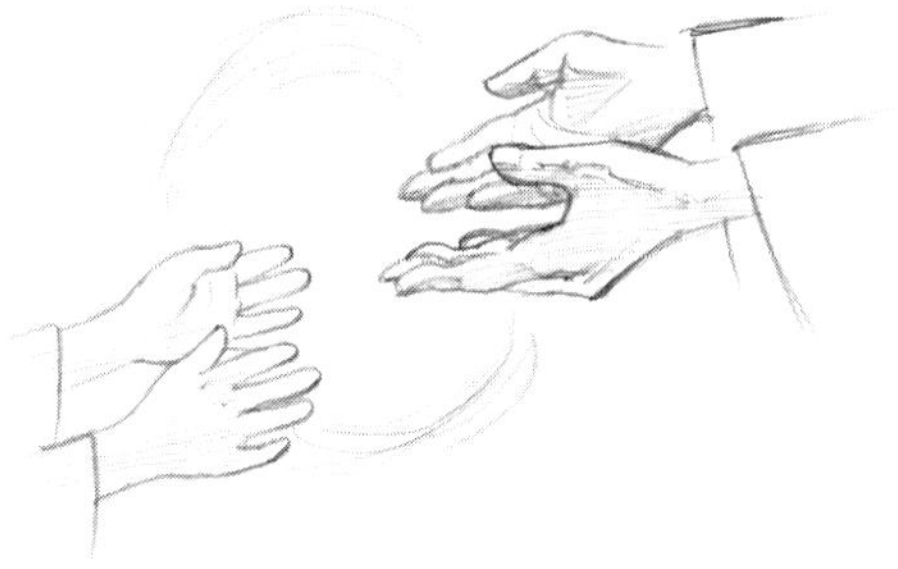

にっこり素直に受け取る心

とも聞いたこともない珍しいものですから、どうしても「本当に効《き》くのか」と疑ってしまいがちです。

しかし、よく考えれば、親がくれるものを子供がいちいち疑っていては、子供は何も手に入れられません。子供が親を信じ、「にっこり」と素直に手を出すからこそ、親が子供のためを思って渡そうとするものを受け取ることができるのです。

したがって、おさづけの理を拝戴《はいたい》するときには、親の下さるものには間違いがないと、「にっこり」と喜び勇んで「貰《もら》う」ことが肝心であり、そうすれば、親神様、教祖は「やれたのもしや」とご安心くださるのだと拝察します。

ちなみに、「やれたのもしや」は、「やれめづらしい」とともに「ナゲの手」ですが、ナゲの手振りは親神様の心中を述べているともいわれます。

ところで、「につこり（にっこり）」との関係でもう一つ注目したいのは、元初《もとはじ》まりのときのお話です。すなわち、元初まりのお話によれば、人間は、一度目の宿し込みから生まれたときには、三寸《さんずん》まで成人し、二度目の宿し込みから生まれたときには、三寸五分《ごぶ》まで成人しました。そして、三度目の宿し込みから生まれたときには、四寸まで成人したのですが、そのとき母親なるいざなみのみことが、「これまでに成人すれば、いずれ五尺《ごしゃく》の人間になるであろう」と仰せられて、「につこり」笑って身を隠されたと教えられています（『天理教教典』第三章「元の理」参照）。
したがって、「にっこり」とは、親が子供の成人を楽しみに喜ぶ笑顔を表していると言えます。そう考えますとき、冒頭のお歌の「につこり（にっこり）」からは、いざなみのみことの魂のいんねんを持つ教祖が、立教から二十数年が経《た》って、ようやく、わが身わが家のことを忘れてお道の御用に励むようになってきた人々を見て、「にっこり」とお喜びくださり、これからの成人を楽しみに「肥のさづけ」をお渡しくださる様子を想像させていただくのです。

実際に、このお歌からさかのぼること三年前の元治元年（一八六四年）の春から、教祖は、熱心に信心する人々に肥のさづけをお渡しくださるようになりました。

このおさづけを頂いたうちの一人、山中忠七《やまなかちゅうしち》先生（当時38歳）は、文久四年（一八六四年）の正月（二月二十日に改元、元治元年となる）、奥さんの身上をきっかけに、この道に引き寄せられました。奥さんの病気をたすけていただかれた先生は、深くご恩を感じ、教祖から聞かせていただいた教えを聞き分けて、お道の御用に励まれるようになりました。そのため田畑のほうの丹精が行き届かなくなり、当然、収穫も減っていきました。また、百姓の仕事を休んでまで熱心にお屋敷へ尽くし運んだので、村人からは、狐《きつね》か狸《たぬき》にだまされていると噂《うわさ》さえも立てられたのです。

そのなかを心倒することなく信心を続けた山中先生に対して教祖は、信心を始めて一年半が過ぎたころに、「神の道について来るには、百姓すれば十分に肥も置き難《にく》かろう」（『稿本天理教教祖伝逸話篇』一二「肥のさづけ」）とのお言葉とともに、肥のさづけを「路銀《ろぎん》」＊として下さったのです。

現在、私たちが頂戴できる身上だすけのための「あしきはらいのさづけ」も、教祖のお供《とも》をして世界たすけの道を歩む人々に「路銀」としてお授けくださっているものだと拝察します。

ところで、教祖は、現身《うつしみ》をおかくしになられるとともに、おさづけの理（「あしきはらいのさづけ」）を広く人々にお渡しくださるようになりました。

したがって、いまは、別席を運べば、基本的には誰もがおさづけの理を頂戴できます。それだけに、九度の別席のお話を通して、しっかりとおさづけの理を受け取る心をつくることが重要になってきます。教会長やよふぼくなど人を導かせてもらう立場の人は、このことをしっかりと理解して、ただ別席を運んでもらうだけではなく、当人が、「にっこり」と喜んでおさづけの理を貰えるように丹精させてもらうことが大切です。

いずれにしましても、「一二三　につこりさづけもろたら　やれたのもしや」と歌い、踊るたびに、一人でも多くの人に別席を運んでもらい、「おさづけの理」を頂戴してもらって、親にご安心していただきたいと思う次第です。

＊路銀（路金）とは、宿賃など、旅行に必要な費用のことです。教祖は、「長の道中、路金《ろぎん》なくては通られようまい。路金として肥授けよう」（『稿本天理教教祖伝』第三章「みちすがら」）と仰せになり、人だすけの道を通らせていただく者にはなくてはならない「おさづけの理」を、路銀としてお渡しくださるようになったのです。したがって、お道を通る者は、旅費小遣いはなるべく使うことを慎《つつし》んで、できるだけ多くの人におさづけの理を使わせていただけば、何不自由なくお道を通らせていただけるのでしょう。

三ニ　さんざいこゝろをさだめ

「さんざい」は、「三才」や「散財」などの漢字が当てられたり、「三に、さんざいてをどり辻」（『稿本天理教教祖伝』第六章「ぢば定め」）と結びつけて解釈されたりと、「かなの教え」ならではの幅広い豊かな悟りが、これまでなされてきています。

そのうち代表的なものが「三才」という漢字を当てての解釈です。

おさしづには、

生まれ児小児《こしょうに》一つ心に成れ。生まれ児の心には何も欲しい物は無い。生まれ三才、又《また》ちょと一つ心分かろうまい。さあ〳〵生まれ児は持たせば持ち、持たさにゃ持たん。この理しっかり聞き分け。（明治40・1・20）

とあります。ここから、「さんざい心を定め」というのは、三歳児《さんさいじ》のように、欲を離れた純粋な心になって、親が渡してくれるもの、すなわち、おさづけの理を素直に「にっこり」と受け取れる心になるようにお促しくださっていると拝察できます。

もう一つ代表的なのが「散財」という漢字を当てての解釈です。一般には、「散財」というと、「無《む》駄《だ》に金銭を費《つい》やすこと」という意味で、あまり良いイメージがないかもしれません。しかし、昔の大和《やまと》地方では、「さんざい（散財）」は必ずしも悪い意味ではなく、皆で賑《にぎ》やかにするとか、心に屈託《くったく》なく愉快《ゆかい》に遊ぶという意味で使われていたとされます。また、先人によれば「ひとりさんざい、だいきらひと仰せられた」（諸井政一『改訂正文遺韻』）とのことですので、教祖は、自分のことについては慎《つつし》んで、世のため、人のためには散財する心になるようにと、お教えくださっているとも悟れます。

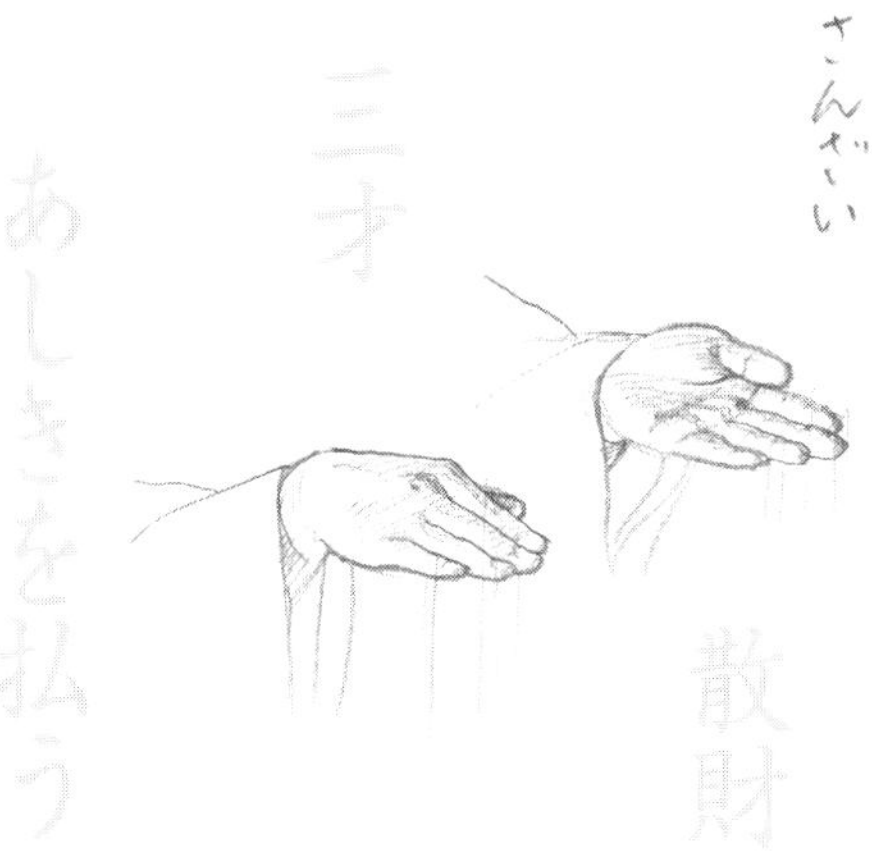

　ところで、教祖は、冒頭のお歌から七年後の明治七年に、辻忠作先生に「てをどりのさづけ」を渡されるときにも、「三に、さんざいてをどり辻」と、「さんざい」という言葉をお使いになったといわれています。「てをどりのさづけ」とは、現在、私たちも頂戴できる「あしきはらいのさづけ」のことです。

　この史実から、一つの解釈として、冒頭の「さんざい心」は、「さんざいてをどりの心」、あるいは、「さんざいあしきはらいの心」のことであり、「さんざい心を定め」というのは、あしきを払う心を定めるように仰せくださっていると理解できます。

　しかし別の解釈としては、「さんざいてをどり」という言葉があるのではなく、「てをどりのさづけ」を、数え歌のなかで取り上げたときに、*「三に、さんざい」と加えて仰せになったとも理解できます。つまり、「さんざい」の意味としては、これまで見てきた「三才」や「散財」ということであり、そうした心を持って「てをどりのさづけ」を取り次ぐように仰せくださったとも解釈できるのです。

このように「さんざい」をめぐっては、いろいろな解釈や議論があります。しかしいずれにしても、手振りで、いわゆる「イサミの手」を振ることからも、「さんざい」は、私たちの欲を離れた、陽気で、素直な心のありようを表しているように感じます。

さて、これまで「さんざいこゝろをさだめ」のうち、「さんざい」に焦点を当ててお歌を見てきました。しかし、忘れてならないのは、お歌のもう一つの大事な要素である「こゝろをさだめ（心を定め）」ということでしょう。すなわち、「さんざい」の内容もさることながら、私たち自身が自らの心を定めることが肝心であり、その定まった心を親神様が見定めてお働きくださるのだと教えていただくのです。

特に、肥のさづけとの関連で言えば、おふでさきに、

こへやとてなにがきくとハをもうなよ
心のまことしんぢつがきく　（四 51）
しんぢつの心みさだめついたなら
いかなしゆこふもするとをもゑよ　（四 52）

とあります。したがって、「一ニ　さんざいこゝろをさだめ」とは、その前の一ッと二ッで言われて

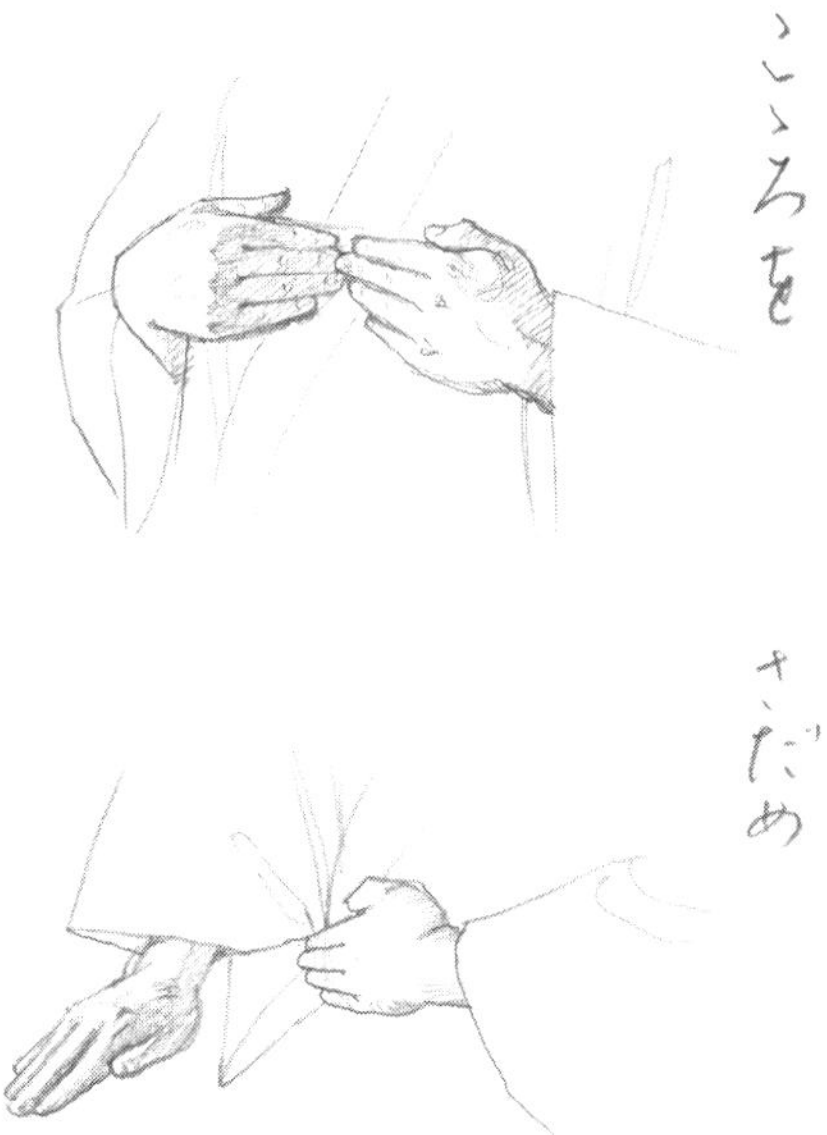

いる「肥のさづけ」の効能を頂戴できるような、親神様にもたれきった誠真実《まことしんじつ》の心を定めることが大切だと教えてくださっていると拝察できるのです。

ただし、「心定め」に関して、ここで注目しておきたいことは、ここでの「さだめ」の手振りが、二下り目の九ッなど、後に出てくるような、両手で押さえる「さだめ」の手振りとは違い、右手のみで押さえるということです。

このことから、一つの悟りとしては、最初の心定めは、たとえ半分の量であっても、とにかく定めることが大切であり、このことを、まるで幼子《おさなご》を導くような温かい親心で仰せくださっているように感じさせていただけます。

＊明治七年に教祖は、仲田儀三郎《なかたぎさぶろう》氏に「息のさづけ」、松尾市兵衛《まつおいちべえ》氏に「じきもつのさづけ」、辻忠作氏に「あしきはらいのさづけ」、桝井伊三郎氏に「かんろだいのさづけ」を、それぞれお渡しくだされました。その際に、「一に、いきハ仲田、二に、煮たもの松尾、三に、さんざいてをどり、辻、四に、しっくりかんろだいてをどり、桝井」（『稿本天理教教祖伝』第六章「ぢば定め」）と仰せくだされたといいます。

四ッ　よのなか
五ッ　りをふく
六ッ　むしやうにでけまわす

まず、「よのなか（世の中）」は、辞書によれば、「世間、この世、治世《ちせい》、男女間の愛情、周囲の世界」などの意味のほかに、「農作物の出来具合」という意味もあり、「今年はよのなかがようて《良》」という用法があるようです。

特に、大和の方言では、単に「よのなか」だけで、農作物の出来が良いことや、財産が増えるなど、物事がすべて都合よくいっている状況を意味し、「よんなか」とも言うそうです。ここでは特に、肥のさづけによって、田畑などの土壌《どじょう》の状態が良いことを意味しているのではないかとも考えられます。

おふでさきには、

だん〳〵と心いさんてくるならバ
せかいよのなかところはんじよ　（一　9）

というお歌があります。だんだんと心が勇んでくるならば、世界は「よんなか」となり、土地所も繁《はん》盛《じょう》してくるということではないでしょうか。

りをふく

利・理をふく

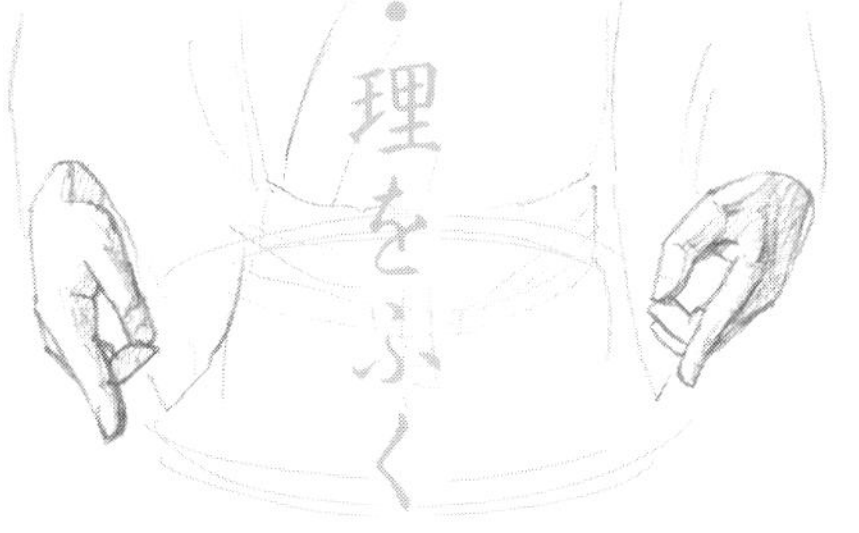

次に、「りをふく」の「り」についてですが、昔のみかぐらうたの写本では、ほとんどが「利」という漢字が当てられて記されているそうです。

したがって、田畑などの土壌の状態が良くなることによって（四ッ）、田畑が十分な利益をもたらすようになること、すなわち、種を蒔《ま》いた結果の姿が非常に良いことを「り（利）をふく」（五ッ）と仰せになっていると悟れます。具体的には、肥をしっかりと施された田んぼにおいて、田植え後に、稲が勢いよく伸びていく様子を想像してもいいかもしれません。

もちろん、その根底には、親神様のお働きがあることは言うまでもありません。したがって、「りをふく」の「り」を「理」と理解して、親神様のお働きが現れることを「理を吹く」と仰せくださっているとも解釈できます。

そして第三に、「むしょうに」は、「無性に」と「無障に」という解釈がありますが、稲などの農作物が病害や虫害《ちゅうがい》などに遭《あ》わず、どんどんと「でける」（生育《せいいく》する）ということではないでしょうか。

「でける」とは「できる」の訛《なま》った言い方です。

そして、「でけまわす」の「まわす」というのは、順調に生育する状態が、周りに広がっていく様子を仰せくださっているのではないでしょうか。

　このことは、「でけまわす」の手振りが、後に出てくる「やまとばかりやないほどに　くに〳〵までへもたすけゆく」（五下り目八ッ）の「たすけゆく」と同様に、後ろ向きに退《さが》りながら「回りの手」をすることからも拝察されます。

勇んだ心

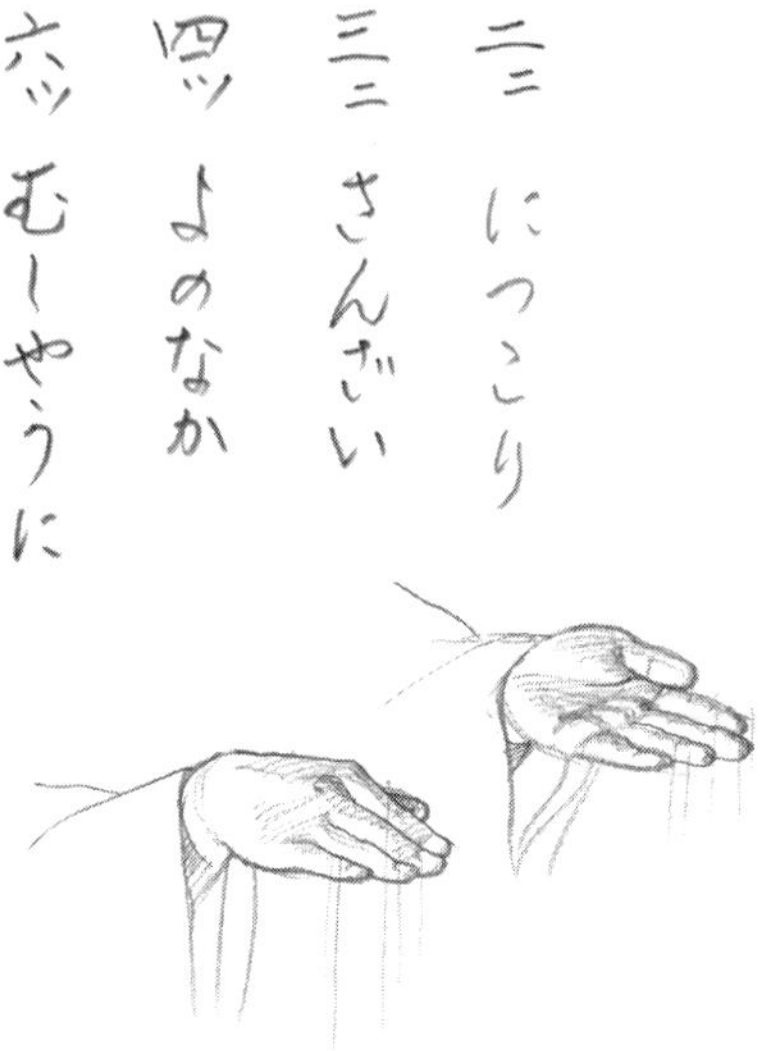

　さて、「二ッ　にっこり」、「三ッ　さんざい」に続いて、「四ッ　よのなか」、そして、さらに「六ッ　むしやうに」が同じ手振りであることは注目に値《あたい》します。どれもが、いわゆる「イサミの手」であることから、いずれの場合も勇んだ心の状態を表しているのではないでしょうか。
　おふでさきに、

みなそろてはやくつとめをするならバ　（一　11）
そばがいさめバ神もいさむる
いちれつに神の心がいづむなら　（一　12）
ものゝりうけかみないつむなり
りうけいのいつむ心ハきのどくや　（一　13）
いづまんよふとはやくいさめよ

とあります。私たちの心が勇んでくるならば、親神様もお勇みくださるのであり、親神様がお勇みくだされば、「立毛《りゅうけ》」（りうけ、りうけい）、すなわち、田畑で生育中の農作物が、勇み立つように勢いよく育っていくのだと教えていただくのです。

七ッ　なにかにつくりとるなら
八ッ　やまとハほうねんや

さて、農作物が病害や虫害などに遭《あ》わず、どんどん生育し、そうした状態が周りに広がっていって（六ッ）、農作物を「何かに」つけて「作り取る」ようになった「なら」ば（七ッ）、「やまとは豊年」（八ッ）だと仰せくださっていると拝察します。

すなわち、一般には、たとえ農家の人が、種を蒔《ま》き、水をやり、肥料を置くなど、苦労して農作業に取りかかったとしても、日照りや雨不足、あるいは、虫の被害に遭えば、思うように収穫を得ることができません。それが、親神様のご守護を十全に頂戴して、作物を作るたびごとに（「なにかに」つけて）、十分に収穫ができるようになるならば（「つくりとるなら」）、当然、「やまと」は穀物のよく実った年（「ほうねん」）ということになるでしょう。

ちなみに、「なにかに」を「何もかも」という意味として理解し、「何もかもあらゆる種類のものがたっぷりと収穫できたならば、やまとは豊年」だとする解釈もあります。

ところで、このお歌の作られた当時の人々が「やまと」という言葉を聞いたとき、まず思い浮かべたのが「大和国《やまとのくに》」ではなかったかと思います。といいますのも、現在の奈良県に当たる地域は、「府県制《ふけんせい》」の行政区分が定着する明治中ごろまで、大和国と呼ばれていたからです。

この大和国の十五の郡の一つである山辺郡《やまべごおり》に属した、比較的規模の小さな村々に住んでいた人々が、教祖から最初におつとめを教《おそ》わったのです。そうした人々にとって「やまと」というのは、かなり広い空間として理解されたことでしょう。

自分の在所《ざいしょ》だけではなく、大和の国全体が豊作になるという、まさに具体的で分かりやすい「陽気ぐらし」の一つの姿をお示しいただいた人々は、きっと心勇んでおつとめを勧めたことだと思います。

さて、おふでさきにも、「やまとハゑらいほふねん」（十 18）と出てきます。「ゑらい」というのは、「普通あるべき状態より程度が甚《はなは》だしい」ということです。

おふでさきには、まず、

これまでも月日をしらんものハない
なれとほんもとしりたものなし　（十 14）

江戸時代末期の近畿の国名

このたびハどのよな事もしんぢつを
ゆうてきかしてたすけいそぐで　（十　15）
このひがらいつころなるとゆうならば
たあのしゆりをしまいしだいに　（十　16）

とあります。

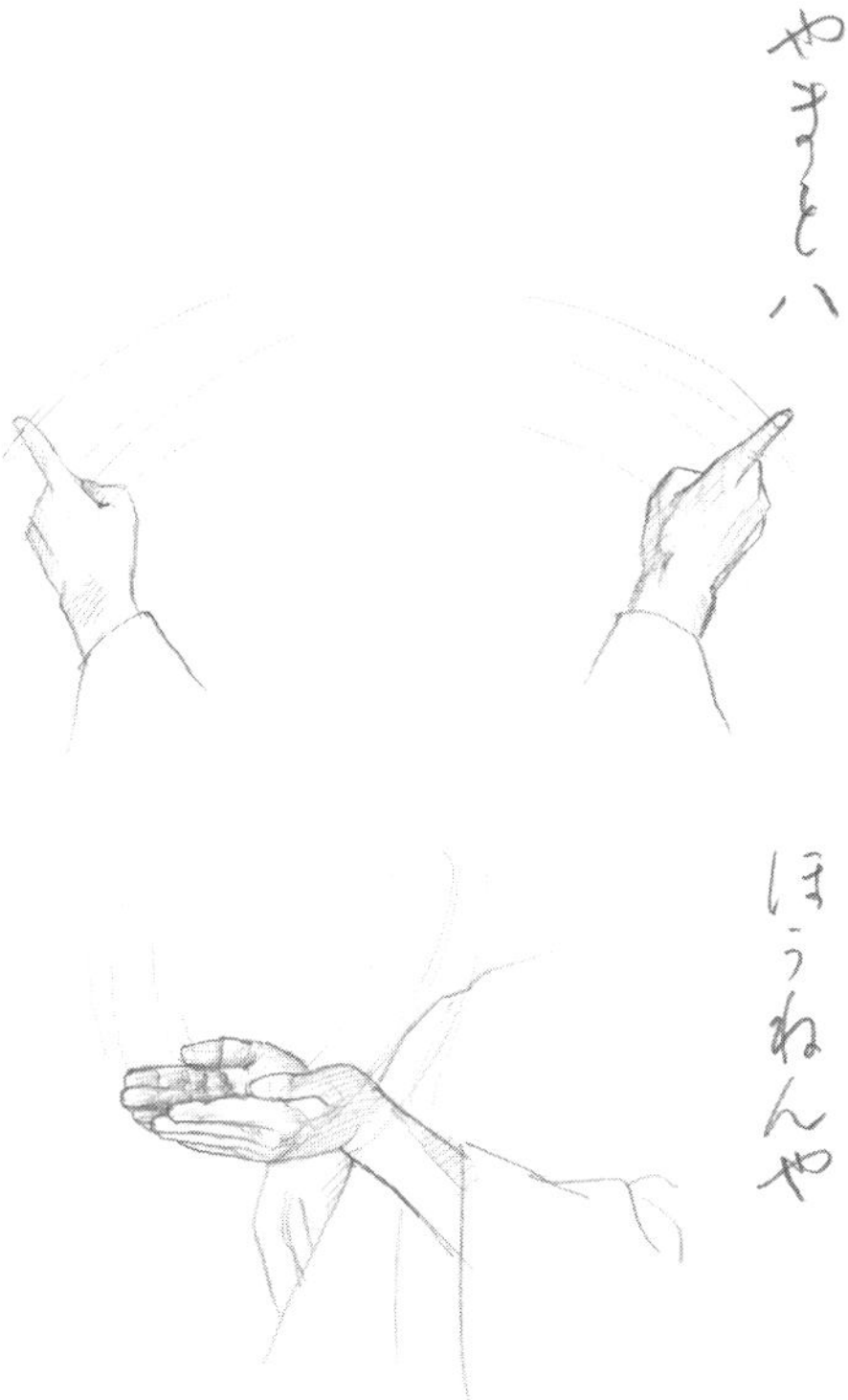

これまでも、お月様、お日様を知らない人はおらず、特に、農作業をする人であれば誰もが、そのありがたさを実感しているはずだと仰せくださっています。ところが、お月様とお日様が、実は親神様の天にてのお姿であり、すべての根本には親神様のお働きがあるという「ほんもと（本元）」を知っている者は誰もいないと仰せくださるのです。そこで、このたびは、田植えが終わり、稲の成長を妨《さまた》げる雑草を抜いたり、田の土を掻《か》き混ぜたりする作業が終わり次第《しだい》に（田の修理を仕舞い次第に）、この世の根本

の真実を言って聞かせて、天候不順や虫害などで苦しまないように、急いでたすけてやりたいと仰せくださっているのです。

そして、続いてのおふでさきには、

それからハなにかめづらしみちになる
つとめのにんぢうみなよりてくる　（十　17）
たん〳〵とにち〳〵心いさむでな
なんとやまとハゐらいほふねん　（十　18）

とあります。すなわち、お月様とお日様をはじめ、すべてが親神様のご守護にほかならないことを人々が知るようになったならば、いままでにない珍しい道が開けてくるのだと教えていただくのです。すなわち、かんろだいのつとめに必要な人衆が寄り集まってきて、人々の心もだんだんと勇み立ち、おつとめを勤めることによって、天候不順はなくなり、虫などの被害にも遭わずに、十分に収穫ができるようになって、「やまとハゐらいほふねん」になるのだと仰せいただくのです。

さて、肥に関しては、教祖は、明治八年に、特定のたすけの守護を願うための十一通りのつとめ*の一つとして、「肥のつとめ」**を教えてくださっています。

これは、一回につき、糠《ぬか》三斗《と》、灰三斗、土三斗と合わせて九斗を、かんろだいに供えて、教えられた歌と手振り（「肥のつとめ」）を勤めて祈願します。そうすれば、百駄《ひゃくだ》分（一駄は馬一頭に負わせる重量）の肥料と同様の効能を頂戴できるのです。

これを一駄分、二駄分と必要に応じて人々に下附することによって、より広く親神様のご守護の理を行き渡らせていけるようになっていったのです。

＊十一通りのつとめは、
・立毛に関するつとめ
「肥」「萌出《はえで》」「虫払《むしはらい》」「雨乞《あまご》ひ」「雨あづけ」「みのり」
・身上に関するつとめ
「おびや」「ほうそ」「一子」「ちんば」
・事情治めのつとめ
「むほん」
です。ただし、三つの分類（・）は、中山正善《なかやましょうぜん》『続ひとことはなし　その二』によります。

＊＊「肥のつとめ」の地歌《じうた》は、
「あしきを拂《はろ》うて　どうぞ
肥を
しつかり　たのむ
天理王命
南無天理王命
南無天理王命」
（七回繰り返す）
だと伝えられています。
（中山正善『続ひとことはなし　その二』）

九ッ　こゝまでついてこい
十ド　とりめがさだまりた

「こゝまでついてこい」の「こゝまで」というのは、直接的には、前のお歌の「やまとが豊年になるというご守護を頂戴できる」（八ッ）までに、ということでしょう。

しかしながら、そうしたご守護を頂戴できるためには、これまでも見てきましたように、信心する人々が「さんざい心を定める」（三ッ）ことが欠かせません。

したがって、「こゝまでついてこい」というお歌からは、親神様を信じて、とにかく心を定めてついてくるようにと、人々の成人をお促しくださる教祖の親心を感じさせていただけるのです。

こゝまでついてこい
さんざいこゝろをさだめ

そう考えますとき、「こゝまでついてこい」の「こゝまで」の手振りと、「さんざいこゝろをさだめ」の「さだめ」の手振りが、押さえる位置の違いは多少ありますが、両方とも、右手で「オサエの手」をすることは注目に値するでしょう。

さて、このように人々が欲を離れ、親神様にしっかりとおもたれする心を定める（さんざい心を定める）ことによって、田畑に種を蒔いて必要な手入れさえすれば、金肥を使わなくても、肥のさづけで、穀物のよく実った年をご守護いただけるようになるのです。

そして後は、人々が刈り入れさえすれば、十分な農作物の収穫を得ることができるようになるわけです。

「とりめがさだまりた」の「とりめ」とは、「収穫高」のことであり、それが安定する（「さだまりた」）ということは、当時の人々にとっては、非常に単純明快で、具体的な陽気ぐらしの姿だったことでしょう。

教祖は、稲作に関してはより具体的に、肥を置かずとも、一反《いったん》の広さの田んぼで、お米を四石《よんごく》ないしは五石《ごこく》までの収穫高のご守護をしてやりたいと仰せになっています（道友社編『根のある花・山田伊八郎《やまだいはちろう》』参照）。

「米一石」とは、大人一人が一年間に消費するお米の量に相当します。古くは、その「米一石」を収穫できる田んぼの面積が「一反」と定められたそうです。したがって、一反につき三石ができたら「上よんなか」（上々の出来具合）ともいわれたそうですから、米四石、五石の「とりめ」（収穫高となれば驚きの世界であったことでしょう。

さて、一下り目では、主に農業におけるご守護について取り上げられています。

教祖は、百姓を第一にたすけたいと、よくおっしゃっていたと聞かせていただきます。

それは当時、武士や町人（都市に住んでいる庶民《しょみん》）よりも、百姓（村に住んでいる庶民）のほうが圧倒的に多く、そのうえ、そうした人々が社会で一番生活に苦しんでいたからでしょう。

それとともに、教祖は、「世界中の百姓をさいしよふ《う》にたすけたら、世界ゆたかになる。人間も皆一れつ、よふき《陽気》になる程《ほど》に」（『根のある花・山田伊八郎』）と仰せになったと伝えられています。

つまり、母親が子供のご飯のことを常に気にするように、教祖は、人類の母親として、世界中の人々の食事を常にご心配くださり、農業をする人々をたすけることによって、どの人にも十分に食糧が行き渡るようにしてやりたいとお思いくださっていたのではないかと拝察するのです。

現在においても、世界の食糧問題は解決してはいません。近年（二〇一七年）のデータでも、世界で八億人以上（約十人に一人）の人が栄養不足だといわれています。

その原因にはいろいろあるといわれますが、やはり根本には天候や気候の問題があるのでしょう。すなわち、近年、日本でも豪雨《ごうう》や大型台風による災害が発生しているように、世界においても気候変動による自然災害が多発していて、食糧生産に悪影響を及ぼしているとされます。そう考えましたときに、一下り目で見ましたように、親神様の十全のご守護を頂戴して、毎年、一定の農作物の収穫が得られる（とりめがさだまりた）ことは、いかに重要であるかをよく分からせていただけます。

また、世界でいまだに絶えない紛争《ふんそう》も、世界の人々の飢餓《きが》に大きな影響を与えているとされます。いったん紛争が起こると、食糧生産ができなくなるだけでなく、他からの食糧輸送も妨げられてしまいます。お腹《なか》をすかせている人々の大多数が紛争に脅《おびや》かされている国々に住んでいて、二〇一六年では、その数は四億人以上ともいわれています。このことについては、二下り目で仰せくださる、「むほんの根を切ろう」（六ッ）、「ところの治まりや」（十デ）とも関係してくるでしょう。

そして、現在においては、経済格差も世界の人々の飢餓の原因となっています。食糧が国境を越えて取引され、また、投機《とうき》の対象になって価格が高騰《こうとう》したりすることによって、一部の裕福な国や人に集まるようになり、貧しい国には十分に行き渡らなくなっているのです。そして、先進国を中心に、売れ残りや食べ残しなど、本来は食べることができたはずの食品が大量に廃棄《はいき》されるという問題も起こっています。これらのことを一つひとつ考えたときに、私たち一人ひとりが、欲を離れ、自分のことについては慎んで、世のため、人のためには散財する心（さんざい心）を定めることが、まさに今こそ求められているように感じます。

いずれにしても、世界の多くの人々が、いまなお日々の食事がままならず、飢《う》えで苦しんでいる現状を、きっと教祖はご心配くださり、一日も早くたすけてやりたいとお思いくださっているのではないかと拝察します。

私たちが、おつとめを勤めるときには、常に教祖のお心を感じ、世界のたすかりを真剣に願って、理を歌い、理を振らせていただくことが大切なのでしょう。

そして、一下り目で教えられているように、それぞれが、さんざい心を定め、にっこりと頂戴したおさづけの理をどんどん使わせていただいて、一日も早く、誰もが隔《へだ》てなく食にありつける世の中をご守護いただけるように、心勇んで日々、神様の御用のうえにつとめさせていただきたいものです。

「お歌」

一ッ　正月こゑのさづけは
　　やれめづらしい

二ニ　にっこりさづけもろたら
　　やれたのもしや

三ニ　さんざいこゝろをさだめ

四ッ　よのなか

五ッ　りをふく

「一つの悟りとしてのまとめ」

信仰しはじめ、自分の田畑のために肥料を買う余裕がなくなってきた人々に、教祖は、新しい一年が始まる正月に肥のさづけを下さった。「肥のさづけ」とは、お金で買う金肥《きんぴ》の代わりに、土と灰と糠《ぬか》を一定の割合で混ぜ合わせたものを田畑に施《ほどこ》せば、金肥と同様の効能《こうのう》があるという珍しいものであった。

そうして人々が、わが身わが家のことを忘れてお道の御用に専心《せんしん》するようになり、喜び勇んでにっこりとおさづけ(肥のさづけ)を貰《もら》うようになったら(もろたら)、親は頼もしいと思ってくださるのであろう。

そこで、さんざい心を定めよと仰せになる。「さんざい」には、「三才」や「散財」などの解釈があるが、一つには、欲を離れて、素直におさづけの理を頂戴《ちょうだい》する心になるようにということであろう。そしてもう一つには、肥のさづけは、頂戴した人の心の誠真実《まことしんじつ》に基づき効能があるので、親神様にもたれきる誠の心を定めよということではないだろうか。

そうすれば、よのなかとなる。「よのなか」とは、大和《やまと》の方言では、農作物の出来が良いなど、物事がすべて順調にいっている状況を意味する。ここでは特に、田地《でんじ》が良い状態になることとして理解できる。

田地の状態が良くなると、そこに植えた作物は勢いよく伸び出る。それ

六ッ　むしやうにでけまわす

七ッ　なにかにつくりとるなら

八ッ　やまとハほうねんや

九ッ　こゝまでついてこい

十ド　とりめがさだまりた

は、まさに田地が「利(益)」を吹く状態であり、親神様のご守護が現れるという意味では「理」を吹く状態だとも言える。

「むしょうに」は、「無性に」と「無障に」という解釈があるが、農作物が病害や虫害《ちゅうがい》などに遭《あ》わず、どんどんと生育《せいいく》する(でける)ことであり、そうした順調な生育の状態が周りに広がっていく(まわす)ということではないだろうか。

そうして、事あるごとに(何かにつけて)、お米であれば一反《いったん》につき四石《よんこく》とか五石《ごこく》とか、農作物を十分に収穫できるようになるならば(作り取るなら)、お屋敷を中心に、大和国《やまとのくに》(やまと)全体が、穀物のよく実った年(豊年)になっていくのであろう。

つまり、自分の田畑だけではなく、やがて国全体(やまと)が豊年になるようなご守護の姿を見せてやりたいから、親神様を信じて、教祖のあとをついてこい(ここまでついてこい)と仰せくださるのだろう。具体的には、肥のさづけをにっこり貰って、さんざい心を定めるようにとのことであろう。

そうすれば、これから先、一定の収穫量が得られるようになり(取り目が定まりた)、誰もが食の心配をしなくて済むような、本当にありがたいご守護の姿をお見せくださるということだと拝察する。

二下り目

とん／＼とんと正月をどりはじめハ　やれおもしろい

教祖は、慶応三年（一八六七年）正月から十二下りのお歌をお作りくだされました。先人の話によれば、お歌ができ、節回《ふし》しを教えてくだされた後に、教祖は、

「この歌は、理の歌やから、理に合わして踊るのや。どういうふうに踊ったらよいか、皆めいめいに、よいと思うように踊ってみよ」（『稿本天理教教祖伝逸話篇』一八「理の歌」）

とおっしゃったそうです。

江戸時代末期の大和国《やまとのくに》の村々に住み、主に農業をしていた当時の人々は、この教祖のお言葉を受けて、はたしてどのように踊ったのでしょうか。

それを知る手がかりの一つとして、「その頃《ころ》はどんなにするのやら分かりませんから、無茶苦茶に踊ったり、御歌もどないに上げるのやら分かりませんから、まるで大師講《だいしこう》や観音踊《かんのんおど》りのようなつき《ママ》をして習《なろ》うたのであります」（道友社編『静かなる炎の人・梅谷四郎兵衛《うめたにしろべえ》』）という話が残っています。

大師講や観音踊りが具体的にどのようなものだったかは分かりませんが、太鼓や三味線《しゃみせん》などに合わせて踊る、いわゆる盆踊りのようなものを想像します。

そうした意味からすると、「とん〳〵とんと」は、締《し》め太鼓の響きや踊りの所作《しょさ》の擬態語《ぎたいご》で、当時の人々にとっては「踊り」を連想させる言葉だったのではないでしょうか。

その一方で、手をトンと軽くたたき、袖《そで》を引っ張る手振りから思案しますと、人々がだんだんとこの道に「お手引き」いただいている様子を表しているとも悟れます。

また、おふでさきに、

とん〳〵ととびてる事をみたとても
心あんちハするやないぞや　（十二　56）

というお歌があることから、親神様のお働きが飛び出る様子を表しているとも考えられましょう。

したがって、お歌全体の解釈としては、親神様が「とん〳〵とんと」お働きに出て、それによってこの道に引き寄せられた人々が、新しい一年の始めの正月に、締め太鼓の響きに乗って、おつとめを踊りはじめるようになるのは（をどりはじめハ）、親神様からすれば、非常に見ていて楽しい（やれおもしろい）と仰せになっているのではないかと拝察します。

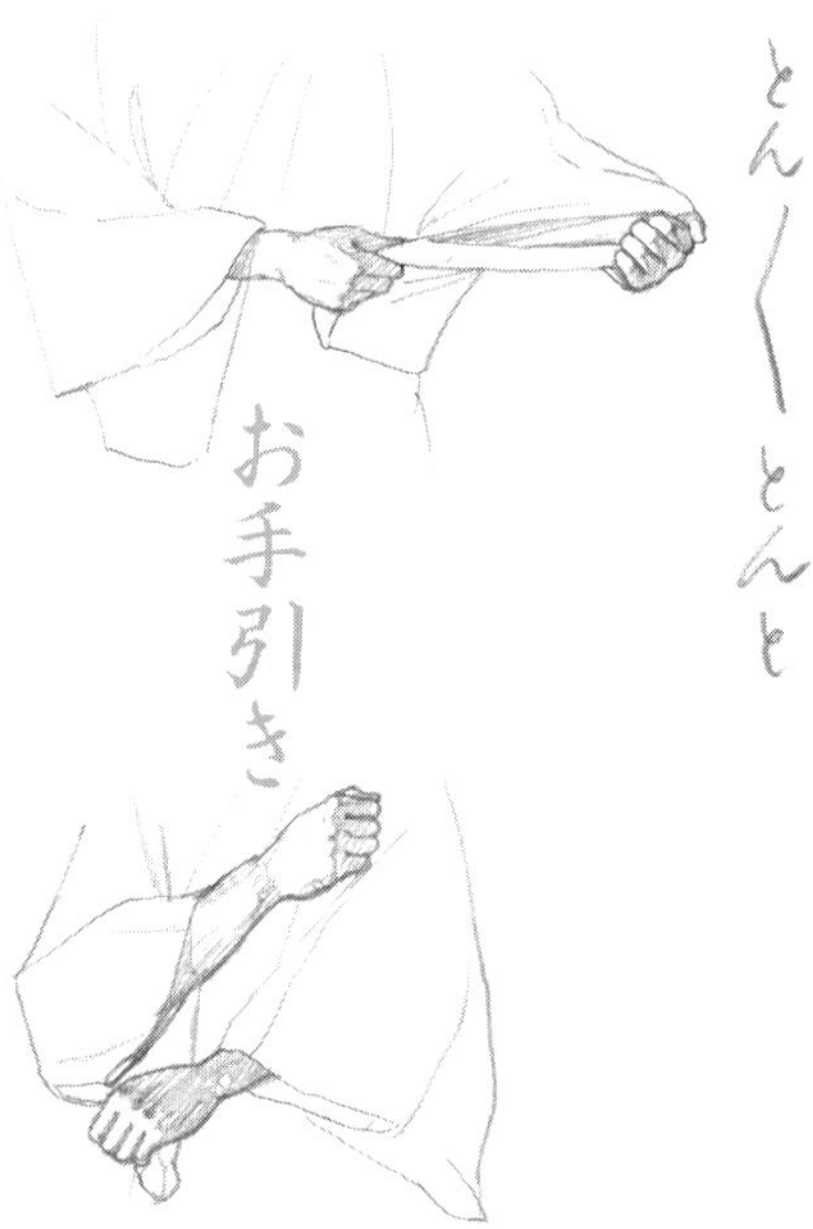

「おもしろい」は、現在では「滑稽《こっけい》である。おかしい」という意味に理解されることが多いようですが、もともとは「見て楽しい。愉快《ゆかい》だ。興味深い」という意味を含んだ、奥行きのある言葉です。

さて、冒頭の教祖のお言葉を受けて、それぞれが工夫して踊ったところ、教祖は、それをご覧になって、

「皆、踊ってくれたが、誰も理に合うように踊った者はない。こういうふうに踊るのや。ただ踊るのではない。理を振るのや」（『稿本天理教教祖伝逸話篇』一八「理の歌」）

と仰せられ、御自《おんみずか》ら立って手振りをして、皆の者に見せて教えてくだされたといいます。*

教祖は、お手を三度ずつ教えてくだされたそうです。そこで人々は、六人のうち三人が立って踊り、残りの三人は見ているようにしていたといいます。また教祖は、その際に、誰かのお手が違っていても、相手に恥《はじ》をかかせるとお思いになって、何もおっしゃらなかったともいいます。

教祖のこの教え方に、私たちが十二下りのてをどりを人に教えさせていただくときの大切なお手本（ひながた）を読み取ることができましょう。

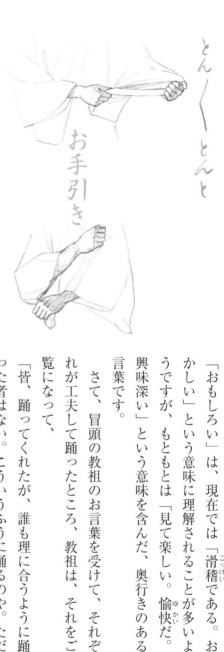

まず、「どういうふうに踊ったらよいか、皆めいめいに、よいと思うように踊ってみよ」と仰せになって人々に踊らせたことによって、一人ひとりが一度、自分でお歌の意味を考え、親の思いを思案する時間を持てたのではないでしょうか。

また、相手に恥をかかせてはかわいそうだと、お手が違っていても指摘なさらなかったご態度に、いかに教祖が、おてふりを教えるときにも相手の身になって、優しく思いやりをもって教えておられたかが分かります。

現在においても、十二下りのてをどりを難しく感じ、自分にはとても無理だと、初めから覚えようとしない人がいます。また、人からお手の間違いを指摘されて恥《は》ずかしい思いをして、人前ではもう踊りたくないと思ってしまっている人もいます。そこには本人の性格などの要素もあるかもしれませんが、やはり周りの導き方、教え方が大きな要因になっているように感じます。教祖は、

「わしは、子供の時から、陰気な者やったで、人寄りの中へは一寸《ちょっと》も出る気にならなんだが、七十過ぎてから立って踊るように成りました」（『稿本天理教教祖伝』第五章「たすけづとめ」）

＊ただし、「御教祖御自身立つて御教へになつたものではなくて、左手を前に或《あるい》は右足を後《あと》にといふ具合に口で云《い》つて自《みず》からは御座りのまゝ御教へになつたと云《い》ふ事である」（桝井孝四郎「御教祖と御かぐら歌」〈『みちのとも』昭和5年1月5日号〉）と伝えている先人もいます。また、かぐらづとめに関してかもしれませんが、「このお勤めの手をつけて頂いたのは、初めから終《しま》ひまで教祖様が、自然にお手の動く方へ運ばれて教へて下さつたのや。足の運び方も同じや」（飯降尹之助《いぶりまさのすけ》「永尾芳枝祖母口述記」〈『復元』第3号〉）という口伝《くでん》もあります。

と後年、仰せになったといいます。これを聞きますと、もっと多くの人に十二下りを踊ってもらわねばという気持ちになります。

さてしかし、教祖が「皆、踊ってくれたが、誰も理に合うように踊った者はない」と、はっきりと仰せになり、御自ら踊りながら、「ただ踊るのではない。理を振るのや」と仰せになっていることも見逃せません。つまり、おつとめの「てをどり（手踊り）」は、単なる「踊り」ではなく、親神様の思召《おぼしめし》に沿って踊るものだということを人々に強く印象づけて、一手ずつお手を教えてくださっているのです。

おふでさきに、

つとめでも月日たん〳〵てをふしゑ
にんけんなるの心でわない　（八 7）

とあります。また、

「つとめに、手がぐにゃぐにゃするのは、心がぐにゃぐにゃしているからや。一つ手の振り方間違《まちご》ても、宜敷《よろしく》ない。このつとめで命の切換《きりかえ》するのや。大切なつとめやで」（『稿本天理教教祖伝』第五章「たすけづとめ」）

と仰せいただいています。

したがって、おてふりを教えさせてもらう者は、すべて神様直々《じきじき》の教えであることを意識して、一手一手を疎《おろそ》かにせずに、心を込めて振らせていただくようにすることも忘れてはならないのでしょう。

また、先人によると、教祖は、「おてふりは、やわらかやさしいのが、よいのやで」（梶本宗太郎《かじもとそうたろう》「教祖様のお話」〈『復元』第22号〉）と仰せになっておられたといいます。これも忘れないでおきたいと思います。

いずれにしても、御年《おんとし》七十歳の教祖が、たったお一人で、何も分からない人々に三年かけて、だんだんと「十二下りのてをどり」の歌と手振りとを教えてくださったことを思えば、年齢や学歴などに関係なく、誰もが、まずは素直な心になって、「十二下りのてをどり」を踊りはじめることが肝心だと言えましょう。

二ッ　ふしぎなふしんかゝれバ　やれにぎはしや

さて、一下り目では、お百姓さんにとって身近な「肥」を題材に、「さづけ」について教えてくだされているのに続いて、この二下り目では、当時の人々にとって身近な「踊り」から出発して、「つとめ」（二ッ）について教えてくださっています。それとともに、二下り目では、おつとめを勧める場所に関連して、もう一つ重要なテーマである「ふしん」（二ッ）について教えてくださっています。「ふしん（普請）」とは、もともとは、禅宗《ぜんしゅう》のお寺でお堂などを建てるのに、広く人々にお願いして、からだを使っての作業や寄付をしてもらうことを意味したとされます。

江戸時代はほとんどが木造建築でしたので、普請をするときには、山から木を伐《き》り出すところから始まりました。そして、その伐り出した木の皮を剝《は》ぎ、寸法に合わせて切り分け、平らに削《けず》って必要な角材や板へと製材したのです。

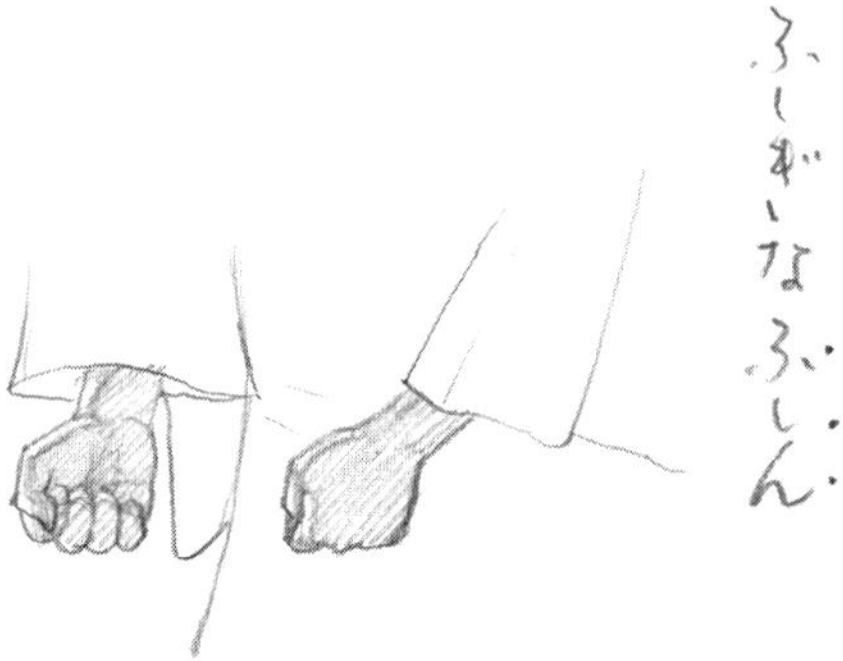

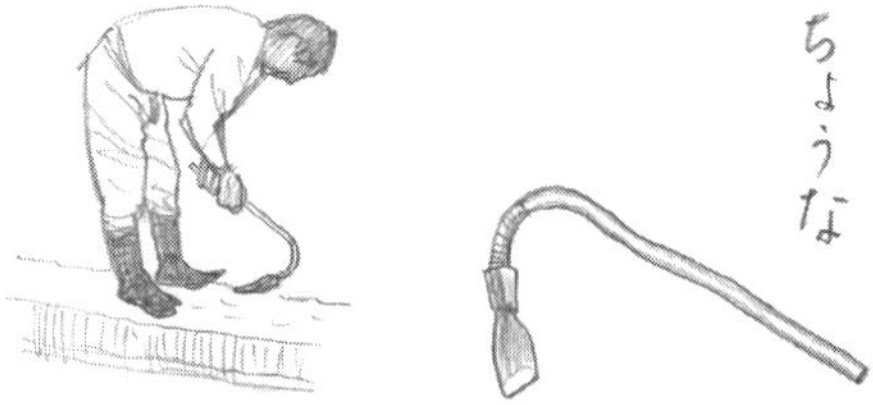

そして、木材を平らに仕上げるのに使った大工道具の一つが「手斧《ちょうな》」でした。「ふしん」の手は、この「手斧」を使う格好をします。すなわち「手斧を持つ型をし、下腹の前あたりで、二回上げ下げして、木を削る格好をする」（『おてふり概要』）と教えていただくのです。ちなみに、大工が新たな建築に取りかかる最初の日に行う儀式は、いまでも「手斧始《ちょんな》め」と呼ばれています。

さて、お道において具体的な形のうえでの普請は、立教から二十七年目の元治元年（一八六四年）に始まりました。元治元年七月、大工の棟梁《とうりょう》であった飯降伊蔵《いぶりいぞう》先生（当時32歳）が、妻の患《わずら》いをたすけてもらったお礼にと、お社《やしろ》の献納《けんのう》を教祖に申し出たのです。

当時、教祖（67歳）は、貧のどん底の生活をお通りくださっている道中で、六畳の間《ま》（部屋）と八畳の間の二間に、秀司《しゅうじ》先生（44歳）とこかん様（28歳）と三人でお住まいになっていました。そして、八畳の間の床《とこ》の間に、礼拝の目標である御幣《ごへい》が、はだかのまま重箱の上に祀《まつ》られてあったといわれています。おそらく飯降先生は、その様子を目にして、これでは申し訳ないと思い、大工の腕を生かして御幣を納めるお社の献納を申し出たのではないかと想像されます。

ところが、教祖は、

「社はいらぬ。小さいものでも建てかけ」（『稿本天理教教祖伝』第四章「つとめ場所」）

と仰せになったのです。あまりにも唐突で、その仰せの意味が分からなかったので、お側《そば》にいた秀司先生が、さらに伺うと、

「一坪《ひとつぼ》四方のもの建てるのやで、一坪*四方のもの建家《たちや》ではない」「つぎ足しは心次第《こころしだい》」（同）

と仰せになったのです。

当時、すでに二十六日には、参拝者が三十人くらいは集まっていたので、飯降先生は、教祖のお言葉を受けて「小さいながらも参拝する場所でも建ててはどうか」と思ったというのです。そこで、秀司先生に相談すると、同様の意見でした。さらに、そこに山中忠七先生も来合《き》わせていたので、おそらく三人で相談が始まったのではないかと想像します。山中先生も、常々、教祖のお住まいを心配していたので、話は大いに盛り上がったことでしょう。その一方で、当時のお屋敷の状況を考えれば、本当にできるのかという一抹《いちまつ》の不安もあったのかもしれません。当時、こかん様も親神様の思召を取り次がれていたのですが、こかん様の口を通して、「心配するに及ばぬ、神がさせてみせる」という、

＊江戸時代は、日本古来の計量法である「尺貫法《しゃっかんほう》」が使われていました。「坪《つぼ》」は、尺貫法のなかで、土地や建物の面積の単位です。1坪は、1辺が約1.8ｍの正方形の大きさで、面積は約3.3㎡。6尺《しゃく》×6尺、あるいは1間《けん》×1間と等しい大きさです。

なんとも力強いお言葉を頂戴《ちょうだい》したのでした。

その後も、教祖から山中先生に建築についてのお話があったとされ、秀司先生、山中先生、飯降先生が芯《しん》となって、ほかの主だった信者さんにも相談を持ちかけ、結局、三間《さんげん》半《はん》に六間*のものを建てさせてもらおうということになったのです。

そしてその際に、飯降ご夫妻と同じように、教祖にたすけられ、何かお礼をしたいと願っていた人々は、それぞれが費用や瓦《かわら》や畳など、自分にできる真実を申し出たのでした。

こうして一坪から始まった話が、人々の話し合いの結果、六畳と八畳の間が三つずつある建物の普請をすることになったのです。すなわち、「心次第のつぎ足し」として、畳

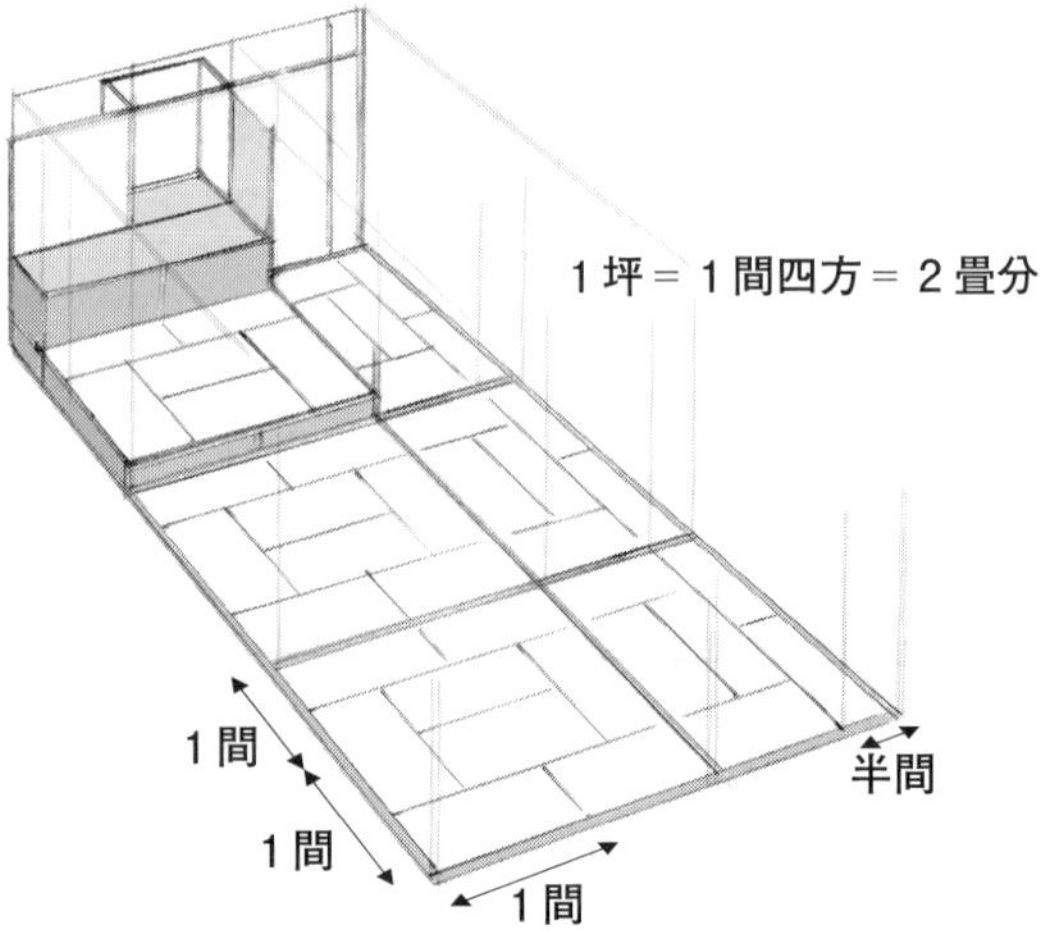

で言えば合計四十二畳、坪で言えば二十一坪の広さのものを建てることになりました。
さて、ここで確認しておくべきことは、元治元年において「普請」に取りかかられているのは、「小さいものでも建てかけ」と仰せになった、ほかならぬ教祖だということです。ただしそれは、次の三下り目の二ッで「ふしぎなつとめばしよハ　たれにたのみはかけねども」と言われていますように、

誰かに普請を頼んでいるわけではありません。そうではなくて、飯降先生がお社の献納を申し出たのに対して、教祖が、社はいらないから、その代わりに小さいものでも建てかけるようにと仰せになっているのです。そして、教祖ご自身が直接に仰せになっているのは「一坪四方のもの」であり、後につとめ場所と呼ばれる建物は、人々の「心次第のつぎ足し」で出来上がったものだということです。

したがって、冒頭のお歌（二ッ）で仰せくださっているのは、親が不思議な普請に取りかかったので（「ふしぎなふしんかゝれバ」）、誰に頼んだわけではないけれども、子供たちのほうから「われも、われも」と寄進《きしん》をしようと集まってきて、お屋敷が賑《にぎ》やかになってきた（「にぎはしや」）ということではないかと拝察します。寄進とは一般に、神社や寺院に、金銭や物品を寄付することを意味します。

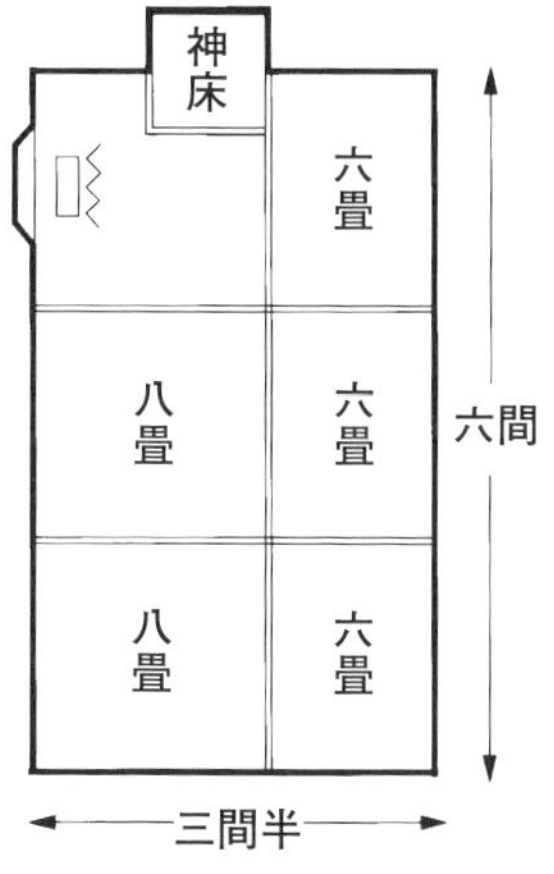

つとめ場所の間取り

ちなみに、「建家ではない、一坪四方のもの」に対応するものとしては、一番北の八畳の間に、半間内らに、半間外に出た形で、神床《かんどこ》が設けられました。先人の口伝《くでん》によれば、「一坪四方のもの」で示されるこの場所は、いわゆる「おぢば」で九億九万九千九百九十九人の子数

＊「間《けん》」は、尺貫法のなかで、長さの単位です。1間は約1.8m。和室の柱と柱の間の長さで、畳の種類にもよりますが、畳の長辺とほぼ同じ長さでもあります。

が宿し込まれたいざなみのみことが、三年三《み》月《つき》留《とど》まった場所を示しているとされます（中山正善『第十六回教義講習会第一次講習録抜粋』参照）。

さて、元治元年から四十三年後の明治四十年（一九〇七年）に、

さあ〳〵今日《きょう》のふしにちょと楽しみな事にをい掛けて置くによって、三十年祭には大きい小さい言わん。ほんの学び雛形《ひながた》なりとも一寸《ちょっと》して貰《もら》いたい。（明治40・3・13）

と、親神様のほうから神殿普請（現在の北礼拝場）の打ち出しがありました。しかし、当時は、一派独立申請《しんせい》のための出費があったり、天理教校の普請やその維持費が膨《ふく》らんでいたりと、ご本部には金銭的な余裕が少しもありませんでした（飯降俊彦《いぶりとしひこ》・平木一雄《ひらきかずお》『対談　百日のおさしづ』参照）。

しかし、親神様は、元治元年の飯降先生のことに言及して、

一坪から始まり、一坪ぐらい何《なん》でもないと言うやろう。掛かりはそんなもの。それを引き受けると言うた者は席【＝本席飯降伊蔵先生】が言うた。皆その心に成れ。（明治40・5・21、【　】内は引用者）

と仰せくださっているのです。

つまり、お道の最初の普請は、初めは御幣の納まるくらいのお社の献納を思っていた飯降先生が、「一坪四方のもの建てるのやで」という教祖のお言葉を素直に受けて始まり、そこに人々の真実も寄せられて、結果的に、三間半に六間のものを建てさせていただくことができたのです。そのことを考えて、今回の普請においても、先案じをせずに、一人ひとりが普請を引き受ける心になるようにと教えてくださっているのでしょう。

そして、その後も何度も「おさしづ」を通してお仕込みを頂くうちに、最終的には、当時の教会長一同が、わらじの紐《ひも》を解《と》かずに、一身《いっしん》を粉《こ》にして働かせてもらいますと、心定めをして取りかかったことにより、大正二年に神殿（現在の北礼拝場）が、翌三年に教祖殿（現在の祖霊殿）が出来上がったのでした。

三ッ　みにつく

「みにつく（身につく）」というのは、一般には、知識や技術を習得することや、衣服が体に合っているということなどを意味します。また、食べた物が自分の血肉になって栄養になるという意味でも使われます。

ところが、お道の基本教理である「かしもの・かりものの教え」からすれば、身（からだ）は親神様からの借りものですから、身（からだ）につけたものは、いずれ親神様にお返しすることになります。それに対して、心は我《わ》がものですから、自分の心に〝身につけた〟ものは失われません。それこそ、身（からだ）をお返しして出直しても、来生に持ち越すことになるのです。

したがって、お道では、外を着飾るよりも、心に「教え」や「徳」を身につけ、自らの心を磨くようにと教えていただくのです。

みにつく

教えと徳を身につける

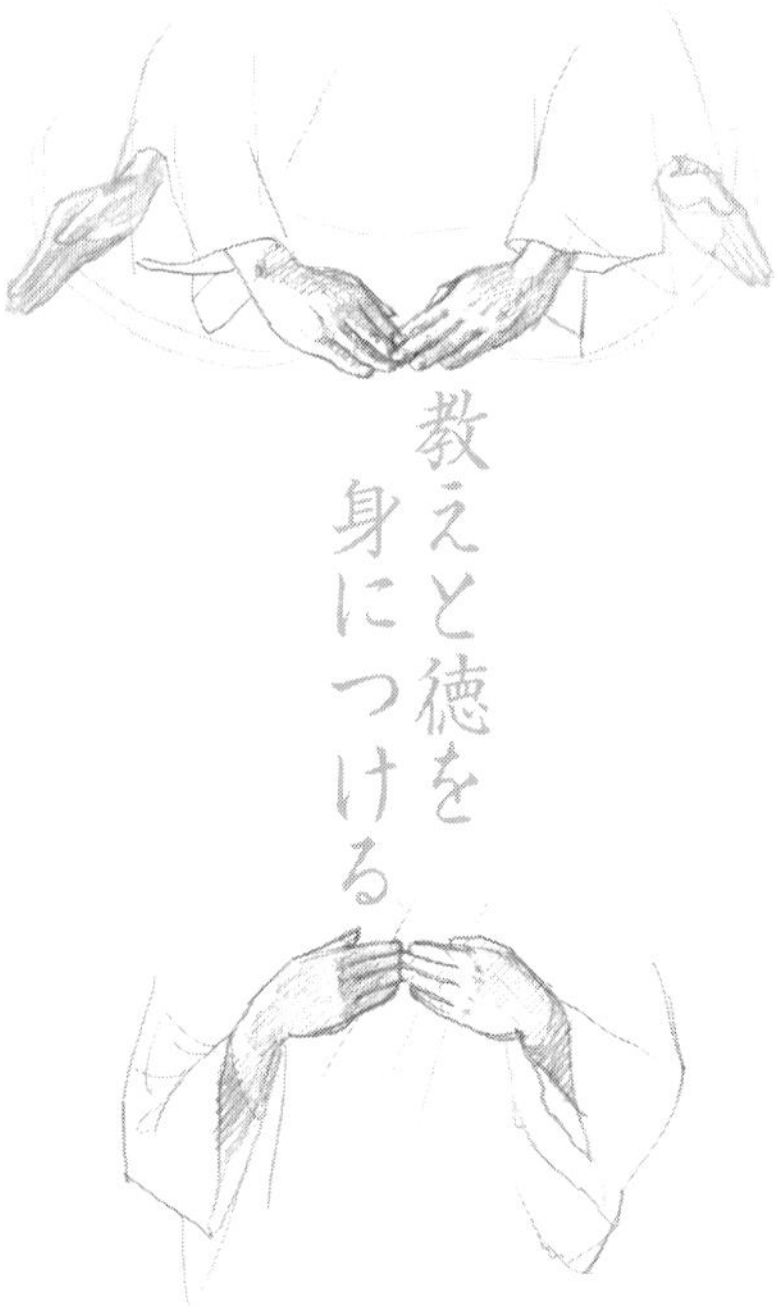

おさしづに、

外の錦《にしき》より心の錦、心の錦は神の望み。
（明治35・7・20）

とあります。そして、そうして自らの心が美しくうるわしいもの（心の錦）になっていくなかに、だんだんと良い運命も身についてくるのでしょう。

おふでさきに、

しやハせをよきよふにとてじうぶんに
みについてくるこれをたのしめ　（二　42）

とあります。「しあわせ（しやハせ）」は、現代では「幸せ」と表記することが多いですが、もともとは単に「めぐりあわせ」という意味で、「仕合《しあわ》せ」と表記しました。したがって、おふでさきの意味としては、私たちが教えを実践し、真実を尽くし運んで、神様の御用をつとめるなかに、巡り合わせや運命（しやハせ）が良いように（よきよふにとて）十分に（じうぶんに）身についてくるのであり、それを楽しみにするようにと仰せくださっているのだと拝察します。

さて、それでは具体的に、私たちはどうすれば、心に「教え」や「徳」を身につけ、自らの心を磨くことができるのでしょうか。

ひと言で言えば、神様の御用を一生懸命にさせていただくということだと拝察します。ところが、信心しはじめのころは、神様の御用といっても、具体的に何をすればいいのかよく分かりません。そこで教祖は、元治元年に普請を打ち出すことによって、広く人々に御用をお与えになり、人々が自然と徳積みをしていける状況をおつくりくだされたのではないかと拝察するのです。

ただし、当時の人々が、徳積みと認識して普請に関《かか》わっていたかといえば、おそらくそうではなかったでしょう。つまり初めのころは、徳積みといっても、とにかく与えられた御用を一生懸命にするなかに、気がつけば徳が身についているということが実情だったのではないでしょうか。

現在においても、信心しはじめの人にとっては、徳積みと言われても何をすればいいのか分からない人は多いでしょう。そこで教会では、できるだけ多くの人に徳積みをしてもらえるように、普請を打ち出したり、あるいは教会に来た人には、遠慮をせずに御用をお願いしたりすることが肝心なのでしょう。

四ッ　よなほり

「よなほり」とは、漢字を当てると「世直り」ということになるでしょうが、当時の人々は、この言葉をどのように受けとめたのでしょうか。

このお歌が作られたのは慶応三年の正月だと思いますが、その年の八月ごろから翌明治元年の四月ごろにかけて、世間では、天から神符《しんぷ》（お祓《はら》いさん）が降《ふ》るという噂《うわさ》が広まりました。神符とは、神社や寺が出すお札《ふだ》のことで、災難をはらい、幸福を祈るために、神棚《かみだな》に安置したり、門口《かどぐち》に貼《は》ったりするものです。

そして、その神符を受け取った民衆が、仮装などをして「ええじゃないか」と連呼《れんこ》しながら、集団で町々を熱狂的に踊り歩く姿が、東海道や近畿を中心に、江戸から四国にかけての各地で見られたのでした。そのときの囃子《はやし》言葉の一つとして、「日本国のよなおりは、ええじゃないか」というのがあったようです。

この「ええじゃないか」という社会現象については、当時の政治的不安や経済的混乱の救済を神仏に祈願するための行動であったとか、世直しを訴える民衆運動であったとか、いろいろな説明がなされています。その本当の目的や起源はさておくとしても、当時、それ以外にも、打ち壊《こわ》しや百姓一揆《いっき》（世直し一揆）が多発していたことからも分かりますように、人々は、世の中に不満を抱き、世の中が変わってほしいと強く願っていたのです。

さてしかし、教祖が教えてくださった世の立て替えの道は、他力《たりき》本願的なお祭り騒ぎや、打ち壊し

といった力に頼るものではありませんでした。そうではなくて、私たち一人ひとりが自らの心の入れ替えをすることによって、「よなほり」をお見せいただけるのだと教えてくださったのです。

つまり、お道では「踊る」といっても、「ええじゃないか」のように、自分が思い描く世の中に変わってほしいと、ただ願って踊るのではなく、親神様の思召に沿ってお手を振らせていただき、てをどりを「踊りはじめる」ようにと教えていただくのです（二下り目一ッ）。

また、「壊す」といっても、打ち壊しや百姓一揆のように、自分の不満をぶつけて他人のものを壊すのではなく、お道では、教祖のように、自らの生活基盤（母屋《おもや》）を取り壊してまでも人に施《ほどこ》し、また、取り壊し後には、世界のたすかりを願うおつとめをする場所の「ふしぎなふしんに取りかかる」ようにと教えていただくのです（二下り目二ッ）。

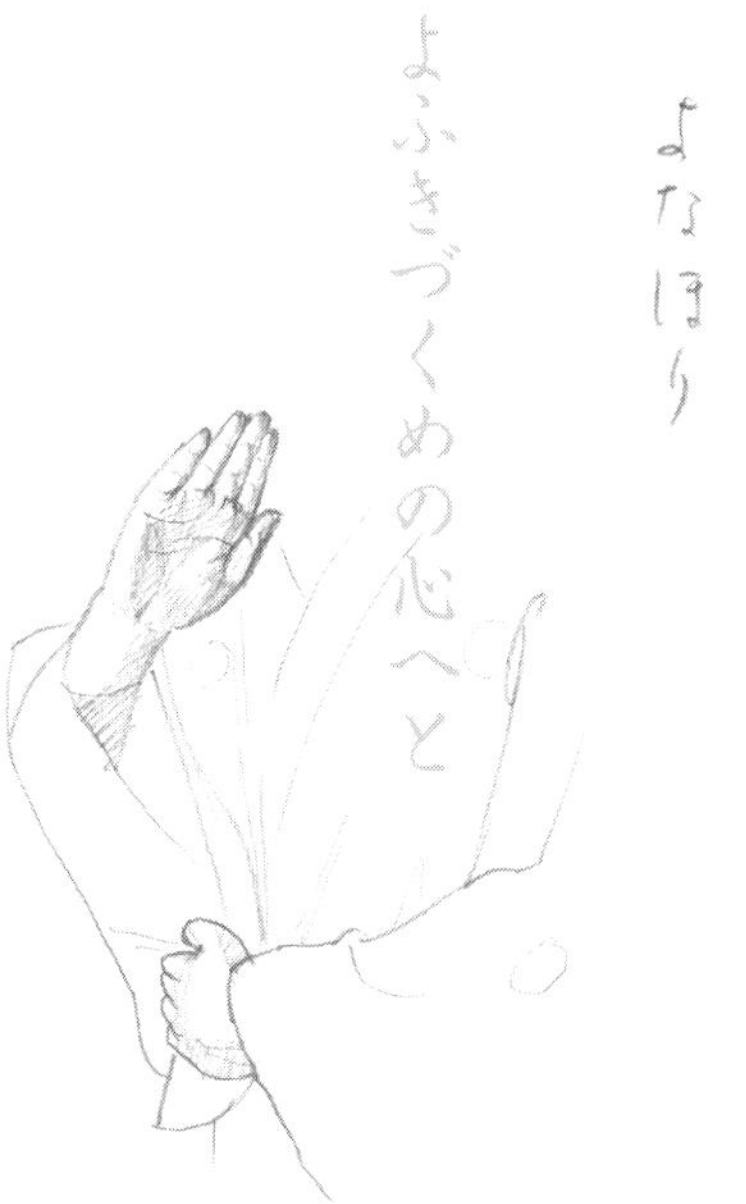

そうして人々が、真に教えを身につけ、徳を身につけていくなかに（二下り目三ッ）、「よなほり」の姿を見せていただくのでしょう。

そもそも、この世と人間は、陽気ぐらしをお望みくださる親神様によって造られたものです。

ですから、「よなほり」というのは、私たちの心が親神様のお望みくださる「よふきづくめの心」へと「なお（直）り」、この世が元の思召通りの陽気ぐらしの「世になお（直）り」ができるということではないでしょうか。おふでさきにも、

これからハ心しいかりいれかへて
よふきづくめの心なるよふ　（十四　24）
月日にわにんけんはじめかけたのわ
よふきゆさんがみたいゆへから　（十四　25）

とあります。

ところで、「三ッ　みにつく」から「四ッ　よなほり」までを実際に続けて踊らせていただくとき、あらためて「親神様」と「自分の心」と「世界」との深いつながりを感じさせていただけます。すなわち、合掌をし、すべてが親神様のご守護の世界であると（合掌から腹前に円を描く）、自分の心にしっかりと治め（指先を胸にとる）、そうして身につけた神一条の精神で（合掌）、大きく一歩前に踏み出し（左足を大きく一歩出す）、自分の身の周りの人々にその心を映していくことが（一れつ回り）、世界が陽気ぐらしへと直っていくことにつながると教えていただいているのではないでしょうか。

五ッ　いづれもつきくるならば
六ッ　むほんのねえをきらふ

「むほん（謀叛・謀反）」とは、国家や主君《しゅくん》に背《そむ》くことであり、密《ひそ》かに計画して事を起こすことです。人々が、お歌を聞き、手振りを習ったのは、江戸幕府が終わり、明治政府という新しい支配体制へと移っていく時期でした。そして、その政変を推し進めたのが、まさに江戸幕府に対する諸藩や民衆の「むほん」でした。しかし、それは決してドラマや映画で描かれるような格好のいいものではなく、「むほん」を起こす側も、またそれを鎮《しず》めようとする側も命懸けであり、そこに巻き込まれる人々の状況は筆舌《ひつぜつ》に尽くし難《がた》いほど悲惨《ひさん》なものでした。

「むほん」の手振りは、「身体《からだ》を少し斜め左に向け、両平手は掌《てのひら》を下向きにして、左腹脇に下げるや、物をつかむようにして軽く握り、そのまま両掌を上向きに返して、右を前に両拳《こぶし》の間を一、二寸離し、少し先上がりにして、胸の前方に出す（ただし、突くにあらず）」（『おてふり概要』）とあります。「鉄砲を打つ真似《まね》をするが如《ごと》く」と伝えている先人もいます。

何かを持って相手に向かうのは、何も国家や民族レベルにおいてだけとは限りません。身近なところでは、親子や夫婦の間でも見られますし、学校や職場においても起こり得ることでしょう。もちろん、その場合の責《せ》め道具は、言葉であったり、態度であったり、拳であったりするかもしれません。

私たちは、常日ごろから、相手を追い詰めず、相手の生活や立場も成り立つように心がけていかなければならないでしょう。しかし、それでも相手が責めてきたときには、五下り目で、

　六ッ　むごいこゝろをうちわすれ
　　やさしきこゝろになりてこい

と、お歌と手振りで教えていただくように、相手を抑えつけるような「むごい心」ではなく、相手の刃物のような心を柔らかく包み込む「やさしき心」が求められるのです。

先人の先生のお話にも、「道の中の人は（中略）穏《おだや》かな心で何でも治めて行かにやならん。道理で言へば、刃物を以《もっ》て向《むか》ふて来る所を真綿《まわた》で受ける。刃物同志ならどちらなりと怪我《けが》が出来て傷を拵《こしら》へる。柔《やわら》かに受けるなら怪我することはいらん」（『本部員講話集〈下〉』桝井伊三郎「真の助け」）とあります。

とはいえ、そもそも争いを生むようなことが、この世からなくなる（むほんの根が切れる）に越したことはありません。そのためにも「いづれもつきくるならば」と、どの人も（いづれも）この道を歩むようになることが大切なのです。

「つきくるならば」の「つき」の手振りは、「三ッ　みにつく」と同じように、「両平手の指先を、同時に胸にとる」（『おてふり概要』）ようにします。ここから思案しても、人々が、てをどりを踊りはじめ（一ッ）、ふしんに取りかかり（二ッ）、自らの心に教えを身につけるようになったならば（三ッ）、世の中から「むほん」を起こそうとする人もいなくなっていくということではないでしょうか。

七ッ　なんじふをすくひあぐれバ
八ッ　やまひのねをきらふ

おふでさきに、

なに丶てもやまいとゆうてさらになし
心ちがいのみちがあるから
（三 95）

とありますように、「病気」は、私たちの「心違い」を知らせてくれるものだと教えていただきます。つまり、私たちは陽気ぐらしをするために親神様によってお造りいただいたのだという「元」を知らないから、世界中の人が仲良くたすけ合うという陽気ぐらしに反する心づかい、すなわち、「自分さえ良ければよい」というわが身勝手な心を使うのであり、それが病の元になるのだと教えていただくのです。

ですから逆に言うと、世界中の人々が、難儀《なんぎ》して困っている人を兄弟姉妹として救い上げ、お互いに仲良くたすけ合って暮らすようになったならば、必然的に病もなくなるのだと言えるのです。そのことを、まさに冒頭のお歌で教えてくださっているのだと拝察します。

「なんじふをすくひあぐれバ（難渋《なんじゅう》を救い上《あ》ぐれば）」の「救い上ぐれば」は、「救い上ぐ」という動詞の已然形《いぜんけい》「救い上ぐれ」に、接続助詞「ば」が付いた形をしています。したがって、未然形「救い上げ」

に「ば」が付いたときのように、「もし難渋を救い上げるならば、病の根を切ろう」と仮定のように訳すのではなく、「難渋を救い上げたので、病の根を切ろう」と確定的に訳すほうがいいのでしょう。

つまり、私たちが、いわゆる「病」を通して、ほこりに譬《たと》えられる自らの「心違い」を反省し、人をたすける心となって難渋を救い上げた暁《あかつき》には、「やまひ（病）」もその役目を果《は》たし終えて、親神様にその根を切っていただけるということではないでしょうか。

ただし、ここで見逃してはならないのは、教祖が難渋な人々を救い上げようと、家財道具に至るまで施し尽くされた後に、「この家形《やかた》取り払え」と仰せられたとき、それを止め立てした周りの人々が病気になったのではなく、教祖ご自身が身上の悩みとなられたということです。つまり、身上に障《さわ》り（病）を見せられるのは、必ずしも、心違いをしている本人とは限らないのでしょう。むしろ、親にとっての子供のように、一番見せられたら反省するであろう人の身上に障りを見せて、心違いを知らせてくださるのではないでしょうか。

さて、おさしづに、

元々は難渋でなかったけれども、有る物もやって了《しも》うた。難儀不自由からやなけにゃ人の難儀不自由は分からん。

（明治23・6・12）


とあります。教祖は、人の難渋を救い上げるためならば、自らの難渋は少しも厭《いと》われなかったばかりか、むしろ難儀する人々に寄り添い、ともに這《は》い上がっていくために、自ら貧のどん底へと落ちきってくだされたのです。

そう考えましたときに、「すくひ」の手振りが、自らの腰を少し落とし、左右の腰のあたりから両手で物を掬《すく》い上げるようにすることにも深い理を感じることができます。すなわち、お道においては、難渋を救い上げるということは、上から手を差し伸べて「たすけてあげる」というような態度ではなく、あたかも泣いている子供を母親が、少しかがんで抱き上げるように、自ら身をかがめ、下から救い上げるように「たすけさせてもらう」ということなのでしょう。

それこそが、教祖が五十年間、変わらずお示しくだされたご態度であり、真に相手の身になって、わが事としてたすけさせてもらうという「ひながた」だと拝察します。

九ッ　こゝろをさだめゐやうなら
十デ　ところのをさまりや

このお歌ができた慶応三年の数年前（文久、元治のころ）にはすでに、芝《しば》村、大豆越《まめこし》村、横田《よこた》村、小路《しょうじ》村、大西《おおにし》村、新泉《にいずみ》村、竜田《たつた》村、安堵《あんど》村、並松《なんまつ》村、櫟本《いちのもと》村、古市《ふるいち》村、七条《しちじょう》村、豊田《とよだ》村など、近村は言うに及ばず、かなり遠方からも多くの人々が、庄《しょ》屋敷《やしき》村にあるお屋敷に寄り集まっていたようです。

そして、おつとめを初めて教えていただいたのも、豊田村、前栽《せんざい》村、三島《みしま》村の人々でした。

ですから、「ところのをさまりや」と聞いた人々は、それぞれが住んでいた土地所の治まりを想像したのかもしれません。

それでは、土地所の治まりとは何でしょうか。

一つには、二下り目に、

五ッ　いづれもつきくるならば

六ッ　むほんのねえをきらふ

とありますように、どの人も、教祖がおつけくだされたこの道についてくるようになれば、親子や夫婦をはじめ、近所の人々の間での争いがなくなり、また、国や政府をはじめ、上に立つものに対する人々の不平不満もなくなるということでしょう。

お屋敷周辺地図
（江戸時代末期）

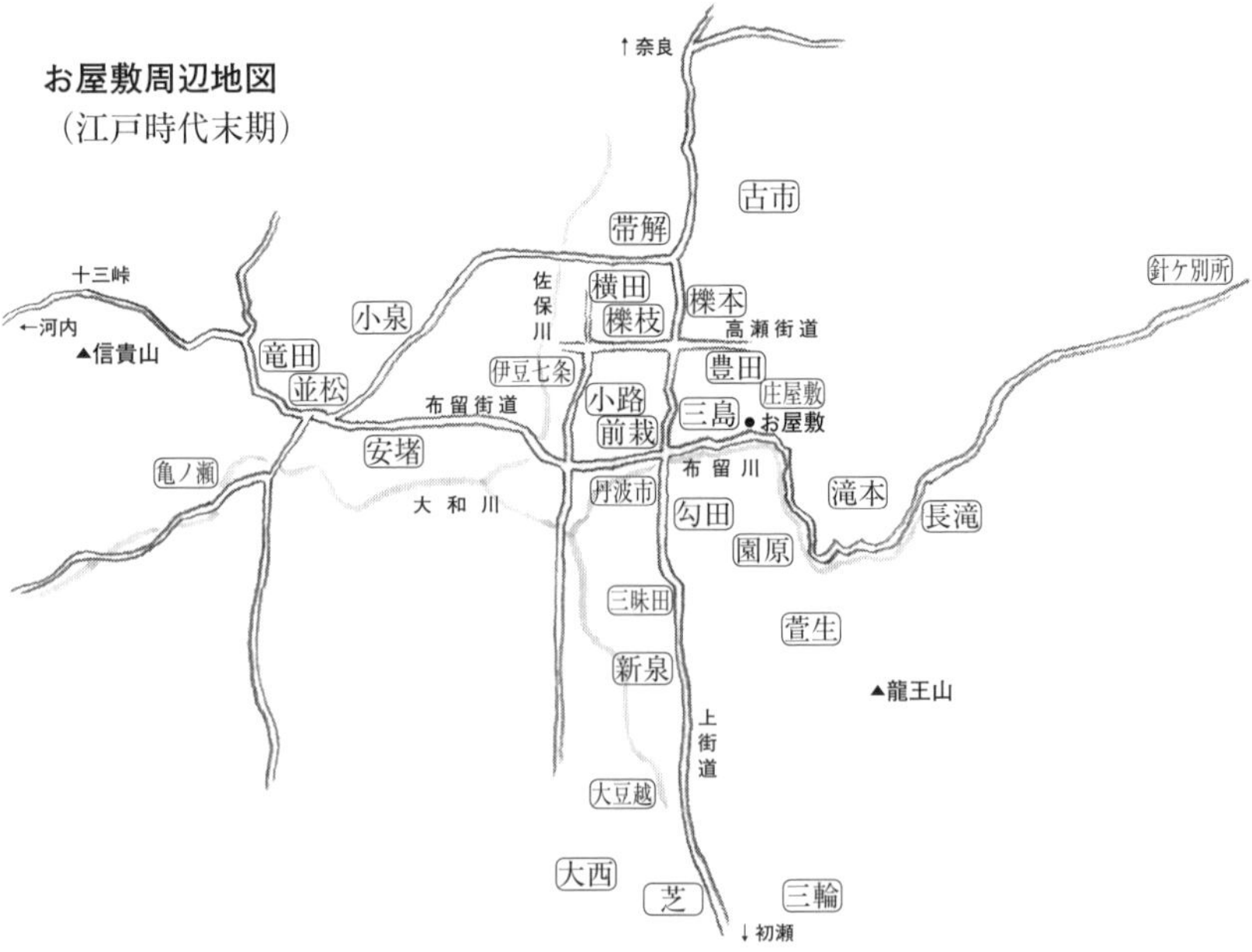

また、

七ッ　なんじふをすくひあぐれバ

八ッ　やまひのねをきらふ

とありますように、人々が身の周りにいる難渋な人を救い上げたならば、その地域において貧困などで悩む人々がいなくなり、また、そうして人々が人をたすける心になれば、病気で心違いをお知らせいただくこともなくなるのでしょう。

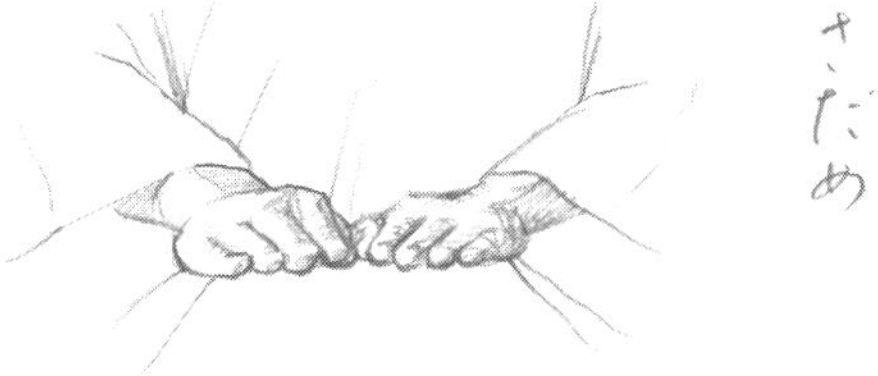

争いがなく、貧者や病人もいない場所があったとすれば、そこは「治まっている所」と言えましょう（十デ）。

そして、そうした親神様のご守護を頂戴できるように、しっかりとこの道を歩む者は心を定めることが大切なのでしょう（九ッ）。

二下り目では、「三ッ　みにつく」と「五ッ　いづれもつきくるならば」に続いて、「九ッ　こゝろをさだめゐやうなら」でも、「こゝろ」で「両平手の指先を、同時に胸にとる」（『おてふり概要』）手振りをしますが、「さだめ」で今度はさらに、その胸にとった両平手で「オサエの手」をし、心を「定める」ことを教えていただくのです。

　そして、「こゝろをさだめゐやうなら（心を定め居ようなら）」（九ッ）とありますように、心を定めるだけではなく、そうした心を定めた状態が変わらないでいることの大切さも教えていただくのです。

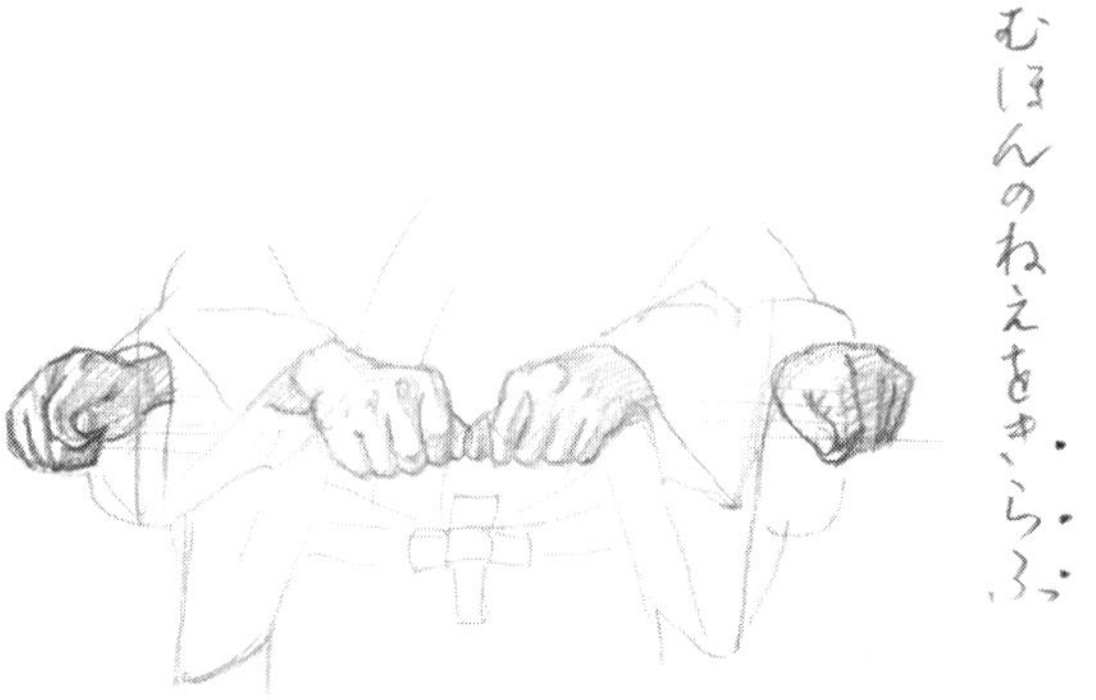

　したがって、具体的には、踊りはじめた「おつとめ」をどんな状況があっても勤め続け（一ッ）、取りかかりはじめた「ふしん」は「ふし」に出合っても最後までやり遂げ（二ッ）、この道についてきたならその歩みを止めないで（五ッ）、最後の一人まで難渋を救い上げることをし続ける（七ッ）ということであり、そうした心を一人ひとりが定めることが（九ッ）、それぞれの土地所の治まりをお見せいただける元になるということではないでしょうか。
　なかでも、おつとめを通して、親神様のご守護を頂戴して、謀《む》反《ほん》の根を切ってもらい、病の根を切ってもらうことが大切なのです。
　すなわち、かぐらづとめのたいしよく天のみことの切る手振りは、二十一回のうち最後の三回のみ振られますが、たいしよく天のみことのお手の理を受けて、「むほんのねえをきらふ」と「やまひのねをきらふ」のお手は振らせていただくのだと拝察いたします。

おふでさきに、

つきなるハたいしよく天とゆうのハな
これわせかいのはさみなるぞや
（十二 145）

とありますように、親神様の切るお働き（たいしよく天のみこと）を頂戴してこそ、謀反も病もなくなって、土地所の治まりがあるのでしょう。

さて、二下り目では、争（謀反）・貧（難渋）・病（やまい）という人間社会の一番の課題について触れられつつ、世の治まりについて取り上げられています。

まず、争いに関しては、次のようなお話が伝えられています。

明治十六年にこの道に引き寄せられた諸井国三郎《もろいくにさぶろう》先生によれば、ご在世中の教祖のお話といえば、元初《もとはじ》まりのお話が多かったそうですが、それをお聞かせになる前には、

「今、世界の人間が、元をしらんから、互《たがい》に他人と云《い》つてねたみ合ひ、うらみ合ひ、我《われ》さへよくばで、皆、勝手〳〵の心つかひ、甚《はなは》だしきものは、敵同士になつて嫉《ねた》み合つてゐるのも、元を聞かしたことがないから、仕方がない。なれど、この儘《まま》にゐては、親が子を殺し、子が親を殺し、いぢらしくて見てゐられぬ。それで、どうしても元をきかせなければならん」（『山名大教会初代会長夫妻自伝』）

とお話しになったとのことです。そしてそれから、泥海中《なか》のお話をお説きになり、最後には、

「かういう訳故《ゆえ》、どんな者でも、仲善くせんければならんで」（同）

と、お聞かせになったというのです。

教祖ご在世のころ、日本では、打ち壊しや一揆などの国内での争いがあり、また、江戸幕府から明治政府へと移りかわるなかで、各地で争いや戦《いくさ》が行われていました。また、世界を見ても、帝国主義や植民地主義が広がり、各国で人間同士の争いが絶えない状態でした。

教祖は、人類の母親として、世界中の人々が争ったり、傷つけ合ったりしていることに胸を痛めて、一日も早く、世界一れつ兄弟姉妹《きょうだい》として仲良くたすけ合って暮らしてもらいたいと切に願われておいでだったと拝察するのです。

また、貧に関しては、ある先人の先生によると、教祖は明治十七、八年ごろ、「一《ひ》トかたけもたべるに、たべられん、一日もくらしかねる、なんじふ助け一のもよふ」（諸井政一『改訂正文遺韻』）と繰り返しおっしゃっていたといいます。

「かたけ（片食）」の「け」は食事のことです。江戸時代は、一日に朝と夕の二度の食事が普通であったことから、「かたけ」とは、朝夕どちらか片方《かたほう》の食事のことを意味していたと考えられます。つまり教祖は、一日に一食さえも食べられず、その日暮らしをしている貧しい人々を、難渋しているから早くたすけたいと仰せになっておられたのだと拝察します。

明治十七、八年ごろといえば、官憲の取り締まりがますます厳しくなっていった時期です。そのなかを、当時、御年八十七、八歳の教祖は、ご自身のことよりも、世界中の人々の生活を案じ、難渋している人のことを心底《しんそこ》からご心配くださっていたのです。

そして、病に関しては、貧のどん底の生活をお通りくださるなかで、ご自身やご家族が明日食べる米もないというような極限状態のときでさえも、

「世界には、枕もとに食物《たべもの》を山ほど積んでも、食べるに食べられず、水も喉《のど》を越さんと言うて苦しんでいる人もある」（『稿本天理教教祖伝』第三章「みちすがら」）

と仰せになり、世界の病む人のことをご心配くださっているのです。

このように教祖は、人類の母親として、世界中の人々が争っていることを見ていられないと仰せになり、貧で困っている人を早くたすけたいと思われ、病で苦しむ人のことを常にご心配くださっていたのです。

さて、現在においても、世界の争いはなくなっていません。また、飢餓《きが》で苦しんでいる人も、重い病気で苦しんでいる人も、まだまだ大勢おられます。こうした現状を見て、きっとご存命の教祖は、ご心配くだされ、一日も早くたすけてやりたいとお思いくださっているのではないかと拝察します。

私たちは、そうした教祖の親心を感じながら、おつとめをさせていただきたいのです。

そして、二下り目で教えられているように、おつとめを勤めるとともに、不思議なふしんを通して真実を尽くし運び、自らの心を親神様のお望みくださる「よふきづくめの心」「人をたすける心」へと入れ替えていき、一日も早く、争いや貧困、そして病がなくなっていくように、この道を世界へ広め、世界のたすかりのうえに尽力していきたいと思います。

「お歌」

とん〳〵とんと正月をどりはじめハ
　やれおもしろい

二ッ　ふしぎなふしんかゝれバ
　やれにぎはしや

三ッ　みにつく

四ッ　よなほり

「一つの悟りとしてのまとめ」

親神様が「とん〳〵とんと」お働きに出られて、それによってこの道に手引かれた人々が、「とん〳〵とんと」という締《し》め太鼓の響きに乗って、新しい一年の始まる正月に、おつとめを踊りはじめるようになるのは（正月をどりはじめハ）、喜ばしいことである（やれおもしろい）。

教祖は、おつとめを教えはじめられる少し前に、不思議な「普請《ふしん》」にも取りかかられた。すると（ふしぎなふしんかゝれバ）、誰に頼んだわけでもないのに、人々が「寄進《きしん》」するために集まってきて、お屋敷が賑《にぎ》やかになってきた（やれにぎはしや）。

さて、そうして普請を通して、人々が徳を身につけ（みにつく）、真実を尽くし運ぶなかに、それぞれの巡り合わせや運命（仕合《しあわ》せ）も良いように身についていく（みにつく）。

そして、形の普請を通して心の普請が進み、人々の心が親神様のお望みくださる「よふきづくめの心」へと入れ替わっていくことによって、この世は元の思召《おぼしめし》通りの陽気ぐらしの世へと直っていく（よなほり）。

五ッ　いづれもつきくるならば
六ッ　むほんのねえをきらふ
七ッ　なんじふをすくひあぐれバ
八ッ　やまひのねをきらふ
九ッ　こゝろをさだめゐやうなら
十デ　ところのをさまりや

したがって、以上のことを踏まえて、誰もが教祖がおつけくだされた、たすけ一条の道についてくるならば（いづれもつきくるならば）、人々のなかの争いを生む心はなくなっていくのであり（むほんのねえをきらふ）、

また、人をたすける心となって難渋《なんじゅう》を救い上げた暁《あかつき》には（なんじふをすくひあぐれバ）、

病の根も切ってくださる（やまひのねをきらふ）。

だから、そうした親神様のご守護を頂戴《ちょうだい》できるように、それぞれが心を定めて、その心を変えずにいてほしい。そうすれば（こゝろをさだめゐやうなら）、

それぞれの土地所は、争いもなく、貧者や病人もいない、治まった場所となる（ところのをさまりや）。

以上のように拝察する。

三下り目

一ッ　ひのもとしよやしきの
つとめのばしよハよのもとや

「ひのもと」とは「日の出《い》づる本《もと》」ということで「日本」を意味し、また「しよやしき」は、当時、中山家のお屋敷が大和国《やまとのくに》山辺郡《やまべごおり》庄屋敷《しょやしき》村にあったことから「庄屋敷村」を指していると考えられます。「つとめのばしよ」は、おつとめをさせていただく場所のことであり、「よのもと」とは、この世の元ということでしょう。

したがって、冒頭のお歌は、「日本の庄屋敷村にある、おつとめをさせていただく場所は、世の元である」と仰せくださっていることになります。

さて、このお歌が作られた当時は、ぢば定めもまだ行われていませんでした。そうした状況のなかで、お屋敷に来た人々は、いま、自分たちがおつとめをしている場所が、実は、世の元であると聞かされて、どのように思ったでしょうか。

その意味がなんとなく分かった人もいれば、あまりにもスケールの大きな話に、まったく意味が分からなかった人もいたことでしょう。

おさしづに、

三十五年後《あと》以来、一時理に分かりあるのもあれば、分かり難《がた》ない者もある。つとめ場所〳〵よう聞き分け。何やら分からん。つとめ場所は世の元という。（明治31・7・14 夜）

とあります。人々がどう受けとめたかはそれぞれだとしても、ここで初めて、親神様が私たち人間に、この世の「元」についてお話ししてくださっていることが重要なのです。すなわち、これまでは家族や親族などの身内を中心に、個別に、その都度《つど》説かれていたと推測される「元初《もとはじ》まりのお話」を、このお歌を出発点として、いよいよ本格的に世界に広め、みかぐらうた、おふでさき、おさしづの三原典および「こふき話」を通して、末代にわたってお遺《のこ》しくださっているのです。

そう考えますときに、ここで一対《いっつい》の扇を使い、手振りを際立《きわだ》たせておられることも頷《うなず》けましょう。

ところで、先人の先生のお話に、「さてこのよといふハ、夜から始めたから、このよといふ、このよ、ひるとハゆはんでと、聞《きか》せられまして、実に神様のりハ違《ちがい》ません」（諸井政一『改訂正文遺韻』）とあります。

ここから「よのもと」は、「世のもと」としてだけではなく、「夜のもと」としても理解でき、同時に「ひのもと」も「日（昼）のもと」として理解する可能性が見えてきます。

電気もガスもない江戸時代。当時の人々は、いま以上に、夜はお月様に、昼はお日様に頼って暮らしていたことでしょう。そうした人々が、日《ひ》（昼）と夜《よ》のもとと聞けば、自然に、太陽と月の存在を想《おも》い浮かべたのではないでしょうか。

ひのもと

月日親神様のご守護に包まれている

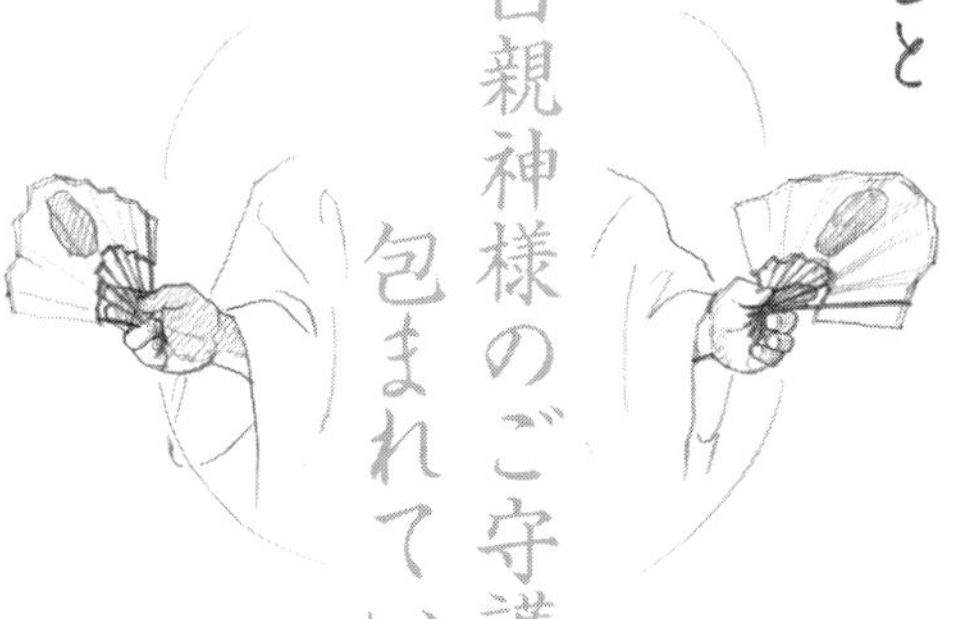

しかし、そこからさらに、太陽と月が、親神様の天にてのお姿であり、太陽と月の存在を含めて、日（昼）と夜のもと（根本）は、結局、親神様のご守護であるということを理解するには、やはり教えを聞き、信仰的に悟ることが必要だったのではないでしょうか。

このように、「ひのもと」と「よのもと」とを、「日（昼）のもと」と「よ（夜）のもと」として理解するとき、その両者は、親神様がお鎮《しず》まりくださる同じ「場所」を指すこととなり、その「場所」で、親神様のご守護を祈願して「おつとめ」を勤めるということも、得心がいきやすくなるのではないでしょうか。

つまり、「つとめのばしよ」は、まさに「よのもと」であり、「ひのもと」でもあるのです。

そして、その「場所」はまた、人間が生まれた元なる場所でもあり、この世の唯一《ゆいいつ》無二《むに》の場所であるとも教えていただくのです。

このことは、「しよやしき」について、ある先人の先生が、「教祖は庄屋敷のことを、『しょうのあるやしきやさかいに、しょうやしきと言うのやで』とお聞かせくだされたのであります」（桝井孝四郎『みかぐらうた語り艸《ぐさ》』）と伝え、「しょう」というのは「正味《しょうみ》」であったり、「生まれる」の「生《しょう》」であったりすると悟っておられることにもつながる気がいたします。

二ッ　ふしぎなつとめばしよハ
たれにたのみはかけねども

三ッ　みなせかいがよりあうて
でけたちきたるがこれふしぎ

当時の人々が、これらのお歌を聞いたときに真っ先に思い浮かべたのが、まさにこれらのお歌を教えていただいていた建物のことではないでしょうか。

その建物とは、元治元年（一八六四年）に本教初の「ふしん」として建築が始まり、のちに「つとめ場所」と呼ばれる建物のことです。

この元治元年の「つとめ場所」の普請《ふしん》は、まさに冒頭のお歌のように、教祖のほうから誰かに頼んだわけではないのに（たれにたのみはかけねども）、みんなの真実が寄り集まってきて（みなせかいがよりあうて）行われることになったのです。

すなわち、二下り目の二ッで詳《くわ》しく述べたように、飯降先生がたすけてもらったお礼にお社《やしろ》の献納《けんのう》を申し出たところ、教祖は、社はいらないから、米倉と綿《わた》倉を取り除《のぞ》いて、一坪《ひとつぼ》四方の小さいもの

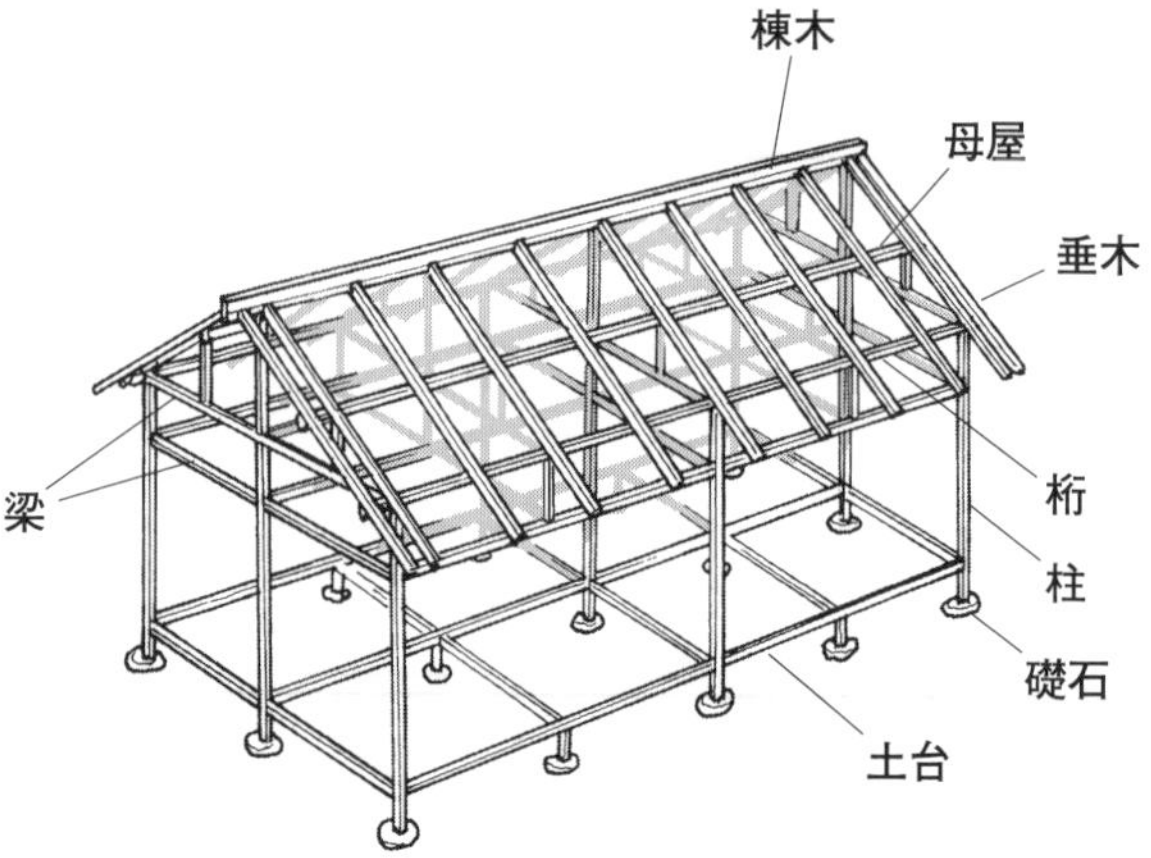

「棟上げ」のときの建物の様子

でも建てかけるようにと仰せになったのです。そこで、人々は話し合い、二十一坪の参拝場のようなものを建てさせてもらおうということになり、多くの人々が寄り合って費用や手間をそれぞれ出し合い、普請ができ（でけ）、棟《むね》を建ち上げる*（たち）までに至った（きたる）のです。

当時、貧のどん底の生活を送られていた中山家のお屋敷で、誰かに頼んだわけでもないのに、ある日を境に、急に普請の話が持ち上がり、当時の一般の住居よりも広い、三間半《さんげんはん》に六間という建物が建ち上がったわけですから、まさに、「これは不思議」（三ッ）と思えるような出来事だったのでしょう。

しかし、この日を迎えるまでには、立教以来の二十数年間にわたる、教祖のご準備と大きな親心があったことを見逃してはならないでしょう。

もともと中山家の敷地には、母屋《おもや》、隠居《いんきょ》所、米倉、綿倉などの建物があり、空間の問題だけで言えば、それらの部屋を利用すれば、おつとめを勤めることは十分に可能であったように思います。あるいは、中山家の財力をもってすれば、新たに、おつとめをするための建物を建てることもできたこと

母屋取りこぼち後のお屋敷

つとめ場所ふしん後のお屋敷

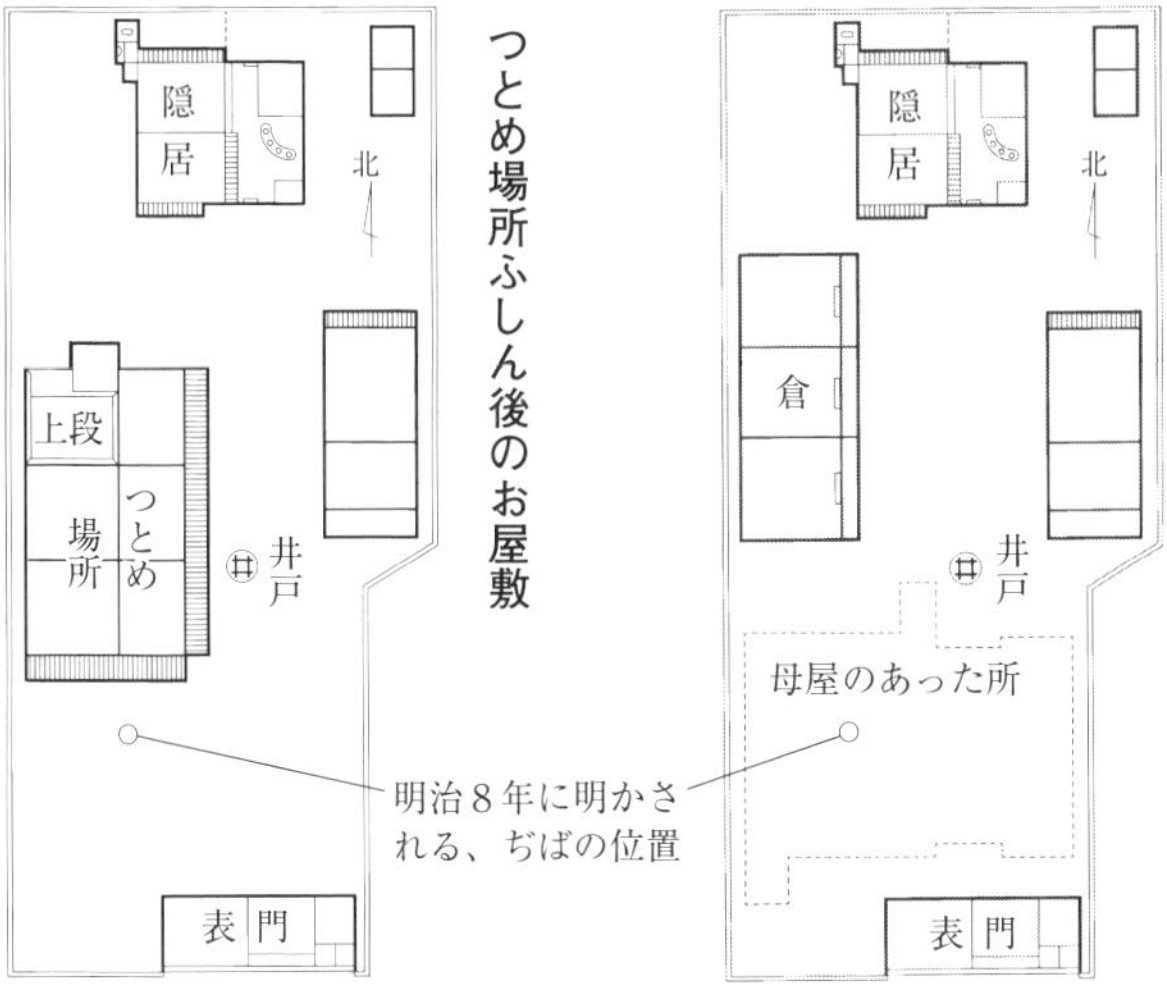

でしょう。

にもかかわらず、なぜ教祖は、わざわざ財産をすべて手放し、また、母屋を取り壊《こわ》し、さらには、米倉と綿倉を取り除いて「つとめ場所」を建てるようにとおっしゃったのか。そこには深い、大きな親心があったのだと拝察します。

それは一つには、母屋があった場所に元なる「ぢば」があったからではないでしょうか。すなわち、そこにある個人的な住居や財産を取り除くことによって、ゆくゆくは世界中の人々が、気兼《きが》ねなくおぢば帰りができるようにとの親心からだったのではないかと拝察します。

そして、もう一つには、おさしづに、

たすけふしぎふしん、真実の心を受け取るためのふしぎふしん。

(明治23・6・15)

＊ 建物の骨組みを組み立てて、最上部に棟木《むなぎ》を上げることを、「棟上《むねあ》げ」と呼びます。

とありますように、お道のふしんは、人々の真実の心を受け取るために行われるものだからではないでしょうか。

つまり、教祖が、飯降先生にお社の献納よりも、たとえ小さな規模でもいいから普請をするようにと仰せになったのは、飯降先生をはじめ、人々に、お屋敷に伏せ込む機会を与え、徳積みをさせてやりたいという親心からだったのではないかと拝察するのです。

まさに、二下り目の三ッでも触れましたように、教祖は、「つとめ場所」の普請を打ち出すことによって、人々に神様の御用をお出しくだされたのです。このように考えましたときに、教祖が、母屋を取りこぼつときに、

「これから、世界のふしんに掛《かか》る。祝《いお》うて下され」（『稿本天理教教祖伝』第三章「みちすがら」）

と仰せられていることの意味も、あらためて見えてくるのではないでしょうか。

四ッ　よう〳〵こゝまでついてきた　じつのたすけハこれからや

さて、元治元年にようやく「つとめ場所」の普請をしようというような人々が出てきたわけですが、そこに至るまでには、先ほども（二ッと三ッ）少し触れましたように、立教以来、二十数年間にわたる非常に長い道のりがありました。

立教から最初の十数年間は、物やお金を貰《もら》いに来る人々はいたものの、貧のどん底へと落ちきられていくなかで、親族をはじめ、友人や知人は次々と離れていき、だんだんとお屋敷には誰も寄りつかなくなっていったのです。

そのなか、立教十七年に、すなわち元治元年のちょうど十年前の嘉永七年（一八五四年）に、教祖は「をびや許し」をお始めくだされました。それが「よろづたすけ」の道あけとなり、それから数年後には、庄屋敷村の「をびや神様」の名が大和国中に広まりだし、次第《しだい》に、安産だけでなく、庄屋敷へ詣《まい》ったらどんな病気でもたすけてくださるという噂《うわさ》が広がっていったのでした。

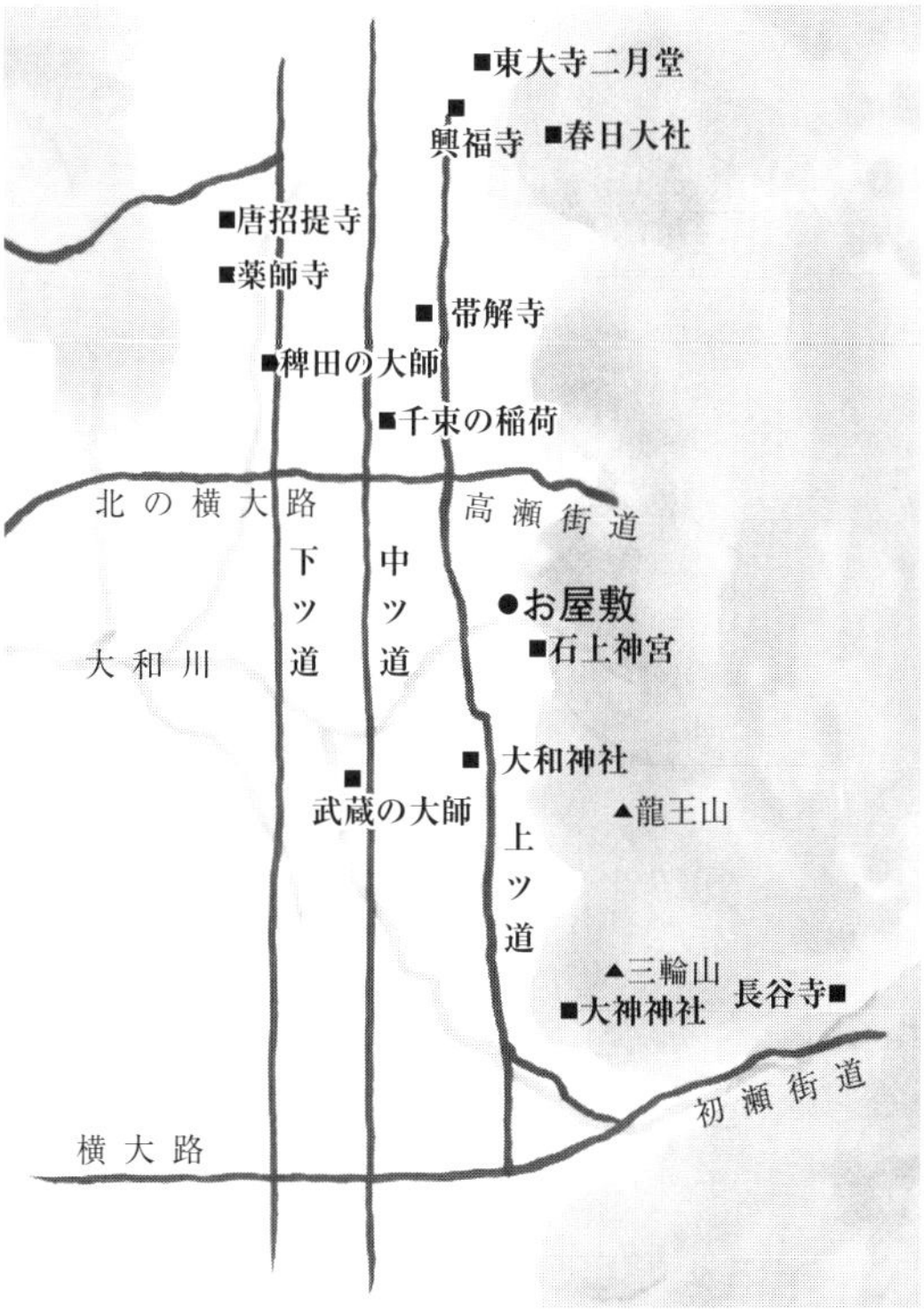

お屋敷周辺の主な詣り所、願い所

しかしそれでも、当時の人々の多くは、ただ病気や事情をたすけてもらいたくて、自分たちの身の周りにあった、いろいろな詣り所や願い所（千束《せんぞく》の稲荷《いなり》、初瀬《はせ》の観音《かんのん》、稗田《ひえだ》の大師《だいし》、奈良の二月堂など）に行くような感覚で、お屋敷に参《まい》ったのではないかと想像します。そのため初めのころは、ほとんどの人は病気や事情をたすけてもらったら、再び病気になるまでは、お屋敷に足を運ぶことはありませんでした。

そうしたなか、ようやく立教から二十数年が過ぎようとするころから、だんだんとお礼参りをしたり、お屋敷に通って神様の御用をしたりする人々が出てきたのです。そして、立教から二十七年が経《た》った元治元年ごろには、毎月の二十六日には参拝者が三十人ほど集まるようになり、ついには人々が寄り集まって「つとめ場所」の普請をするまでに至ったのです。

冒頭のお歌（四ッ）は、教祖が、まさにそこまで成人してきた人々に対して、「よう〳〵こゝまでついてきた」とおねぎらいくださるとともに、「じつのたすけハこれからや」と、これからが本当のたすけをするのであるから、しっかりとついてくるようにとお励《はげ》ましくださっているように感じます。

五ッ　いつもわらはれそしられて
めづらしたすけをするほどに

前のお歌（四ッ）で、「じつのたすけハこれからや」と仰せくださっていますが、「じつのたすけ」とは何のことでしょうか。

おふでさきに、

たすけでもあしきなをするまてやない

めづらしたすけをもているから　（十七　52）
このたすけどふゆう事にをもうかな
やますしなすによハりなきよに　（十七　53）

とあります。
すなわち、親神様は、人々が最初に願い出た病気や事情をたすけるだけではなく、「病まず、死なず、弱らず」という本当のたすけ、いわゆる「めづらしたすけ」をしてやりたいと仰せくださっているのです。
しかし、そうした「めづらしたすけ」を頂くには、世間の人には理解されず、人から笑われたり、謗《そし》られたりする道を通らざるを得ない（いつもわらはれそしられて）のだとも教えていただくのです。
おさしづに、
たゞ一日の遊山《ゆさん》も、良い所へ行きた事無いで。出れば人に笑われる処《ところ》より、出た事は無い。（明治35・7・20）
とありますように、教祖ご自身が、まずはそうした道中を五十年にわたって勇んでお通りくだされたのです。
ところで、先ほど三ッでも取り上げた、元治元年の「つとめ場所」は、人々が寄り集まって上棟式《じょうとう》*

＊建築物の棟木を上げるときに、神を祀《まつ》って行う儀式のことをいいます。

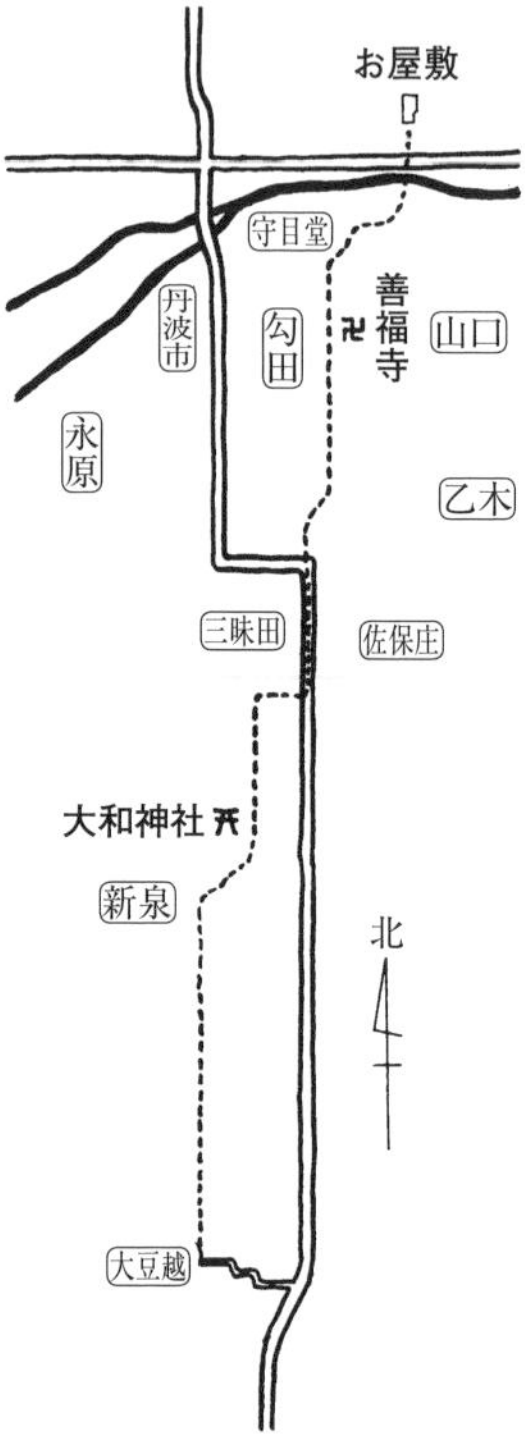

お屋敷から大豆越村への道

まで無事に済んだのですが、その翌日に、ある一つの事件が起こりました。

それは、棟上げのお祝いに招待され、大豆越《まめこし》村の山中忠七宅へ向かう道中でのことです。人々が大和神社の前を通りかかったときに、神様に拝をするつもりで、拍子木や太鼓などを力いっぱい打ち鳴らしながら「なむ天理王命、なむ天理王命」と、繰り返し繰り返し声高らかに唱えつづけたところ、大和神社の神職が飛び出してきて、「由緒《ゆいしょ》深い大和神社の社前で、卑俗《ひぞく》な鳴物《なりもの》を用い、聞いた事もない神名を高唱《こうしょう》するとは怪《け》しからん」と言って人々を叱《しか》りつけ、その場で全員を一人残らず監禁して、三日間も出してくれなかったのです。

この、いわゆる「大和神社事件」は、当時の人々にとって非常に大きな「ふし（節）*」となりました。まだ日の浅い信者のなかには、不安を感じて離れていく者もおり、せっかく出来かけていた講社も、一時はぱったりと止まってしまいました。また、熱心に信心していた人でさえ、しばらくお屋敷から足が遠のき、盛り上がっていた普請も頓挫《とんざ》してしまったのです。

当時の人々からすれば、一生懸命に信心し、神様のためにと思って普請に参加したにもかかわらず、ご利益《りやく》を貰《もら》うどころか、神職に叱られたうえに三日間も留《と》め置かれたわけですから、自分たちは世間のいい笑いものだと思ったとしても不思議ではないでしょう。つまり、この大和神社のふしは、信心しはじめた人々にとって、まさに人から笑われ、謗られる（いつもわらはれそしられて）出来事であったのです。

しかし、教祖は、まさにここから人々の本当のたすけに取りかかる（じつのたすけハこれからや）と仰せになっておられるのです。そして実際に、この「ふし」に直面しても、なお信心の歩みを止めなかった飯降伊蔵先生を通して、「ひのきしん」について教え（八ッを参照）、さらに、その後、人々に「おつとめ」を教えて、病まず、死なず、弱らずという「めづらしたすけ」（五ッ）の道をおつけくださっているのです。

したがって、教祖は、「大和神社のふし」そのものについては特に何も仰せになっていません。も

＊竹には「節」があります。その最初の一節を割ると一気に割れるという性質がある一方で、節があるからこそ、大風や雪に対しても簡単には折れず、しなやかに曲がることができます。また、竹は、地下茎《けい》の節にある芽から新しい竹を誕生させ、わずか数カ月で立派な竹に成長するといわれます。教祖は、親神様の思召《おぼしめし》に沿いきろうと一生懸命につとめているのに、思いがけずに現れてくる困難や苦しみを「節」になぞらえ、そこで心を折らずに、ひたすら親神様にもたれて勇んで通れば、「節から芽を出す」が如《ごと》く、これまでにない新しい喜びをお見せくださるのだと教えてくださったのです。

ちろん、たすけてもらったご恩を忘れてお道を離れていく人々を責《せ》めるのでもなければ、せっかく打ち出した普請が頓挫したことを残念に思うとも仰せにはなっていないのです。

教祖が唯一このときに仰せになったと伝えられているのは、お屋敷にいて事態の収拾に奔走《ほんそう》されたこかん様が、ふと、「行《ゆ》かなんだら宜《よ》かったのに」と呟《つぶや》かれたことに対して、「不足言うのではない。後々《のちのち》の話の台である程《ほど》に」（『稿本天理教教祖伝』第四章「つとめ場所」）ということだけでした。

つまり、「大和神社のふし」を通して「ひながた」としてお遺しくだされているのは、信心するなかで「ふし」（困難なこと）に直面したときには、そこには必ず親神様の深い思召《おぼしめし》があると悟って、とにかく「不足を言わない」ように気をつけるということではないでしょうか。

六ッ　むりなねがひはしてくれな
　　　ひとすぢごゝろになりてこい
七ッ　なんでもこれからひとすぢに
　　　かみにもたれてゆきまする

このお歌が作られた慶応三年の、四月五日から五月十日までの間に、お屋敷へ参詣《さんけい》した人のことを記録した「御神前名記帳《ごしんぜんめいきちょう》」という資料が残っています。

それによると、当時の人々が「眼病、足イタ（足痛）、カタコリ（肩こり）、じ（痔）」などの身上願いに留《とど》まらず、「縁談、悪夢、ふんしつ（紛失）」など、実にさまざまな「願い」をしていたことが分かります。

しかし、教祖は、どんな願い出に対しても、「無理な願いはしてくれな」とは、おそらく仰せにはならなかったと拝察します。むしろ教祖は、誰に対しても、それこそ母親が子供を迎え入れるように、「よう帰ってきたな」と、温かく全面的に迎え入れてくださり、どんな病気や事情もお引き受けくだされたのだと想像します。だからこそ、「庄屋敷へ詣ったら、どんな病気でも皆、たすけてくださる」という噂が立ち、どんどん道が広まっていったのではないでしょうか。

それでは、お歌では、いったい何を「無理な願い」だと仰せになっているのでしょうか。それは、願う内容というよりも、願う人の心について仰せくださっているのだと拝察します。つまり、おふでさきに、

月日にハなにかなハんとゆハんてな
みなめへ〳〵の心したいや
（十三 120）

とありますように、親神様は、私たちの心次第でどのような願いも叶《かな》えると仰せくださっているのです。

ですから、「無理な願い」とは、いわば、それぞれの心に親神様に受け取ってもらえるような理が、

無いまま願うということではないでしょうか。言い換えれば、親神様の思召に適《かな》わない心で願うということであり、その根本は、親神様を疑い、一すじ心に親神様にもたれることなく願うということでしょう。

さて、当時の人々は、「をびや許し」などの不思議なたすけを通して、少しずつ親神様にもたれ、一すじ心になることの大切さを学んでいったのだと思います。

その一方で、初めのうちは、ほとんどの人が不思議なたすけを頂戴《ちょうだい》するためだけに、一すじ心を定めるといった状態だったのでしょう。そのため、たすかってしまった後はどうしても心が緩《ゆる》み、気がつけば、世間の風潮に流されて、定めた一すじ心も簡単に揺らいでいったのです。

そうした、いまだあやふやな人々の信心（一すじ心）が明らかになったのが、元治元年の「大和神社のふし」だったのです。すなわち、ほとんどの人が、「ふし」（困難なこと）に直面したときに世間の風潮に流されてしまい、一すじに親神様にもたれて通ることができなかったのです。

そう考えますと、まさに元治元年の「大和神社のふし」は、あらためて人々に「一すじ心」の大切さを教えてくださった出来事であったとも言えるのです。つまり、これから始まる「実のたすけ」（四ッ）のためには、飯降先生のように、たとえ「ふし」に直面したとしても、不思議なたすけを頂戴したときの心を思い出して、親神様にもたれて通る心が必要だと教えてくだされたのではないでしょうか。

そして、実際に、飯降先生をはじめ多くの先人の先生方が、そうした揺るぎない信心（一すじ心）

を持つようになっていくなかで、教祖は、おつとめを教えてくださるようになり、「めづらしたすけ」（五ッ）の道をおつけくだされていったのです。

さて、現在においても、信心しはじめのころには、「ふし」に直面すると、「一生懸命しているのに何でこんなことになるのか」とか、「信仰していてこんなことが起こってくるのだったら、もう信仰しない」と不足をして、神様にもたれて通ることを忘れてしまいがちです。

しかし、「ふし」に直面したときこそ、そこで不足しないだけではなく、神様が絶対に悪いようにはなさらないと、むしろ、いままで以上に親神様にもたれて通る心を定め、勇んで明るく通らせていただきたいものです。そうすれば必ずや、先々で「ふしから芽を出す」が如《ごと》く、これまでにない新しい喜びをお見せいただけるのだと信じます。

八ッ　やむほどつらいことハない　わしもこれからひのきしん

「病むほどつらいことはない」

このことは、病気になった人であれば誰もが知っていることでしょう。そして、だからこそ、不思議なたすけで病気をたすけられたときには、誰もが心から感謝をし、それがお道を信心するきっかけになることも多いのでしょう。

やむほど　つらい　報恩の心

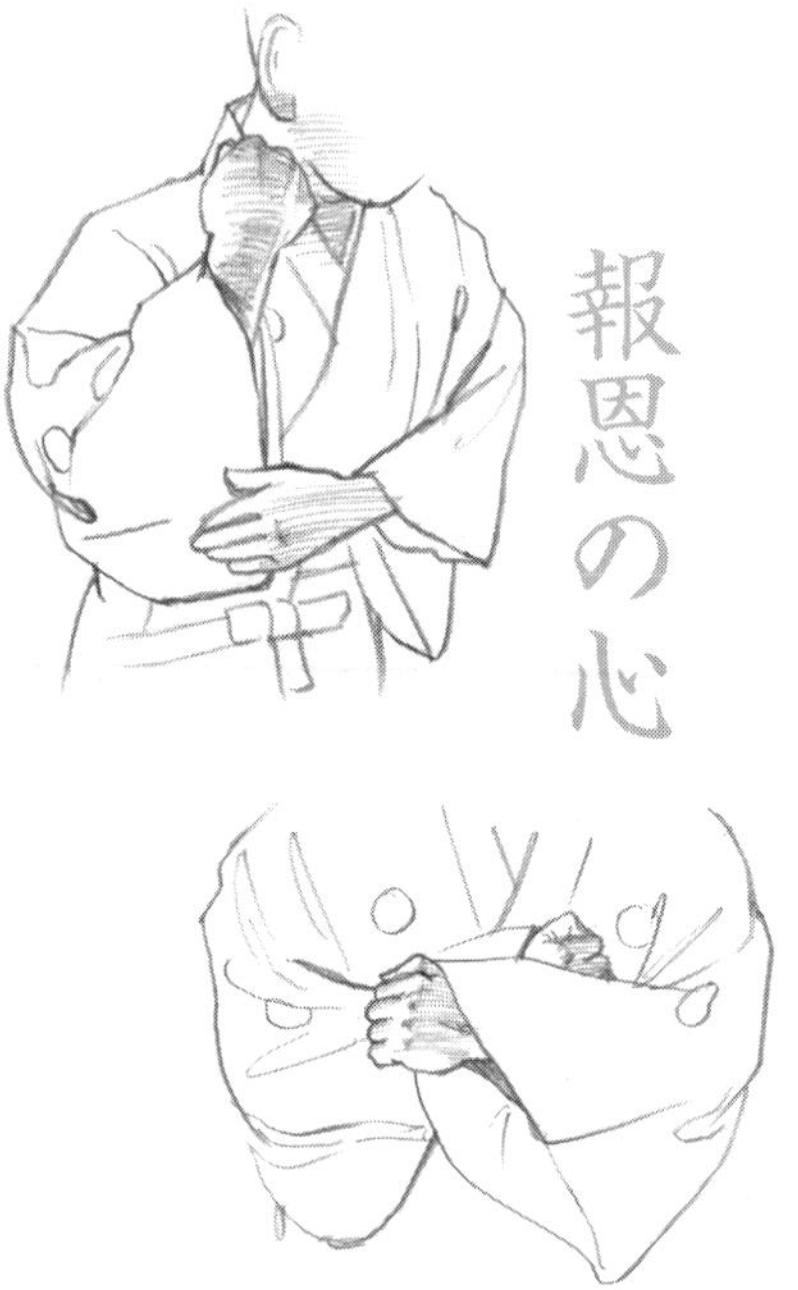

その一方で、おさしづに、

神の自由《じよう》して見せても、その時だけは覚えて居《い》る。なれど、一日経《た》つ、十日経つ、三十日経てば、ころっと忘れて了《しま》う。（明治31・5・9）

とあります。すなわち、せっかく病気をたすけてもらって信心しはじめても、人は、日が経つにつれて、そのご恩を忘れてしまい、なかには、この道から離れていってしまう人もいるのです。

教祖ご在世当時も、まさにそうした人が多かったようです。教祖によって生命のないところをたすけられ、初めは熱心にお屋敷に通っていた人であっても、日が経つにつれ、あるいは、何か一つ事情（ふし）が起こったりすると、簡単に信心の道から離れていってしまっていたのです。

そうして、なかなか報恩《ほうおん》の心（ご恩に報《むく》いる心）を持てずにいる人が多いなかを、飯降伊蔵先生は、妻が病んでつらかった日のことを常に思い起こし、妻をたすけてもらったご恩をいつまでも忘れずにいたのでした。

教祖は、飯降先生のこの報恩の心を台に、「つとめ場所」の普請をすすめてくださり、そのなかで当時の人々に「ひのきしん（日の寄進）」という教えを教えてくだされたのではないかと拝察します。

当時の人々は、おそらく「きしん（寄進）」といえば、神社や寺院に対して、金銭や物品を奉納《ほうのう》することを思い浮かべたのではないでしょうか。それは主に、お堂の修繕《しゅうぜん》などのときに、お金に余裕のある人が行う特別なこととして受けとめられていたのではないかと想像します。

ところが教祖は、物やお金ではなくて、自分の身をもって働きを捧《ささ》げる「ひのきしん」というものを教えてくだされたのです。それは、報恩の心さえあれば誰でも実行することができ、それも一度や二度だけで終わるのではなく、親神様のご恩に対して、たとえわずかであっても日々に真実を尽くしていくものとして教えてくだされたのです。

しかし、こうしたことをただ口で説明しても、おそらく当時の人々にはなかなか伝わらなかったことでしょう。そこで教祖は、まず飯降先生をお導きくださりながら、飯降先生の行動を通して、「ひのきしん」についての一つの具体的な手本をお示しになったのではないかと拝察するのです。

わしもこれからひのきしん
たすけられた元一日を
忘れない

「わしもこれからひのきしん」（八ッ）と、おてふりにおいても、「ひのきしんの手」をしながら回る様子は、まさに「ひのきしん」という教えを人々に示されているようです。

そもそも、元治元年に妻の身上をたすけられた飯降先生は、最初はお礼として「お社の献納」という、一般の意味での「寄進」を教祖に申し出ました。ところが、それに対して教祖は、「社はいらぬ。小さいものでも建てかけ」と仰せになったのです。そこで飯降先生は、教祖のお言葉を受けて、いわゆる「つとめ場所」と呼ばれる建物の普請の手間を引き受けたのでした。それによって、お社の献納であれば、数度足を運べば終わっていたものを、「日々に」お屋敷に通うようになり、「身（からだ）を運んで」寄進をするように変わっていったのです。

それからしばらくして、棟上げ直後に「大和神社の事件（ふし）」が起こります。義理《ぎり》やつきあいで普請に関《かか》わっていた人や、一般の意味での「寄進」をしていたような人たちは、みんなこの普請から足が遠のいてしまいました。ところが飯降先生だけは、その後も変わらず、お屋敷へ足を運び続けたのです。おそらくそれは、飯降先生が、「ふし」のなかにあっても、妻が病んで苦しかった日々のことを思い出し、その妻をたすけてもらったご恩をなんとか返したいと思われたからではないかと想像します。つまり、飯降先生は、「ふし」に出合ったときに、ほかの人々のようにお屋敷から足が遠のくのではなく、むしろ「報恩の心から」普請のすべてを引き受ける覚悟を決め、お屋敷に「真実」を運ばれたのです。

ここに私たちは、冒頭のお歌の「やむほどつらいことハない　わしもこれからひのきしん」（八ッ）

ということの一つの具体的な姿を見て取ることができるのです。つまり、初めは一般の「寄進」をするつもりでいた飯降先生は、教祖に導かれながら、気がつけば、報恩の心から真実を尽くし運ぶようになり、結果的に「ひのきしん」で普請を仕上げていくことになっていったのです。

このように教祖は、元治元年の史実を台にして、三年後のこの「みかぐらうた」のなかで、これまで人類史上どこにも存在しなかった「ひのきしん」という教えを分かりやすくお説きくださったのだと拝察するのです。

九ッ　こゝまでしん〴〵したけれど
もとのかみとハしらなんだ

十ド　このたびあらはれた
じつのかみにはさうゐない

さて、「ここまで信心したけれど」とありますが、当時の人々の信心とは、どのようなものだったのでしょうか。また、「もとのかみとは知らなんだ」とありますが、人々は神様をどのように理解していたのでしょうか。

そうしたことを窺《うかが》い知る一つの貴重な資料として、明治三十一年に辻忠作先生が初代真柱様に提出

もとのかみ
じつのかみ
此所八方の神が治まる処

した手記（『復元』第7号収載）が残っています。

それによると、文久三年三月ごろ、辻先生は、妹の気の病をたすけてもらいたくて初めてお屋敷に詣《まい》りし、そのときに教祖から「此《この》所八方の神が治まる処《ところ》、天理王命と言う」と、親神様について聞かせていただいたそうです。

おそらくこれは、辻先生をはじめ当時の人々が、たすかりを願うために、初瀬《はせ》の観音や、奈良の二月堂など、思いつくところをいろいろと、詣り信心をしていたことを踏まえてのお言葉だったのではないでしょうか。

そうしたさまざまな神様（八方の神）は、ここにすべておられる（治まる処）と聞いて、辻先生は「もふこれよりほかに信心せぬ」と心に決めたそうです。そして、すでに見ましたように（「なむてんりわうのみこと」の項を参照）、辻先生はその後、教祖に教えられた通りに、神様にもたれて一心にたすかりを願う心となり、妹の病を四カ月ほどですっきりご守護いただいたのです。

ところが、同じ年の七月ごろに、今度は、当時四歳になる長男由松《よしまつ》氏が急にひきつけを起こし、重体に陥《おちい》ったのです。もしかすると辻先生の信仰の熱が、妹の身上の回復とともに、冷《さ》めつつあったのかもしれません。

いずれにしても、再び信心の道に引き寄せられ、今度は夫婦で心を定めたことによって、四、五日でご守護を頂かれました。

このように、妹をたすけられ、続いて長男もたすけられたので、「これより外《ほか》に信心迷《まよ》はぬときめました」と、辻先生はあらためて信心しようと思われたそうです。

ところが、翌元治元年ごろに、今度は自分が歯を患《わずら》ったのです。そこで、早速《さっそく》お屋敷へたすけを願いに行くかと思いきや、辻先生は、お屋敷には詣らなかったのです。当時、世間では、「天理王命」の神様のご利益《りやく》は、「をびや」（安産）と「ほふそ」（疱瘡《ほうそう》）が主《しゅ》で、ほかはそうでもないと噂され、辻先生はその噂をうのみにしたからでした。そして、まじないをしてもらったり、薬を買ったり、あるいは按摩《あんま》を雇《やと》って歯の根をつついてもらうなど、約二年間、いろいろな手段を用いて治そうとし、大変苦労したというのです。

現在の私たちからすると、自分の妹の気の病や息子のひきつけを治してもらっていて「なぜ?」と思ってしまうかもしれません。また、教祖から、「此所八方の神が治まる処、天理王命と言う」と聞きながら、なぜ辻先生は世間の噂のほうを信じてしまったのかと不思議に思うかもしれません。

しかし、辻先生の信心の歩みや神様に対する理解は、決して特別なものではなく、むしろ当時としては一般的なものだったのではないかと考えられます。すなわち、当時の人々は、ご利益信心や詣り信心の延長線上でお道の信心を始め、いったんは信心すると決めても、しばらくすると心が緩み、再び身上で引き寄せられるということを繰り返していたのではないかと想像します。また、親神様についても、「元の神」とか「此所八方の神が治まる処」とか、教えとしては耳にしても、それほど深くは理解せず、多くの人は、あくまでもこれまでのような、ありきたりのご利益信心の神と同じように捉《とら》えていたのではないかと想像するのです。

そして、現在においても、信心しはじめた人のなかには、これに近い感覚の人が結構おられるのかとも思います。すなわち、身上や事情をたすけてもらいたいと思っている人からすれば、問題が解決することが大事なのであり、それが何の神様であるのかということは、それほど問題にはならないのでしょう。そして、ご守護を頂けば、しばらくはお礼参拝に行くものの、だんだん足が遠のいていき、次にまた問題が起こるまで教会へ行かなくなることもあります。

そうした人々に親神様のことを伝え、信心の道を歩み続けていってもらうのは、なかなか容易なことではありません。

しかし教祖は、どんな成人の鈍《にぶ》い人に対しても、

「分からん子供が分からんのやない。親の教《おしえ》が届かんのや。親の教が、隅々《すみずみ》まで届いたなら、子供の成人が分かるであろ」（『稿本天理教教祖伝逸話篇』一九六「子供の成人」）

と、頑是《がんぜ》ない子供をはぐくみ育てるように、大きな親心でお連れ通りくだされたのです。だからこそ、今日まで道が伝わり、そもそも私たち自身も、今日こうして信心の道を歩むことができているのでしょう。

そのことを思って、私たちも、どんな人に対しても愛想《あいそ》を尽かさずに、お歌のように、「いままでいろいろな神様を信心してきたり、また、ここまでこの道を信心してきたけれども、ここの神様は、安産の神様や、ありきたりの拝み祈禱《きとう》の神様だと思っていて、元の神様だとは知らなかった。しかし、このたび元の神様だと明らかになり、まさに真実の神様に間違いない」と実感してもらえるように、根気よく丹精《たんせい》を続けさせていただきたいものです。

「お歌」

一ッ　ひのもとしよやしきの
　　つとめのばしよハよのもとや

二ッ　ふしぎなつとめばしよハ
　　たれにたのみはかけねども

三ッ　みなせかいがよりあうて
　　でけたちきたるがこれふしぎ

四ッ　よう〳〵こゝまでついてきた
　　じつのたすけハこれからや

五ッ　いつもわらはれそしられて
　　めづらしたすけをするほどに

「一つの悟りとしてのまとめ」

日本（ひのもと）の庄屋敷《しょやしき》村にある（しよやしきの）、おつとめをする場所は（つとめのばしよハ）、この世の元なる場所だ（よのもとや）。また、太陽（日）のご守護の元（ひのもと）であり、正味《しょうみ》のある屋敷にある（しよやしきの）おつとめをする場所は、月（夜）のご守護の元がある場所でもある（よのもとや）。

不思議な（ふしぎな）ふしんによってできる「つとめ場所」は（つとめばしよハ）、誰かに頼んだわけでもないのに（たれにたのみはかけねども）、みんな世間のほうから寄り集まってきて（みなせかいがよりあうて）、思いもかけず普請《ふしん》ができて棟《むね》まで建ち上がってきたのが（でけたちきたるが）、本当に不思議なことだ（これふしぎ）。

それにしても、よくぞ普請をして、棟上げをするまでについてきた（よう〳〵こゝまでついてきた）。大きな「ふし」に直面したが、本当のたすけはこれからである（じつのたすけハこれからや）。

これからの道は、世間の人には理解されず、いつも笑われたり、謗《そし》られたりするけれども（いつもわらはれそしられて）、この先でおつとめを教えて、珍しいたすけをするので（めづらしたすけをするほどに）、

六ッ　むりなねがひはしてくれな
　　ひとすぢごゝろになりてこい
七ッ　なんでもこれからひとすぢに
　　かみにもたれてゆきまする
八ッ　やむほどつらいことハない
　　わしもこれからひのきしん
九ッ　こゝまでしん〴〵したけれど
　　もとのかみとハしらなんだ
十ド　このたびあらはれた
　　じつのかみにはさうゐない

しっかりとついてくるように。（ここで扇を置く）

それぞれの心に受け取る理がないまま、無理な願いはしてくれるな（むりなねがひはしてくれな）。それよりも一すじ心になってこい（ひとすぢごゝろになりてこい）。

つまり、何でもこれから一すじに（なんでもこれからひとすぢに）、神にもたれていきます（かみにもたれてゆきまする）という心になってくれ。

特に、「病気になるほどつらいことはない」（やむほどつらいことハない）と、病んだ日のことを思い起こし、いま結構な身上を借りていることに感謝して、「私もこれからひのきしんをさせてもらおう」（わしもこれからひのきしん）という心で歩んでほしい。

いままでいろいろな神様を信心してきたり、また、ここまでこの道を信心してきたけれども（こゝまでしん〴〵したけれど）、この神様は、安産の神様や、ありきたりの拝み祈禱《きとう》の神様だと思っていて、元の神様だとは知らなかった（もとのかみとハしらなんだ）であろう。

しかし、「このたび元の神様が現れた（このたびあらはれた）、これこそ真実の神様に相違《そうい》ない（じつのかみにはさうゐない）」と実感してほしい。

以上のように拝察する。

四下り目

一ッ　ひとがなにごといはうとも　かみがみているきをしずめ

「なんでもこれからひとすぢに　かみにもたれてゆきまする」（三下り目七ッ）と、せっかく始めだした神一条の信仰であっても、私たちは、時として周りの人に左右され、神様を忘れてしまうことがあります。

特に、私たちが信心の道を歩みだしますと、必ずと言っていいほど、周りの「ひと（人）」が何かを言います。その「ひと」とは、お道をまだ知らない世間の人かもしれませんし、家族や親族などの身内かもしれません。はたまた、同じ信心するお道の仲間が何かを言うのかもしれません。

世間の噂《うわさ》は気になりますし、身内に反対されると気持ちが動揺します。そして、信仰仲間の陰口《かげぐち》や不足を聞くと、とりわけ腹が立ってしまいます。つまり、他人の言動は、せっかく始まった私たちの信心の歩みを鈍《にぶ》らせ、時にはその歩みを止めてしまうことさえあるのです。

冒頭のお歌では、たとえ周りの人が何かを言ったとしても、常に親神様を意識して、腹を立てたり、動揺したりせずに、神様にもたれて通るようにと、教えてくださっているのだと拝察します。

　さて、三下り目でも見てきましたように、元治元年（一八六四年）の「つとめ場所」の普請《ふしん》は、「大和神社のふし」によって一時、頓挫《とんざ》してしまいました。その結果、普請前から困窮《こんきゅう》を極めていたお屋敷には、建築途中の建物だけが残り、材木屋や瓦《かわら》屋などへの支払いが重くのしかかってくることになったのです。

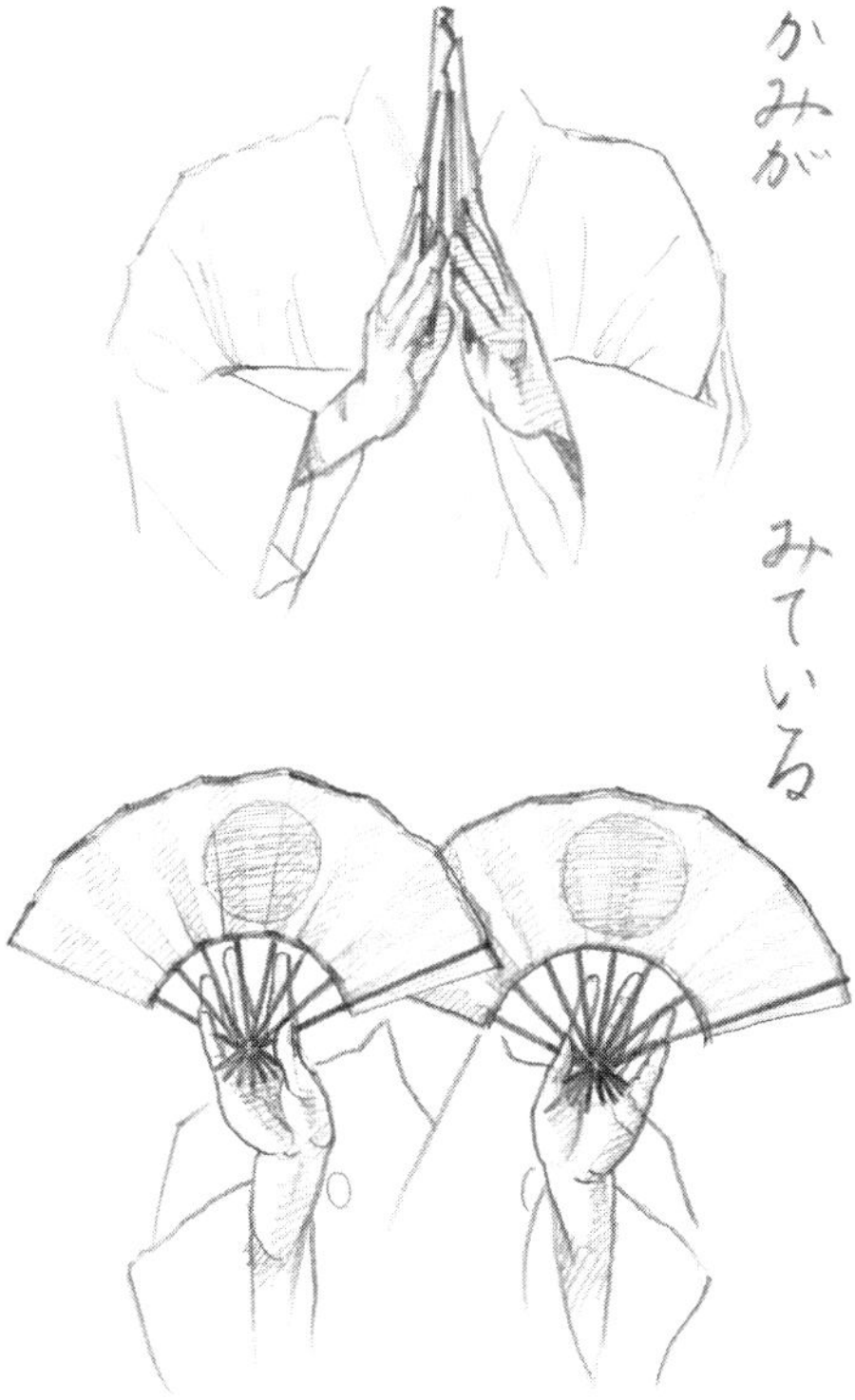

　そうした先行きの見えない状況のなかでしたが、飯降先生は奥さんとともに黙々と建物の内造りを仕上げていったのです。また、材木屋や瓦屋などへの支払いの延期のお願いも引き受け、一軒一軒、頭を下げて頼みに回ったのです。

　このように、信心してまだ半年とは思えないくらいの熱心な二人でありましたが、当然「大和神社のふし」について、世間の良からぬ噂を耳にしたでしょうし、離れていく仲間の不平や不満を聞いたりもしたのではないでしょうか。

しかしそのとき、きっと教祖は、飯降ご夫妻が周りの人の言動に惑《まど》わされないようにと、いつも心を配られ、「心配しなくとも、ちゃんと神様が見ているから大丈夫だよ」と、優しくお励《はげ》ましくだされたのではないかと拝察するのです。

元治元年の三年後に歌われた冒頭のお歌は、まさにそうした当時の情景を私たちに彷彿《ほうふつ》させてくれます。

そして、「人が何ごと言おうとも、神が見ている気を鎮《しず》め」という教えは、その後も、大勢の道の先人たちを励まし、人々の心の支えとなってきたのです。

たとえば、梅谷《うめたに》四郎兵衛《しろべえ》先生についての逸話が有名です。

梅谷先生は、明治十四年（当時35歳）、兄の眼病の平癒《へいゆ》を願って、初めておぢばに帰りました。そのとき、お道の教理を聞かれた梅谷先生は、これこそ「じつのかみにはさうゐない」（三下り目十ド）と思われたのでしょうか、早速《さっそく》、天理教を熱心に信仰するようになりました。そして、教祖から、

「夫婦揃《そろ》うて信心しなされや」（『稿本天理教教祖伝逸話篇』九二「夫婦揃うて」）

と教えていただくと、それを素直に実行して妻のタネさんにも信心を勧め、夫婦で信心することを誓《ちか》い合いました。そして、友人や知人にもにをいがけをし、初参《はつまい》りから数日後には、七、八人の知人を連れて二度目のおぢば帰りをしているのです。そして、入信からわずか三カ月目で（一説には、それよりも早くに）「明心《めいしん》組」の講名を拝戴《はいたい》し、その後、講社の結成もしているのです。

ところが、それほど信仰熱心であった梅谷先生であっても、入信から一、二年が経《た》ったころ、お屋敷で当時行われていた普請のひのきしんをしているときに、自分の陰口を言われているのを耳にして激しく憤《いきどお》り、深夜、密《ひそ》かに家へ帰ろうとされたことがあったのです。

幸いにも、そのときには、教祖のお部屋から咳《せき》払いが聞こえ、「あ、教祖が」と思った瞬間に足が止まり、腹立ちも消えて、帰らずに済んだそうです。そして翌朝、教祖から、

「人がめどか、神がめどか。神さんめどやで」（同一二三「人がめどか」）

と、信仰の根本を優しく教えていただいたというのです。

さて、現在の私たちも、お道を通るなかで世間の噂に一喜一憂《いっきいちゆう》したり、家族や親族の言葉に動揺したり、あるいは、信仰する仲間の言動に憤りを感じたりしてしまうことがあるかもしれません。

しかし、そのときに「あ、教祖が」と、教祖のことを思い起こして、一時的な感情で相手に怒ったり、縁を切ったりしないように気をつけたいものです。

そして、「大丈夫だ。きっと神様が見ていてくださる」と気持ちを鎮め、心低く、より一層、親神様にもたれて通っていきたいものです。

二ッ　ふたりのこゝろをさめいよ　なにかのことをもあらはれる

信心するなかで、人の言動に動揺しなくなってきたら、今度は、「ふたり」の心を治めるようにと教えていただくのです。

二人の心とは、夫婦の心であり、親子や兄弟など、内々の心のことでしょう。

ところが現実には、ひのきしんをしたり、にをいがけ・おたすけをしたり、熱心に信仰している人であっても、夫や妻と喧嘩《けんか》が絶えなかったり、あるいは、親子や兄弟《きょうだい》姉妹の間で揉《も》めたりしている人もいるのです。

しかし、冒頭のお歌にありますように、夫婦をはじめ親子や兄弟姉妹など、内々の心を治めていくことは、外に出て、にをいがけ・おたすけをして人々の心を治めていくのと同様に、重要な信仰実践の一つだと教えていただくのです。

教祖は、先人の一人である桝井伊三郎先生に、次のように、内々を治めることの大切さを分かりやすく教えてくださっています。

桝井先生といえば、元治元年（当時15歳）、母親が重病になったときに、伊豆七条《いずしちじょう》村（現在の奈良県大和郡山《やまとこおりやま》市伊豆七条町）からお屋敷までの五十町（約5・5キロ）の道のりを、一日に三度も往復して母親のたすかりを願ったことで有名です。

そうして母親をたすけてもらってから、一層信仰熱心になった桝井先生に対して、教祖はあるとき、

「内で良くて外で悪い人もあり、内で悪く外で良い人もあるが、腹を立てる、気儘癇癪《きままかんしゃく》は悪い。言葉一つが肝心。吐《つ》く息引く息一つの加減で内々治まる」（『稿本天理教教祖伝逸話篇』一三七「言葉一つ」）

と、お聞かせくだされたというのです。桝井先生は、教祖のこのお言葉を聞いて、まるで自分たち兄弟四人の日々をご覧になってお話しくださっているようで、すごく胸に応《こた》えたそうです。

また教祖は、別のときには、

「伊三郎さん、あんたは、外ではなかなかやさしい人付き合いの良い人であるが、我《わ》が家《や》にかえって、女房の顔を見てガミガミ腹を立てて叱《しか》ることは、これは一番いかんことやで。それだけは、今後決してせんように」（同）

とも仰せになったそうです。桝井先生は、奥さんが告げ口をしたのかと思って一瞬、腹を立てたそうです。しかし、すぐに思い返して、「いやいや、神様は見抜き見通しであらせられる。これがいかんのや、誠に申し訳ない」と反省し、「今後は一切腹を立てません」と、教祖の前で素直に心定めをしたそうです。すると、いままで奥さんに対して、何かにつけてすぐに腹を立てて叱っていたのが、不

思議にも、その後、家へ帰って奥さんの顔を見ても、これまでと違って、ちょっとも腹が立たなくなり、ガミガミ叱りつけることもなくなったというのです。まさに、心が変われば見える世界も変わってくるということでしょう。

このように教祖は、神様にもたれて熱心に人のたすかりを願い、神様の御用を一生懸命にするような人であっても、内々を治めることを疎《おろそ》かにしてはいけないと教えてくださっているのです。

さて、元治元年の「つとめ場所」の普請のときの「ふたり」といえば、飯降先生ご夫妻がすぐに思い浮かびます。

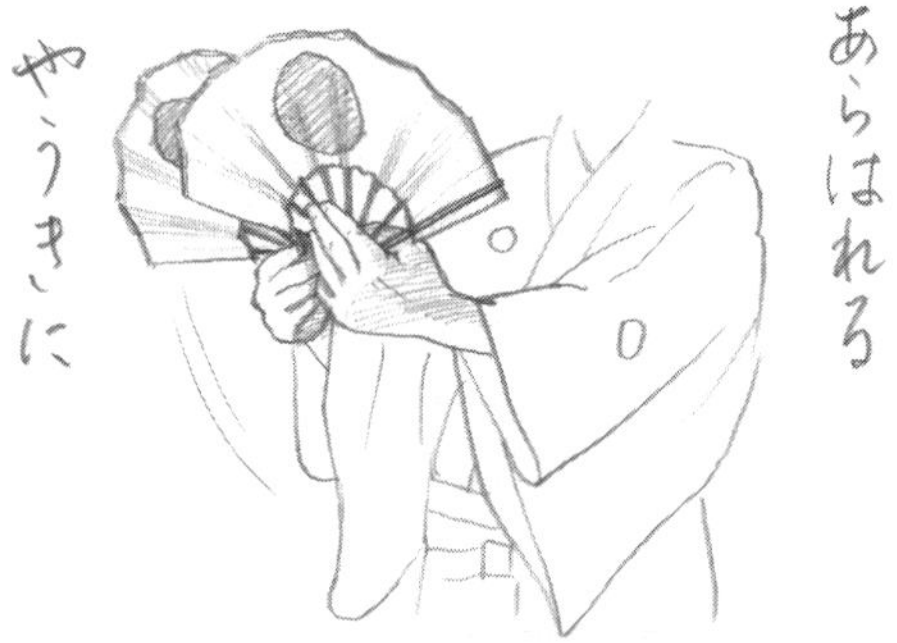

夫の飯降先生が、誰よりも普請に熱心に取り組まれたことは、これまでも見てきましたが、妻のおさとさんも、自分自身の身上をたすけられたこともあって、夫の進める普請には最初から協力的であり、棟上《むねあ》げ後も、陰になり日向《ひなた》になって夫を支えたのでした。

こうして二人揃《そろ》って神様の御用に専《せん》心《しん》し、「ふたりのこゝろをさめいよ」とのお言葉のように、夫婦の心を治めて通ったからでしょうか、二年後の慶応二年八月に、飯降ご夫妻は待望の子供を授かりました。妻のおさとさんの二度目の流産後の患《わずら》いを、たすけていただいて入信したことを思えば、まさに二人にとっては、「なにかのことをもあらはれる」と思えた瞬間だったのではないでしょうか。

「なにかの」の手振りは、三下り目二ッの「ふしぎな（不思議な）」と同様の手振りをします。また、「あらはれる」の手振りは、後で出てくる五ッの「はやくやうきになりてこい」の「やうきに（陽気に）」と同様の手振りをします。そこから思案しますと、「なにかのことをもあらはれる」というのは、不思議なことが現れるということであり、それが現れることによって陽気になってくるのだと悟らせていただけるかもしれません。

三ッ　みなみてゐよそばなもの
かみのすることなすことを

四ッ　よるひるどんちやんつとめする
そばもやかましうたてかろ

さて、これまで見てきましたように、「神一条の信仰」においては、「人が見ている」とか、「人がどう評価しているか」ということよりも、「かみがみている」（一ッ）ということをしっかりと意識し

て、「ふたり」（二ッ）の心を治めることが大切なのです。そうすれば、おふできさに、

をやのめにかのふたものハにち〳〵に
だん〳〵心いさむばかりや（十五　66）

とありますように、私たちの心は天理に適《かな》い、だんだんと心が勇んでくるのでしょう。

そして、ここ（三ッ）では、それとともに、「人のすることなすこと（動作・態度の一つひとつ）」ではなく、「かみのすることなすこと」（三ッ）をしっかり見ているようにと教えていただくのです。

さて、冒頭のお歌ができた当時において「かみのすることなすこと」というのは、教祖が、親神様の思召《おぼしめし》のままに、おたすけをし、それによって引き寄せられた人々に、おつとめを教えるということでした。

ところが、教祖のお側《そば》にお仕えしていた人々（そばなもの）にとって、教祖がなさることを親神様のすること（かみのすることなすこと）として素直に従う（みてゐよ）というのは、なかなか難しいことでした。

それは、お道が広まるにつれて、お屋敷には、たすかりを願ったり、信心の道を求めたりする人々が増えていく一方で、神職《しんしょく》、山伏《やまぶし》、僧侶《そうりょ》、医者など、自分たちの商売を邪魔されたとか、権威《けんい》を奪われたとか言い掛かりをつけて、言葉や暴力でもって反対攻撃をしにやって来る人々が現れるようになっていったからです。

そうした状況のなかで、教祖のお側にいた人々は、周りのことを気にせずに教祖のなさることだけ

につき従うことはできませんでした。むしろ、教祖の御身《おんみ》を案じ、また、参り集う信者さんのことを思って世間の権威に頼り、たとえば、慶応三年には京都の吉田神祇管領《よしだじんぎかんりょう》に信仰活動の公許を願い出たのでした。

もちろん教祖は、人々の葛藤《かっとう》や親を思う気持ちを十分にご理解くださっていたことでしょう。そのうえで、人々が厳しい状況にあるときにこそ、もっとしっかりと親神様にもたれて、おつとめをすることを急《せ》き込まれたのです。

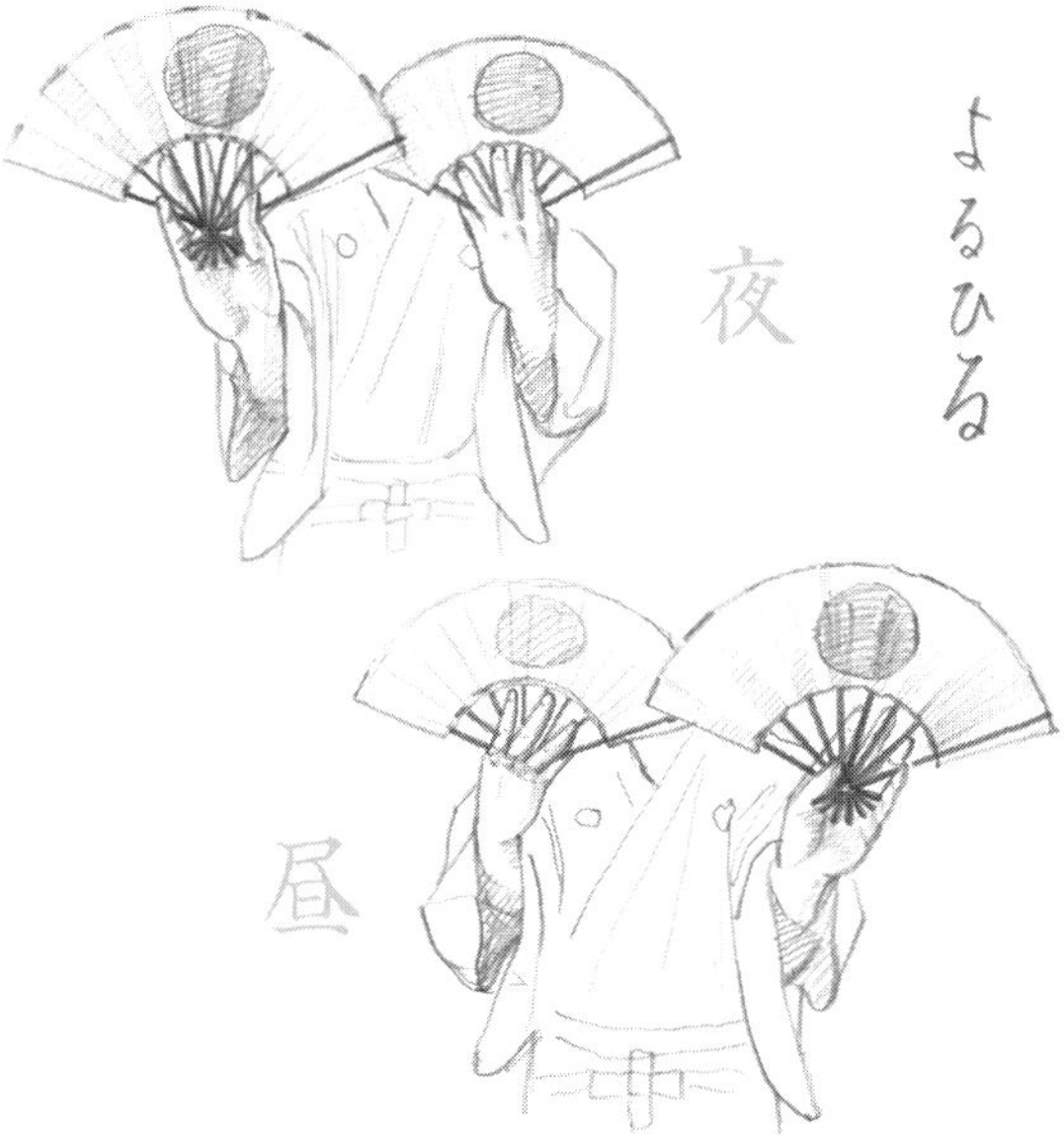

ところで、このように教祖が急き込まれたおつとめは、「よるひるどんちゃんつとめする」（四ッ）と描写されています。

これは、一方においては、人のたすかりを願って夜となく昼となく、太鼓や鉦《かね》などの鳴物《なりもの》を入れて熱心におつとめをしている様子が歌われていると考えられます。

しかし他方においては、おつとめの意味を十分に理解していない側の人々にとって、おつとめは太鼓や鉦をどんちゃん鳴らしている印象が強く、また、お屋敷では明けても暮れてもおつとめが勤められている印象があることを、ここでは歌われているのだとも考えられます。

いずれにしても、親神様は、「そばもやかましうたてかろ」と、側の人がおつとめを「喧《やかま》しい」と思い、「うたてし」（嫌《いや》だ、気に入らない）と感じることを予見しておられるのでしょう。

しかし、たとえ側の人々の気持ちを害したり、あるいは、初めはおつとめの深い意味が分からず、鳴物を鳴らしているだけの印象が強く、止め立てしたりする人がいたとしても、教祖はとにかくおつとめを勧めることを人々に急き込まれ、「つとめ一条の道」をおつけくだされたのです。

それは、のちに六下り目で、

四ッ　ようこそつとめについてきた
　これがたすけのもとだてや

と明かしてくださるように、おつとめこそが「たすけのもとだて」だからでしょう。

五ッ　いつもたすけがせくからに　はやくやうきになりてこい

ここまで（一ッから四ッまで）見てきましたように、教祖は、周りの人々の反対をものともせず（ひとがなにごといはうとも）、また、側の人々の気分を害する可能性を予見しつつも（そばもやかましうたてかろ）、それでもなお神一条の道を推し進め（かみのすることなすことを）、つとめ一条の道をお始めくだされたのです（よるひるどんちゃんつとめする）。

そして、ここ（五ッ）では、そうした教祖のご行動の根底には、「いつもたすけがせくからに」という、いつも私たち人間をたすけたいと急き込んでおられる「親心」があるのだと教えてくださるのです。

思えば、

「このたび、世界一れつをたすけるために天降《あまくだ》った」（『稿本天理教教祖伝』第一章「月日のやしろ」）との立教のご宣言を受けて、教祖は「月日のやしろ」にお定まりくだされました。そしてそれ以来、

にち〳〵にをやのしやんとゆうものわ
たすけるもよふばかりをもてる
（十四　35）

と、おふでさきにもありますように、教祖は、常に人々をたすけ上げることだけを考えて、日々をお通りくださっているのです。

さて、それでは、私たちはいったい、この親心にどのようにお応えさせてもらったらいいのでしょうか。つまり、教祖は、「じつのたすけ」（三下り目四ッ）をお見せくださるために、私たち人間のほうには何をお求めになっておられるのでしょうか。

ここまでの「みかぐらうた」を振り返ってみても分かりますように、教祖は、決して私たちに難しいことを求めておられるのではありません。たとえば、「みかぐらうた」のなかで「～してこい」というお歌に注目すると、ここまでで次の二つのことを仰せくださっています。

一つ目には、一下り目で「こゝまでついてこい」（九ッ）と、親神様を信じて、とにかく教祖のあとをついてくるようにと仰せくださっています。つまり、信心の道を歩みだすようにということでしょう。

二つ目には、三下り目で「ひとすぢごゝろになりてこい」（六ッ）と、神様を疑わずに、一すじに神様にもたれてついてくるようにと仰せになっています。すなわち、「ふし」を含めて、どんなことがあっても信心を続けるようにということでしょう。

そして、今度は三つ目として、「はやくやうきになりてこい」と、私たちに陽気な心になるようにと仰せくださっているのです。

さて、これらのことは、ひと言で言えば、親神様が子供である人間に陽気ぐらしを望んでおられるということでしょうが、その親心が分からない、子供である人間からすれば、なかなかそう簡単には実行に移せないという現実もあります。

つまり、未信の人が信心の道を歩みはじめるまでには、それ相応の時間がかかるでしょうし、また、仮に歩みだしたとしても、日が経つにつれて心が緩《ゆる》み、一すじ心を見失ってしまうこともあるでしょう。

また、三つ目の「早く陽気になってこい」と言われても、食べる物がなかったり、病気にかかっていたり、あるいは子供が授からないといった、自分の望む姿が手に入らないような状況のなかでは、とても陽気な心になどなれないと思ってしまう人もいるかもしれません。

心の入れ替え

はやくやうきになりてこい

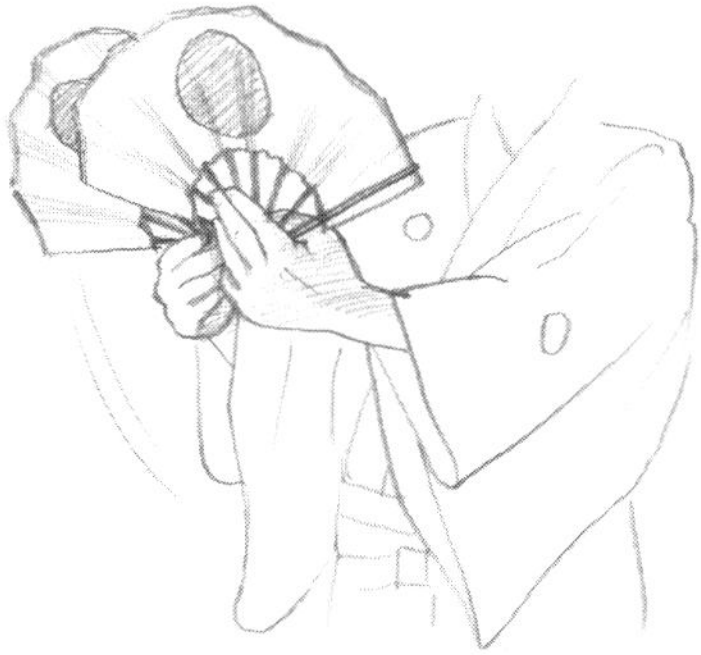

そこで教祖は、教えを説かれる前に、まずは、そうした人々の心に寄り添い、物やお金などで人々の生活に満足を与え、身上や事情をたすけて、一人ひとりの悩みや苦しみを取り除《のぞ》いてくださいました。しかしながら、人々は、そのときには喜びを感じ、一時的には陽気な心になっても、また違う問題に直面して再び悩み苦しむということを繰り返していきました。

そこで次に、教祖はそうした人々に、どれほど悩みや苦しみをたすけてもらっても、結局は自分自身の心を入れ替えていかなければ本当のたすかりはないことを教えてくださったのです。そして、をびや許しをはじめ、不思議なたすけを通して、一すじ心になって神様にもたれていく道をおつけくだされ、やがて、どんな困難に直面しても、たすけられた元一日を忘れずに、いまがどれだけありがたいかを感じて、ひのきしんをするような心を育てていってくださりました。

そしていよいよ、それぞれが自らの心のほこりを払い、心を澄まして、陽気な心へと入れ替えていく道として「おつとめ」を教えてくださることになったのです。

おふでさきに、

なにもかもよふきとゆうハみなつとめ
めづらし事をみなをしゑるで　（七　94）

とあります。

六ッ　むらかたはやくにたすけたい　なれどこゝろがわからいで

「むらかた（村方）」というのは、辞書には「江戸時代、町方《まちかた》に対して、山方《やまかた》（山村）、浦方《うらかた》（漁村）を含めた一般農村をいう」とあります。

江戸時代は、人口の八割以上が「百姓身分」の人々で、そのほとんどが村に住んでいたようです。そして、もちろん百姓身分の人であっても、油屋《あぶらや》、酒屋《さか》、醬油屋《しょうゆ》、綿屋《わた》、質屋《しち》、肴屋《さかな》、呉服屋などを営む人も相当数いたようですが、その大部分の人が農業をしていたと考えられます。

おふでさきに、

大一わりゆうけつくるをたすけたさ

こゑ一ぢよふをしへたいから　（十三　60）

とありますように、親神様は農作物を作っている人からたすけたいとお急き込みくだされ、こゑ一条（肥のさづけ、肥のつとめ）の道を教えてくだされたのです。

それは、すでに一下り目でも述べましたように、一つには、当時、農作物を作っている人が社会のなかで一番生活に苦しんでいたからでしょう。そしてもう一つには、「世界中の百姓をさいしよふ《う》にたすけたら、世界ゆたかになる。人間も皆一れつ、よふき《陽気》になる程《ほど》に」(『根のある花・山田伊八郎』)と、教祖が仰せになったと伝えられていますように、世界中で人々が食糧に困らないようにして、人々を「陽気に」(五ッ)してやりたいという親心からでしょう。

ところが、「なれどこゝろがわからいで」とありますように、そうした親の心が分からないと仰せになっているのです。

それでは誰が分からないのか。

一つには、村方自身が分からないと考えられます。

当時、「むらかた」(農村の百姓身分の人)として具体的にまず想定されたのは、いんねんある元の屋敷の「そば」(四ッ)に住む人々、すなわち庄屋敷村や、その近村の人々のことだったでしょう。

お屋敷周辺の村人たちは、あまりにも間近で教祖に接し、それまでの心安さもあってか、なかなか教祖が神のやしろとなられたことを理解できなかったようです。そして教祖が、物やお金を次々と施《ほどこ》され、家形《やかた》まで取り払って、貧のどん底へと落ちきられていく様子を外からずっと見ていて、「あの人もとうとう気が違ったか。いや、憑《つ》きものやそうな」(『稿本天理教教祖伝』第三章「みちすがら」)と、ずいぶんと中山家の恩顧《おんこ》を受け、教祖の慈悲《じひ》に甘えた人々までも、世間体《せけんてい》に調子を合わせて嘲《あざけ》り罵《ののし》って、果《は》ては、ちょっとも寄りつかなくなったといわれています。

そうしたなか、人々が教祖のことを誤解したままでは、たすけの道が進まないことへの親心からか、教祖自らお針の師匠《ししょう》をしばらくの間つとめられました。そのおかげにより、村人たちは少しずつ、教

明治21年ごろのお屋敷付近

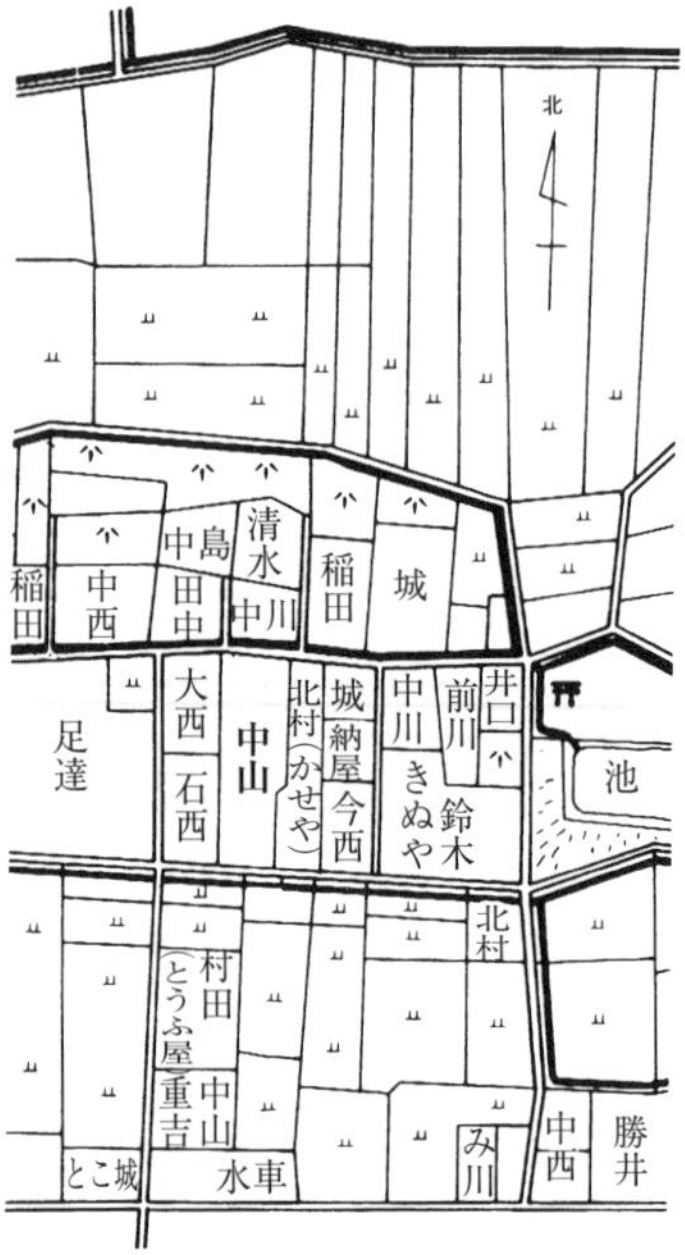

祖のご行動が憑きものや気の違いによるものではないことを理解していったのです。そして、をびや許しをきっかけに、おたすけを願い出る人が少しずつ出てきて、やがて教祖を、をびやの神様や生き神様と噂するようになっていったのでした。

しかし、そうして不思議なたすけを自分が見せていただいたり、噂でも聞くようになったりしても、村人たちの多くは、なかなか素直に信心の道を歩むまでには至らなかったようです。

それどころか、冒頭のお歌が教えられた翌年には、お屋敷でおてふりの稽古《けいこ》をしている最中に、村人の幾人《いくにん》かが暴れ込んできて、乱暴を働いたというのです。

以上のようなことから、冒頭のお歌の「なれどこゝろがわからいで」というのは、当時、お屋敷の近くに住んでいた村人たちが、なかなか親神様の親心が分からないことを仰せくださっているのだと解釈できます。

ところで、「なれどこゝろがわからいで」には、もう一つの解釈の可能性があります。それは、親の心が分からないのは、「そばもやかましうたてかろ」（四ッ）の「そば（側）」の者だと仰せくださっている可能性です。

おふでさきに、

　月日よりにち〳〵心せきこめど
　そばの心にわかりないので
（十三　100）

とあります。つまり、冒頭のお歌の「なれどこゝろがわからいで」というのは、親神様は村方を早くたすけたいと思っているけれども、その親の心を側の者が分からず残念だ、と仰せになっているとも解釈できるのです。

実際に、三ッと四ッでも見てきましたように、教祖のお側にいた人々は、世間の反対や止め立てという困難に直面するなかで、なかなか親神様にもたれきって、教祖の仰せ通りにすることができなかったのでした。

それは、おふでさきに、

　なにゝても神のをもわくふかくある
　そばなるものハそれをしらすに
（四　44）

とありますように、たとえ側の人々であっても、なかなか親神様の深い思惑《おもわく》を理解することが難しかったからではないでしょうか。

さて、どちらの解釈をとるにしろ、親神様が、世の中で一番苦しんでいる人々、すなわち、農村で百姓をしている人々（むらかた）を早くにたすけたいと思召《おぼしめ》されていることに変わりはありません。

また、親神様には、お屋敷の地元の村（むらかた）からたすけていき、そこからだんだんと世界をたすけ上げていこうとされる思召もあったのだと拝察します。

七ッ　なにかよろづのたすけあい　むねのうちよりしあんせよ

さて、前のお歌（六ッ）にありますように、親神様は、「むらかた」を早くたすけたいと思召されています。ところが、その一方で、親神様のそうした急き込みを、村方にしろ、側の者にしろ、なかなか分からないままでいると仰せくださるのです。

その原因として一番に考えられるのが、そもそも私たちが、親神様が人間の親であり、人間はみな兄弟姉妹であるという真実を知らないことにあるのだと教えていただくのです。

おふでさきに、

　村かたハなをもたすけをせへているはやくしやんをしてくれるよふ　（四　78）

　せかいぢう神のたあにハみなわがこ一れつハみなをやとをもゑよ　（四　79）

とあります。

なにかよろづのたすけあい
同じ「をや」を持つ兄弟姉妹として支え合う

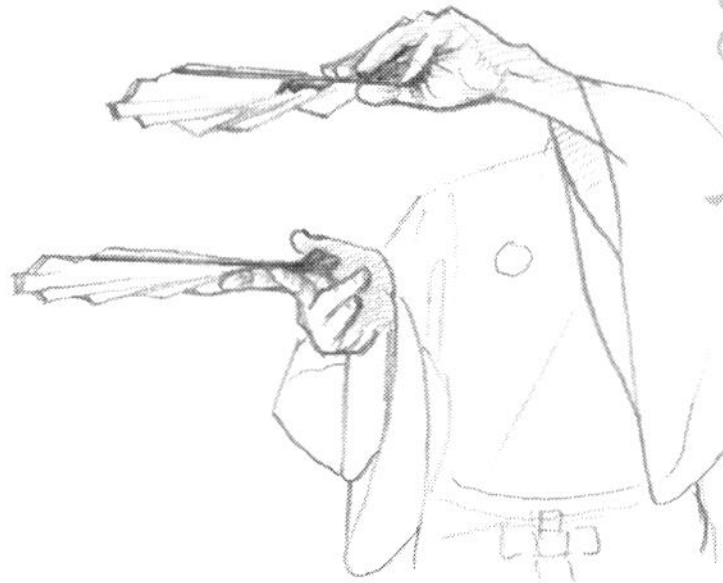

村方にしろ、側の者にしろ、みんなが親神様を世界中の「をや」と本当に思えるようになれば、側の者は「兄や姉」として、困っている村方を「弟や妹」として当然のようにたすけていけるようになるでしょうし、また村人も、教祖のされることを「親」のなさることとして、邪魔だてをせず、むしろ素直に「子供」として従っていけるようになるということではないでしょうか。

さて、ここで扇の手が終わりますが、一ッから七ッまでのお歌を通して、私たちは信心の道を歩むうえで、常に意識すべき重要なことを学ぶことができましょう。

すなわち、神一条の信心を始めると、周りの反対や心ない言動があることが予想されますが、どんななかも親神様にもたれて動揺することなく（一ッ）、夫婦をはじめ、基本となる二人の心を治めていくことが、まず肝心です（二ッ）。そして次に、人ではなく、親神様のなさることに目を向け、そのお働きを信じ（三ッ）、家族や地域の人など側の者が、たとえ喧《やかま》しく煩《わずら》わしく思っても、夜となく昼となくおつとめをし（四ッ）、早く陽気な心となることが大切です（五ッ）。そして、こちらがせっかく悩み苦しんでいる人をたすけたいと思っても、相手は親神様の思召をなかなか理解しないかもしれませんし、また、信心する者自身も、理解しない相手をそうまでしてたすけたいと思わないかもしれません（六ッ）。それでも、お道の教えを聞いた者から、親神様のお心を思案して、人をたすける心となって、何事についても兄弟姉妹として互いにたすけ合っていくように（七ッ）と教えていただくのです。

さて、何十年にもわたる「村方（子供）を早くにたすけてやりたい」という親の思いが、ようやく少し村方に伝わるときが来ます。それは、明治八年、教祖の末女こかん様が身上となられ、出直されたときです。そのとき村人たちは、あらためてこかん様のことや教祖のお言葉を思い出し、また、いままで頂戴《ちょうだい》した「をびや許し」の不思議なご守護などについて話し合いました。そして、そのうちに、「ほんまに、わし等《ら》は、今まで、神様を疑《うたご》うていて申し訳なかった」と反省し、「わし等も、村方で講を結ばして頂こうやないか」と相談がまとまって、教祖にお許しを頂き、教史のうえでいち早く講（天元《てんげん》講）を結成することになったのです（『稿本天理教教祖伝逸話篇』四三「それでよかろう」参照）。

八ッ　やまひのすつきりねはぬける
こゝろハだん〳〵いさみくる

さて、これまで見てきましたように、教祖は、信心の歩みの目指すべき一つの姿として、「なにかよろづのたすけあい」（七ッ）ということを仰せくださっています。

そして、ここ（八ッ）では、それが実現していった先には、人々の病の根がすっきりと抜け、心がだんだんと勇んでくる姿があるのだと教えてくださっているのです。

このことについて、おふでさきでは、より詳《くわ》しく次のように仰せくださっています。すなわちまず、

このさきハせかいぢううハ一れつに
よろづたがいにたすけするなら （十二 93）
月日にもその心をばうけとりて
どんなたすけもするとをもゑよ （十二 94）

と、世界中の人々が人をたすける心になって、「なにかよろづのたすけあい」を実践するようになれば、親神様は人々の心を受け取って「どんなたすけ」もすると仰せくださっているのです。

続いて、

このたすけどふゆう事にをもうかな
ほふそせんよにたしかうけやう （十二 95）
また丶すけりうけ一れつどこまでも
いつもほふさくをしゑたいから （十二 96）

と仰せになっています。つまり、「どんなたすけ」の具体的なこととして、一つには、当時の人々にとって非常に脅威《きょうい》であった「疱瘡《ほうそう》（ほふそ）」という感染症にかからないということを挙げてくだ

さっています。また、もう一つには、人々にとっての生活基盤の一つである食事の確保、すなわち、「農作物（りうけ）」が世界中のすべての場所で、いつも豊作になるようにしたいと仰せになっているのです。

そしてさらに、

月日よりやますしなすによわらんの
はやくしよこふだそとをもへど　（十二　105）

と、「病まず、死なず、弱らず」という、珍しいたすけをしてやりたいと仰せくださっているのです。「病まず、死なず、弱らず」というのは、重い病気にならず、病気で若死にすることもなく、年をとっても病気で弱ることもないということでしょう。

これは、まさに冒頭のお歌で「やまひのすつきりねはぬける（病のすっきり根は抜ける）」という姿にほかなりません。

さて、「やまひのね（病の根）」については、二下り目でも、

七ッ　なんじふをすくひあぐれバ
八ッ　やまひのねをきらふ

と歌われています。そこでは、私たちが、「ほこり」に譬《たと》えられる自らの心得違いを反省し、人をたすける心となって「難渋《なんじゅう》を救い上げたときに」、病はその役目を果たし終え、親神様によって病の根を切ってもらえると悟らせていただきました。

ここ四下り目でも、人々が、「なにかよろづのたすけあい」（七ッ）を実践するようになれば、親神様が、人々の人をたすける心を受け取って、「やまひのすつきりねはぬける」ご守護を見せると仰せくださっているのだと拝察します。

ところで、「病の根を切る」（二下り目）ということよりも、「病の根が抜ける」（四下り目）ということのほうが、より根本的に病がなくなるような印象を受けます。すなわち、相手が困っているのでたすけるというだけではなく、そもそも兄弟姉妹として日々、何かにつけてたすけ合っていくなかに（なにかよろづのたすけあい）、気がつけば、病になるような心得違い（病の根）をまったくしなくなる（抜ける）ということではないでしょうか。

そうして私たちが、周りの人を常に勇ませようと努めるようになり、その結果、病にならなくなっていけば、当然、私たちの心もだんだんと勇んでくる（こゝろハだん〳〵いさみくる）ことでしょう。

おふでさきに、

をやのめにかのふたものハにち〳〵に
だん〳〵心いさむばかりや　（十五　66）

とあります。

さて、「ねはぬける」という手振りは、まず「ねは」で、「オサエの手」をします。そして、「ぬける」で、「オサエの手」からおもむろに「平らに揃《そろ》える手」にすると教えられています。

「おもむろに」というのは、「落ち着いて、ゆっくりと」ということですが、草引きでも、根までし

やまひのすつきりねはぬける

兄弟姉妹として
たすけ合うなかに
病の根は抜ける

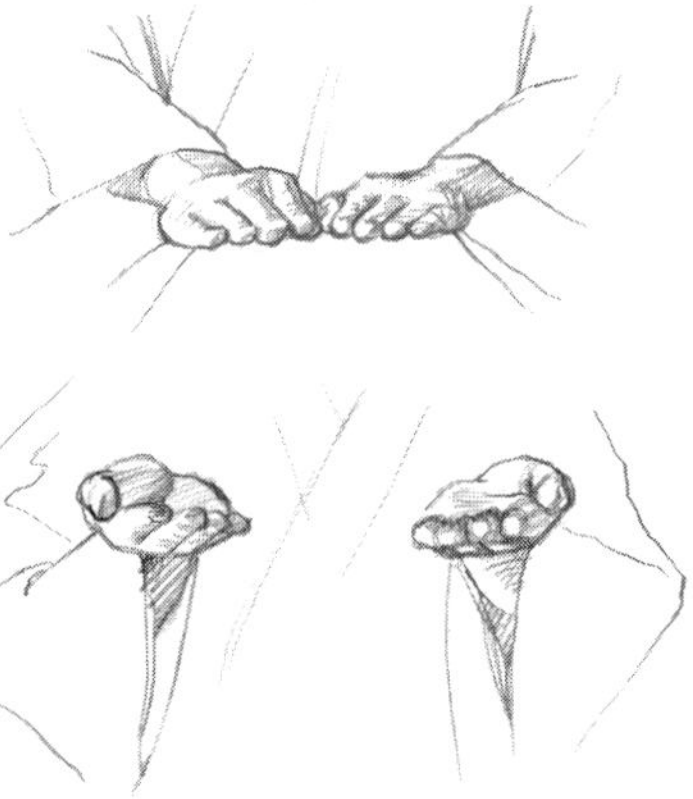

っかりと抜こうと思ったら、気を抜かずに根元からゆっくりと落ち着いて引き抜かないと、途中で切れてしまいます。それと同じように、病の根を抜こうと思ったら、焦らずにじっくりと、病の元である「心」や、さらにその心の道である「いんねん」にまで向き合い、根本から切り替えていくことが大切であることを、お手からも分かりやすく教えてくださっていると悟れましょう。

九ッ　こゝはこのよのごくらくや
わしもはや〳〵まゐりたい

十ド　このたびむねのうち
すみきりましたがありがたい

さて、人々が何かにつけてたすけ合い（七ッ）、そして、誰も病まず、若死にせず、年をとっても弱らず、心勇んで生き生きしている姿（八ッ）を見れば、誰もが、「ここはまさにこの世の極楽だ（こゝはこのよのごくらくや）」と感じ、「私も早く詣《まい》りたい（わしもはや〳〵まゐりたい）」と思っても不思議ではないでしょう。

もともと「ごくらく（極楽）」というのは、仏教の用語で、「この世界の西方十万億土《さいほうじゅうまんおくど》の仏土《ぶつど》を経《へ》た彼方《かなた》にある一切の苦しみや悩みのない安楽な世界」のことを指しているとされます。

したがって、「ごくらく（極楽）」と聞けば、人々は憧《あこが》れを感じつつも、どこか遠くに存在するもの、すなわち、この世とは別の世界にあるものとして感じていたのではないでしょうか。

そうしたなかで、「こゝはこのよのごくらくや」と教えていただいたことは、当時の人々にとって衝撃的《しょうげきてき》なことだったのではないでしょうか。つまり、ほとんどの人が仏教の教えに慣れ親しんでいた当時において、「こゝはこのよのごくらくや」というお言葉は、お道の教えの詳しい内容がまだよく分からなくても、とにかくお道のありがたさが伝わる絶妙な表現だったと言えるのです。

ところで、お屋敷のありがたさは、初めは、不思議なたすけをしてくださる場所として広まりました。すなわち、人々は、どこへ行っても病気がたすからずに絶望していたときに、どんな病気でもたすけてくださる場所があると聞いて、そんな所があるならば、ぜひ「わしもはや〳〵まゐりたい（私も早々詣りたい）」と思い、お屋敷に帰ってきたのでした。

そこで人々は、不思議なたすけによって病をたすけてもらったわけですが、やはりそれだけでは、

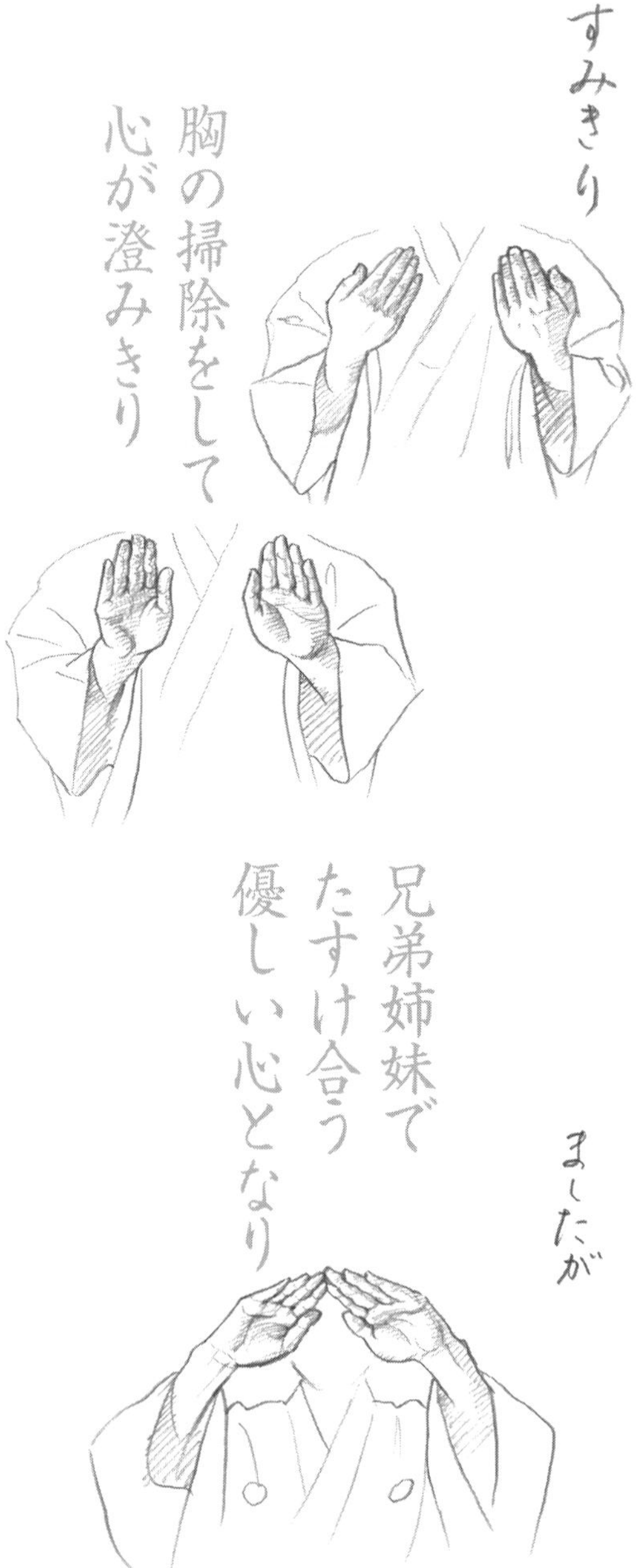
すみきり
胸の掃除をして
心が澄みきり
兄弟姉妹で
たすけ合う
優しい心となり
ましたが

おそらく、お屋敷を「ここはこの世の極楽」とまでは感じなかったことでしょう。人々が、不思議なたすけを頂戴し、その後もお屋敷に足を運んで教えを聞かせてもらい、ここは、病をたすけてもらうだけではなく、そもそも病にならないようにしてもらえる（やまひのすつきりねはぬける）場所だと知って初めて、まさに極楽のような場所だと感じたのではないでしょうか。

　さて、これから「みかぐらうた」のなかでもだんだんと教えていってくださるように、そうした極楽のような世界を味わうためには、ただお屋敷に詣るだけではなく、そこで教えを聞いて実践し、欲を離れて心を澄みきらせていくことが求められるのです。

十ドでは、この道に素直についてきたならば、誰もが「このたび、胸の内が澄みきって極楽のように感じられることがありがたい」（このたびむねのうち　すみきりましたがありがたい）と思える日が来るであろうことを、あらかじめ先の楽しみとして仰せくださっているのではないかと拝察します。

極楽のようで本当にありがたい

ありがたい

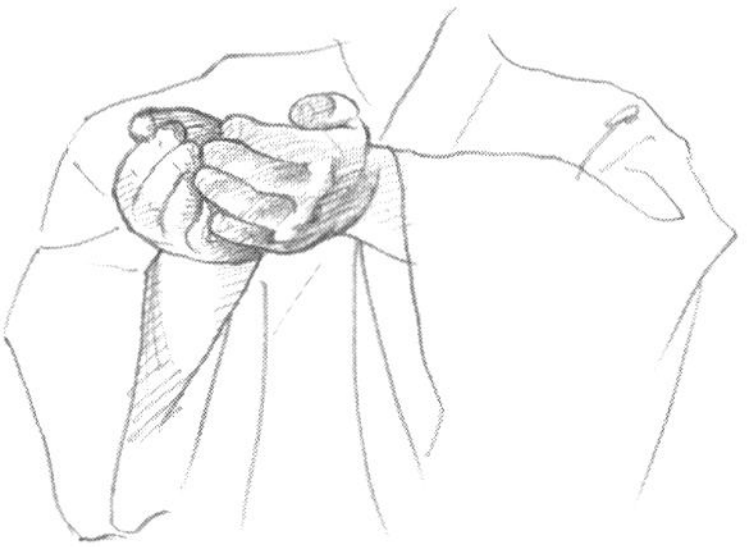

さて、「すみきりましたがありがたい」という手振りは、まず「すみきり」で、「あしきをはらうて」の「はらうて」と同様に、両平手で胸三寸を祓《はら》う手をします。次に「ましたが」で、両平手で「上下に円を描く手」をしますが、これは、五下り目六ッの「やさしきこゝろに」の「やさしき」を連想させます。そして「ありがたい」で、頭を少し垂れて、両平手で物を戴《いただ》くようにします。

この一連の手振りから、一つの悟りとして、胸の掃除をして心が澄みきれば、親の思いが分かるようになって自然と兄弟姉妹でたすけ合う優しい心となり、病の根もすっきり抜けて、まさに極楽のようなありがたい境地を味わわせていただけるということではないでしょうか。

「お歌」

一ッ　ひとがなにごといはうとも
　　　かみがみているきをしずめ

二ッ　ふたりのこゝろをさめいよ
　　　なにかのことをもあらはれる

三ッ　みなみてゐよそばなもの
　　　かみのすることなすことを

四ッ　よるひるどんちやんつとめする
　　　そばもやかましうたてかろ

五ッ　いつもたすけがせくからに
　　　はやくやうきになりてこい

「一つの悟りとしてのまとめ」

信心しはじめると、家族や親族が止め立てしたり、信仰仲間の陰口《かげぐち》や不足を聞いたりするかもしれない。しかし、人が何事を言ったとしても（ひとがなにごといはうとも）、「神様が見ていてくださる」と気持ちを鎮《しず》めて通ることが大切である（かみがみているきをしずめ）。

そうして自分の気持ちが鎮まったら、夫婦をはじめ親子や兄弟など、一番身近な人との間で、親神様の思召《おぼしめし》に心を揃《そろ》えるようにせよ（ふたりのこゝろをさめいよ）。そうすれば、いままで想像もしなかったような不思議なご守護の姿をお見せいただける（なにかのことをもあらはれる）。

お道を通り、教祖のお側《そば》の者としてつとめるよふぼくが見るべきもの（みなみてゐよそばなもの）は、世の中の風潮や人の態度や行動ではなく、親神様がすることやなすこと（かみのすることなすこと）である。

これから夜となく昼となく、太鼓や鉦《かね》などの鳴物《なりもの》を入れて熱心におつとめをする（よるひるどんちやんつとめする）。そば（側・傍）の者からすれば、喧《やかま》しく思ったり（そばもやかまし）、嫌《いや》だなと感じたりするかもしれない（うたてかろ）。

しかし親の心は、いつも子供をたすけたいと急《せ》いているので（いつもたすけがせくからに）、おつとめを勧めることで、人々に早く陽気

六ッ　むらかたはやくにたすけたい
なれどこゝろがわからいで
七ッ　なにかよろづのたすけあい
むねのうちよりしあんせよ
八ッ　やまひのすつきりねはぬける
こゝろハだん〳〵いさみくる
九ッ　こゝはこのよのごくらくや
わしもはや〳〵まゐりたい
十ド　このたびむねのうち
すみきりましたがありがたい

になってほしい（はやくやうきになりてこい）と願っている。

世の中で特に一番苦しんでいる、農村で百姓をしている人々を早くにたすけたい（むらかたはやくにたすけたい）。けれども、この親の思いが分からず（なれどこゝろがわからいで）、みんな親神様の言う通りにしない。

世界中の人はみな兄弟姉妹《きょうだい》なのだから、すべてにおいて、たすけ合っていくものである（なにかよろづのたすけあい）。このことを心の底からよく思案しなければならない（むねのうちよりしあんせよ）。そうすれば、困っている人をたすけるのは当然のことだと分かるであろう。

（ここで扇を置く）

兄弟姉妹として日々、たすけ合っていくなかに、病になるような心得違いをまったくしなくなる（やまひのすつきりねはぬける）。そして、心はだんだんと勇んでくる（こゝろハだん〳〵いさみくる）。

このような姿を見聞きすれば、誰もが、ここはまさにこの世の極楽だ（こゝはこのよのごくらくや）と感じ、私も早く詣《まい》りたい（わしもはや〳〵まゐりたい）と思うであろう。

そして、実際に、この道についてきたならば、「このたび、胸の内が澄みきって極楽のように感じられることがありがたい」（このたびむねのうち　すみきりましたがありがたい）と思えるる日が来るであろう。

以上のように拝察する。

五下り目

一ッ　ひろいせかいのうちなれバ
たすけるところがまゝあらう
二ッ　ふしぎなたすけハこのところ
おびやはうそのゆるしだす

さて、五下り目では、信心しはじめた人々に、この道を信心していくとはどういうことなのか、また、このお屋敷はどういう場所なのかを教えてくださっているように拝察します。

「まゝあらう」（一ッ）の「まゝ（間々）」とは、「時々」という意味です。

したがって、冒頭のお歌は、「広い世界の中なので、たすける所が時々あるであろう。しかし、不思議なたすけをするのはこの元なる場所であり、ここから、をびや許しや疱瘡《ほうそう》の守りを出す」と仰せくださっているのでしょう。

ところで、「をびや許し」と「疱瘡の守り」がどのようなものであり、なぜそれらが人々にとって

「不思議なたすけ」だったのかについては、当時の状況を少し振り返る必要があります。

江戸時代の平均寿命は、現在の半分以下の三十歳から四十歳くらいだったといわれています。もちろん当時も、六十歳や七十歳まで生きた人や、葛飾北斎《かつしかほくさい》（90歳）のように長生きした人もいます。それでも平均寿命が短かったのは、当時は母親と子供が出産前後に、現在の日本と比べてはるかに多くの割合で亡くなっていたからです。

当時の産室の様子

たとえば、冒頭のお歌の五年前、文久二年（一八六二年）の四月からの一年間、鳥取藩では、妊娠《にんしん》百六十五件のうち、無事に生まれたのは百五人で、十人中六人の割合だったということです。また、母親にとっても出産は命懸けであり、二十代後半の女性の十人に一人が命を落としたという報告もあります。

こうした、母子ともに生死に関《かか》わる妊娠や出産に際しては、安産を祈願して、妊婦が出産前後に「腹帯《はらおび》」をしたり、柿はお腹《なか》を冷やすなどの理由で「毒忌《どくい》み」

として避《さ》けたり、頭に血が上らないように「高枕《たかまくら》」をしたりと、さまざまな風習や慣習が行われていました。

教祖は、そうした当時の状況のなかで、

「これが、をびや許しやで。これで、高枕もせず、腹帯もせんでよいで。それから、今は柿の時やでな、柿を食べてもだんないで」（『稿本天理教教祖伝逸話篇』一五一「をびや許し」）

と、親神様にもたれて通りさえすれば、特別なことをしなくても安産できる道を教えてくだされたのです。

「をびや許し」は、人間をお創《はじ》めくだされた元の親が、人間宿し込みの元のぢばの証拠《しょうこ》としてお出しくださるのだと聞かせていただきます。当時はもちろん、現在の私たちにとっても、「をびや許し」はまさに人智を超えた「不思議なたすけ」なのです。

ところで、なんとか無事に出産したとしても、実はその後の幼児死亡率が非常に高く、十人生まれたとしても、十六歳まで生存できるのは五、六人であったといわれています。そして、死亡の大きな原因になっていたのが、「はうそ（疱瘡、天然痘《てんねんとう》）」や「はしか（麻疹）」などの感染症でした。

疱瘡にかかると、高熱とともに、顔面から全身へと赤い発疹《ほっしん》が生じ、それが水疱《すいほう》をなして化膿《かのう》したそうです。そして重症になると、化膿したところから出血し、「黒疱瘡《くろぼうそう》」と呼ばれ、肺炎や腎炎《じんえん》などを引き起こして亡くなることもあったようです。幸い快方に向かっても、顔面などに痘痕《あばた》が残り、特に結婚前の女性にとっては深刻な問題でした。

明治に入っても、種痘《しゅとう》（牛痘《ぎゅうとう》）の接種はまだまだ広まっておらず、数万人が亡くなっていたとされる時代にあって、「疱瘡の守り」は、まさに「不思議なたすけ」であったに違いありません。人々にとって、どれほどありがたいものであったかは容易に想像がつくでしょう。

ところで教祖は、「をびや許し」や「疱瘡の守り」を通して、人々に神様にもたれることの大切さを教えてくださっていると拝察します。

たとえば、清水ゆきという一人の女性が「をびや許し」を頂いたときの逸話が残っています。

彼女は、「をびや許し」を自ら願い出て貰《もら》ったものの、「親神様に凭《もた》れ安心して産ませて頂くよう」という教祖の仰せ通りにできず、毒忌みなどの昔からの習慣にも従ってしまいました。すると、無事に出産できたものの、産後の熱で三十日ほど寝込んでしまったのです。

当時の「をびや許し」は、教祖から直接息をかけてもらい、撫《な》でていただいて、お許しを頂いたのですが、彼女は「これだけで本当に効《き》くのだろうか」と思ってしまったのかもしれません。あるいは、家族や周りの勧めを断れなかったのかもしれません。いずれにしても、彼女のなかに親神様の教え（教祖のお言葉）に一すじにもたれる心の理がなかったために、彼女の願ったご利益《りやく》もなかったのです。

しかし、この逸話で重要なのは、むしろ、その後の教祖のご行動でしょう。教祖は、生まれたばかりの赤子をお預かりになってお世話をされ、また、寝込んでしまった母親には、米、麦、大豆など七種類のもので丸薬《がんやく》のようなものを作り、百粒与えておられるのです（「辻忠作手記本　教祖様御伝について」〈『復元』第7号〉）。教祖のこの温かなご対応と、その際の優しい理のお諭《さと》しによって、彼女自身が自ら

をびや許しを頂く（教祖殿御用場）

の「疑い心」に気づくことができ、それを素直に反省することができたのでした。すなわち、教祖の深い親心によって、彼女が次に妊娠したときにも「をびや許し」を願い出て、「今度は疑いません」と心を定め、産後を順調に過ごすことができたのです。

私たちは、この一連の出来事を通して、不思議なご守護を頂くためには、「一すじ心」となって「神様にもたれること」が、いかに大切であるかを学ぶことができます。

それとともに、「ひながた」として学ばせていただけるのは、私たちは、人々に「をびや許し」を頂戴《ちょうだい》してもらって、安産という不思議なご守護を頂いてもらうだけではなく、「をびや許し」を通して、人々がこれから先も親神様にもたれていけるように導かせてもらうことが大切だということです。そしてそのためには、人々に優しく理を説きつつも、親（教祖）のような心で相手をお世話させてもらうことが肝心なのでしょう。

現在、「をびや許し」は、所属教会を通して教会本部に願い出て、妊娠六カ月目以降の妊婦が頂くことができます（やむを得ず本人が帰れない場合は、夫か親が、代わって頂くことができます）。このとき三包みの「をびや御供《ごく》」を頂戴します。一包みは「身持《みも》ちなりの御供」で、妊婦が親神様のご守護により懐妊《かいにん》したことを感謝し、母子が無事にお産を迎えられるよう祈念して、帰宅後すぐに頂きます。次の一包みは「早めの御供」で、いよいよ分娩《ぶんべん》という直前に、親神様に仕切ってお願いした時間内に、早めに安産するご守護を祈念して頂きます。そして、最後の一包みは「治め、清めの御供」で、産後、後産《あとざん》が済んだ後、無事に安産させていただいた感謝と、元のからだにおさめてもらうことを祈念して頂きます。

教会長やよふぼくは、「をびや許し」を人に勧めるだけではなく、本人や家族が「をびや御供」を頂いて、それで終わりにならないように、しっかりと「をびや許し」をお始めくだされた教祖の親心を伝え、一人でも多くの人が「をびや許し」をきっかけに一すじ心になって親神様にもたれ、この道を歩みだしていけるように丹精《たんせい》させていただきたいものです。

三ッ　みづとかみとはおなじこと
　　　こゝろのよごれをあらひきる

四ッ　よくのないものなけれども
　　　かみのまへにハよくはない

不思議なたすけを通して親神様にもたれる心となり、ご恩を感じてこの道を信心しはじめた人々に、いよいよ本当のたすかりについて教えはじめてくださります。

まず、三ッのお歌は「水がそのまま神様だ」ということではもちろんなく、「物の汚れを洗う水の働き」に譬《たと》えて、「私たちの心の汚れを洗ってくださる神様のお働き」について教えてくださっています。

ちなみに、「あらひきる（洗いきる）」のお手は、「みづ（水）」と同様のお手を、左より右へ、右より左へと交互に四回振ります。まさに、お手からも、心の汚れを一度「洗う」だけではなく、神様のお働きを何度も何度も頂戴して、心の汚れを「洗いきる」ことの大切さを教えていただいているようです。

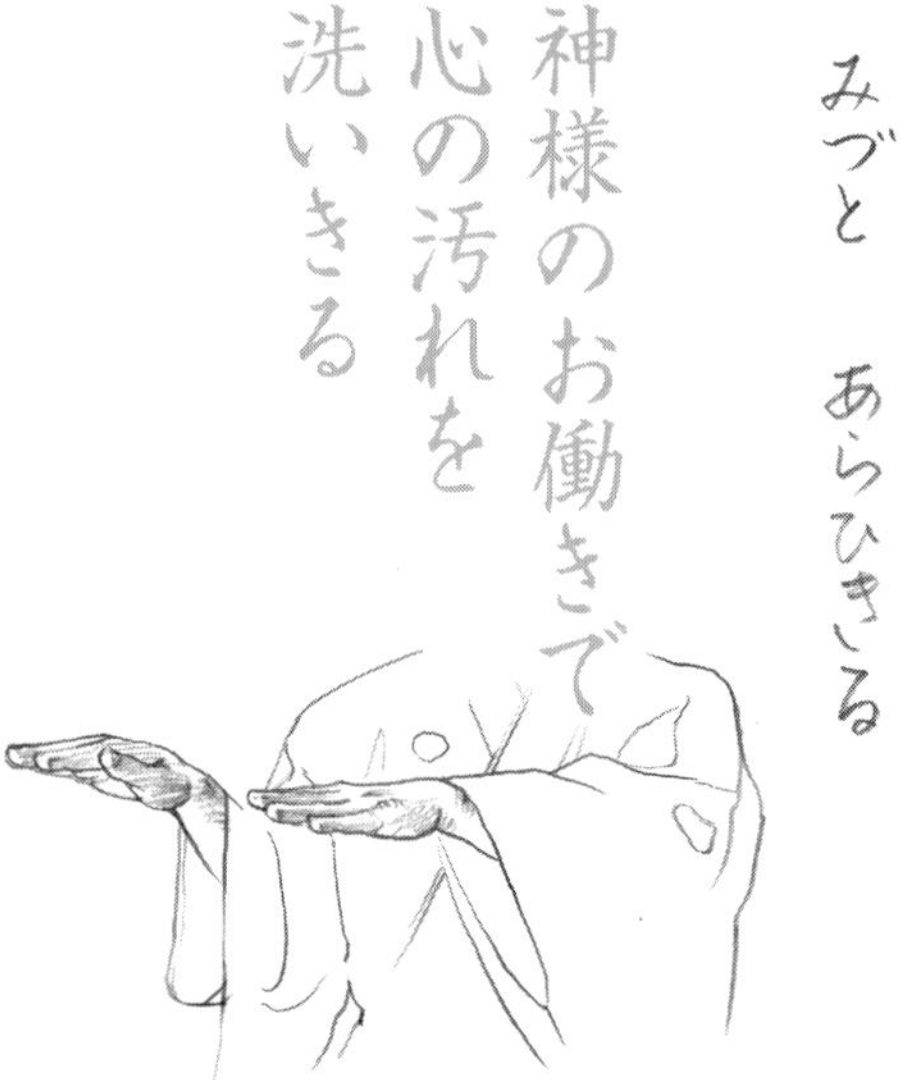
みづと　あらひきる
神様のお働きで
心の汚れを
洗いきる

おさしづにも、

心のよごれを洗い切るという理を聞き分け。（中略）中からむさいもの出るようでは、何《なん》ぼ洗《あろ》うても同じ事。（明治27・12・1）

とあります。

次に、四ッのお歌では、「欲のない者なけれども」と、私たち人間には誰しも欲があるのだと教えていただきます。

「よく（欲）」とは、その手振りから思案しても、自分

よく 自己中心的な考え方

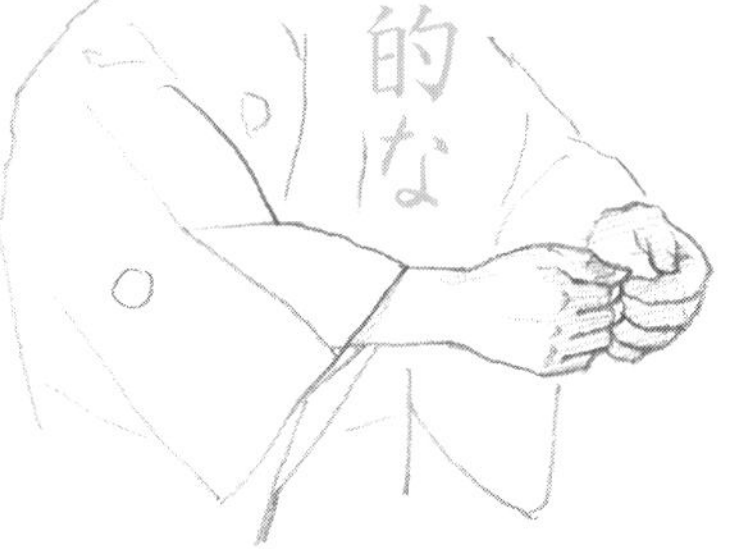

中心に物事を考え、物やお金をはじめ、あらゆるものを自分のほうへ引き寄せようとする心であると言えましょう。

私たちは、そうした自己中心的な考え方から離れることがなかなかできません。

しかし、ありがたいことに、「神の前には欲はない」とありますように、私たちが親神様、教祖を知り、教えの理を心に治めたときには、そうした欲の心を、たとえ一瞬でも離れることができると教えていただくのです。

その一つの事例として、増井りん先生の入信のときの出来事を挙げることができます。

増井先生は、三十歳のときに父親と夫を相次いで亡くし、翌年には自分自身が重病を患《わずら》って余命三年と宣告されます。それに加えて、三十二歳のときには失明し、三人の幼子《おさなご》とともに悲嘆《ひたん》の涙に暮れてしまいます。そうしたなか、当時十二歳の長男が、「大和庄屋敷《やまとしょやしき》の天竜《てんりゅう》さんは、何《な》んでもよく救《たす》けて下さる。三日三夜《みっかみよさ》の祈禱《きとう》で救かる」と人から聞いてきたので、早速《さっそく》、親子揃《そろ》って大和のほうを向いて、三日三夜のお願いをしたのでした。しかし、効能《こうのう》は少しも見られませんでした。そこで、あらためて人を庄屋敷へ送り、詳《くわ》しいことを聞いてきてもらうことにしたのです。

増井先生は、代参した人が紙に書いてもらってきた教理を長男に読んでもらいました。すると、それまで理由も分からず、ただ悲惨《ひさん》な状況に陥《おちい》っていくのを嘆《なげ》くしかなかったのが、そこで初めて親神様、教祖について知り、かしもの・かりものの教えをはじめ、いんねんの教理を知って、まさに心の汚れが洗われる思いをしたのでしょう。増井先生は、たすけてくれ、たすけてくれ、だけではご守護が頂けないことを悟り、「こうして、教《おしえ》の理を聞かせて頂いた上からは、自分の身上はどうなっても結構でございます。我《わ》が家《や》のいんねん果《は》たしのためには、暑さ寒さをいとわず、二本の杖《つえ》にすがってでも、たすけ一条のため通らせて頂きます」（『稿本天理教教祖伝逸話篇』三六「定めた心」）と、自分がたすかりたいばかりの心を離れ、人をたすけさせてもらうという心を定めたのです。そして、この深い心定めとともに、再び三日三夜のお願いをすると、今度は目が見えるという不思議なご守護を頂戴することができたのでした。

このように増井先生は、実際の行動としては神前《しんぜん》には行っていませんが、教えを通して自らのいんねんを自覚し（心の汚れを知り）、親神様の親心を知って自分の身上はどうなってもかまわないという心になった（神の前には欲はない）のです。

さて、「みかぐらうた」のなかで、「欲」という言葉が、ここで初めて出てきます。この「欲」こそが「実のたすけ」に関わる重要な事柄であり、「みかぐらうた」全体を通しての一つのテーマにもなっていると拝察します。

しかし、現在でもそうですが、信心しはじめた人々に「欲」の話をしても、なかなかわが事として理解しにくく、自分にそれほどの「欲」があるとは思えないものです。

そう考えますときに、ここ（三ッ）では、「心の汚れ」という表現を用いて、まずは人々に取っかかりとなるイメージを持たせてくださっていることに大きな親心を感じます。そして、この段階では、自分でこの心の汚れを取るようにとは仰せになっておらず、神様が、あたかも水のように、私たちの心の汚れを洗いきってくださるという言い方をされていることにも、まだ信心しはじめたばかりの人への温かな配慮《はいりょ》を感じます。

次の四ッについても同様のことが言えましょう。すなわち、いよいよ「欲」について話題にするときにも、欲があること自体を否定したり、非難したりすることなく、元なる神様を前にしたときには誰もが欲を持たなくなるのだと、まずは非常に単純に、この道を信心すれば欲を離れられることを伝えてくださっているように感じます。

このように三ッと四ッのお歌からは、「をびや許し」などの不思議なたすけを頂戴して信心しはじめた人々に、これまでのような拝み祈禱のありきたりの神ではないことを伝え、欲を離れることが真にたすかっていくために必要であることを、非常に心を砕《くだ》いて教えはじめてくださっている親心を感じずにはおれません。

五ッ　いつまでしん〴〵したとても　やうきづくめであるほどに

さて、三ッと四ッのお歌に続いて、この五ッのお歌でも、信心しはじめた人々に、この道を信心していけばどうなるのかということを、非常に端的に仰せくださっていると拝察します。

「やうきづくめ」の「づくめ（尽くめ）」は、名詞などに添えて、そのことばかりであることを表します。たとえば「黒づ（ず）くめの衣装《いしょう》」というときには、衣装が黒色ばかりであることを意味します。

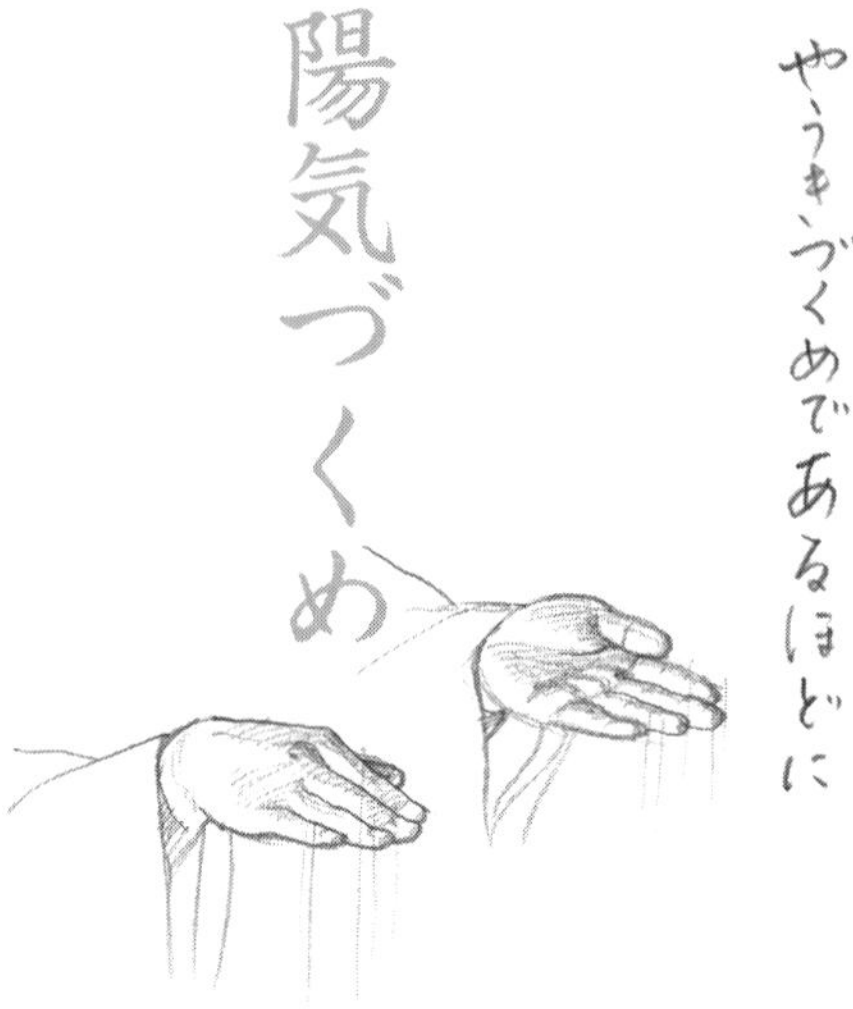

したがって冒頭のお歌は、私たちがいつまで信心したとしても、「常に陽気であり、すべて陽気である」といった、どこまでも明るく勇んだ信心の道すがらを歌ってくださっているように拝察します。

手振りも、「やうきづくめであるほどに」は、ずっと「イサミの手」をします。

ところで、実際にそんなことがあるのでしょうか。信心していても喜べない日があったり、勇めないことがあったりはしないでしょうか。

おふでさきに、

月日よりたん〳〵心つくしきり

そのゆへなるのにんけんである （六 88）

月日にわにんけんはじめかけたのわ

よふきゆさんがみたいゆへから （十四 25）

とありますように、親神様は、私たち人間が陽気ぐらしをするのを見て、ともに楽しみたいと思召《おぼしめ》され、心を尽くして、この世と人間をお造りくださいました。

つまり、この「からだ」をはじめ、この世の一切のものは陽気ぐらしのために存在し、まさに「陽気づくめの世」を、親神様は私たち人間に用意してくださっていると言えます。

したがって、もし、この「陽気づくめの世」に、陽気でないものがあるとすれば、それは私たち自身の心ということになりましょう。

それは、譬えて言うならば、親が子供を喜ばせようと、子供の好きな料理を作り、プレゼントまで買って誕生日会を用意したとしても、肝心の子供が、学校で嫌《いや》なことがあってイライラした気持ちで帰ってきたら、せっかくの誕生日会も楽しめずに終わってしまいます。

だからこそ、おふでさきに、

これからハ心しいかりいれかへて

よふきづくめの心なるよふ （十四 24）

と、私たちがしっかりと心を入れ替えていって、陽気づくめを味わえる心になれるようにしていくことが大切だと仰せいただくのでしょう。

明治十四年（一八八一年）にこの道に引き寄せられた深谷源次郎《ふかやげんじろう》先生（当時39歳）は、「陽気な心」を特に意識して通られた先人として有名です。

もともと陽気なことが好きであった深谷先生は、信心するようになってからは、ますますどんなかも明るく悟り、陽気に通ろうとされました。

たとえば、つまずいて額《ひたい》を打ってコブができたときには、「痛い」と言った次の瞬間に、「有難《ありがた》や、有難や」と大声で叫んだそうです。頭を打って何がありがたいのかと、不思議に思った周りの人が深谷先生に尋ねると、「痛いということを感じさせてもらえるのが有難いのや」（『深谷源次郎伝』）と答えたというのです。

深谷先生は、こうして自分自身が陽気で通ることを常に心がけただけではなく、人だすけをするうえでも、相手に何よりも「陽気な心」になってもらうことを大切にしたのです。

たとえば、深谷先生は、「病人は喜ばさにゃ神様のご守護はない。いづますようでは助からん、陽気に神が入り込んで下さるのや」（同）と口癖《くちぐせ》のように言っていたそうです。

また、難しい顔をしている人に対して、「このお道は、陽気遊山《ゆさん》の教えでありますのや。陽気の心、勇む心で通らにゃ、神さんに惚《ほ》れてもらえまへんで。陽気の心で、お道のために働きなはれ」（同）と、朗《ほが》らかに笑いながら諭されたこともあったそうです。

ところで、言うまでもなく、深谷先生の人生が順風満帆《じゅんぷうまんぱん》だったから、日々を陽気に過ごしたわけではありません。むしろ、信心してからも、幾多《いくた》の困難なふしがありました。

たとえば、深谷先生は、五十八歳のときに、河原町《かわらまち》大教会（当時、分教会）の会長を、当時三十一歳の息子さんに譲《ゆず》ったのですが、その二代会長が四十歳の若さで出直してしまったのです。また、その三年後には、妻のハナさんにも先立たれています。さらに、晩年には、左目にお障《さわ》りを頂き、徐々に視力が衰《おとろ》え、日が経《た》つにつれて右目も衰えていったのです。

しかし、深谷先生は、「どんなに苦しみがあっても、喜んで通らにゃならんで。二代会長は早《はよ》う出直したし、おハナも出直した。年をとってから眼《め》を悪くして不自由になった。けどなあ、こんなこともみんな神様が与えて下さるのやで。それを不足に思うたら、親に不足をつむことや。どんなことになっても、喜び勇んで通らしてもらわんといかんで」（同）と、自分の苦しみを回顧《かいこ》して話したといいます。

特に、最後の目が見えなくなることについては少しも悲しむ様子はなく、むしろ、「神様のご守護て偉《えら》いもんやないか。鍛冶屋《かじや》していた時に怪我《けが》した方が後から悪くなってきたで」（同）と人々に伝えているのです。深谷先生は、かつて鍛冶屋をしていたときに、作業中に真っ赤に焼けた鉄滓《てっさい》（鉄を製

＊「いづます」（いずます）というのは、相手を「いずむ」ようにさせてしまうということです。「いずむ」とは、「いさむ（勇む）」の反対で、ぐずぐずしたり、意気消沈したりするということです。

錬《れん》する際に出る不純物）が右目に入り、失明しそうになったところを、不思議なたすけを頂戴して信仰信念を固めたのです。その元一日を振り返り、失明しそうになった右目からではなく、左目から悪くなってきたことを親神様のご守護だと喜んで、人々に陽気に話しているのです。

このように、お道における「陽気な心」というのは、どこまでも親神様を信じ、どんな困難ななかも親神様の親心を陽気に悟っていこうとする思案のなかに持てるものだと言えるのです。

六ッ　むごいこゝろをうちわすれ　やさしきこゝろになりてこい

ここまでを振り返りますと、不思議なたすけを頂戴してこの道を信心しはじめた人々に対して（二ッ）、まず、この道を信心するということは、神様のお働きによって心の汚れを洗いきってもらうことであり（三ッ）、神様（親）を前にして、欲をなくすことである（四ッ）と、この道の信心の内容を分かりやすく教えてくださっています。つまり、ひと言で言えば、この道の教えは「心澄み切る教《おしえ》」（おさしづ　明治20・3・22）ということでしょう。

そして次に、この道を信心していけば陽気づくめを味わえるのだ（五ッ）と、教えによって目指すべき姿を端的に明らかにしてくださっています。これもひと言で言えば、この道を信心する目的は、「陽気ぐらし」（同　明治40・4・2）だということでしょう。

このように、お道の信心とはどういうものかを非常に簡潔《かんけつ》に教えてくださったうえで、六ッのお歌で人々に対して一つだけ求めておられるのが、酷《むご》い心を打ち忘れ、優しい心になるということです。

ところで、酷い心を打ち忘れと言われても、そもそも自分はそんな心を使っていないと思う人もいるかもしれません。しかし、「オサエの手」をすることから思案しますと、人の意見や気持ちを押さえつけるような心も酷い心の一つだと悟れます。たとえば、相手が何かを言ってきたときに、「いや、そうじゃなくて」とすぐに相手の意見を否定することは、やはり相手にとっては酷く感じるのではないでしょうか。また、困っている人がいても、それを見ないように蓋《ふた》をするような心も酷い心だと悟ることもできましょう。

むごいこころ

困っている「きょうだい」を顧みない心

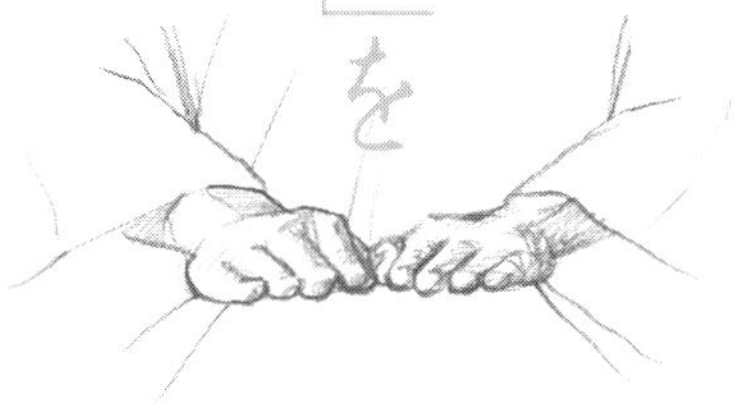

いずれにしても、根底には自分のことしか考えていない欲の心があり、親神様からすれば、困っている「きょうだい」のことを顧《かえり》みないような冷たい心のことを「酷い心」だと仰せくださっているのではないかと拝察します。

それに対して、優しい心とは、「上下に円を描く手」をすることから思案しますと、人の心を抱え込むような心のことではないかと悟れます。それは、身近なところで言えば、相手が仮に自分の思いとは違うことを言ってきたとしても、それに腹を立てたりするのではなく、まずは相手の思いをそのまま受け入れるような心ではないでしょうか。また、「上下に円を描く手」は、弱い者や苦しんでいる者を見捨てずに、相手の心を柔らかく包み込んで癒《い》やそうとする温かい心を表しているとも悟れます。

特に、ここでの「上下に円を描く手」は、通常よりもやや大きめの円を描き、また、半円ぐらいのところから、次の動作に移ると教えられています。つまり、ここでの手振りでは、底のない大きな円を描くことになるのですが、そこから、ここでは、自分が思っている以上に大きく抱え込むような、底なしの優しい心を持つようにと教えてくださっているとも悟れます。

それはまさに、「人をたすける心」にほかならないでしょう。

やさしきこゝろになりてこい

大きく抱え込む底なしの優しさ

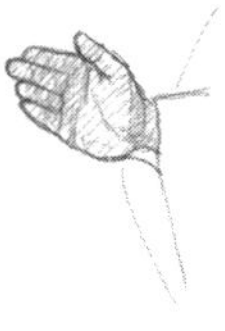

かみのまへにハよくはない

「人だすけ」と聞くと、何か難しいもののように感じて、「自分にはとても無理だ」と思ってしまう人もいるかもしれません。しかし、ここで教えられているように、まずは相手に対して優しい心になるということが大切なのでしょう。

さて、「かみのまへにハよくはない」（四ッ）の「まへにハ」の手振りは、「やさしきこゝろになりてこい」の「やさしき」とほぼ同じ手振りをします。ここから一つの悟りとして、私たちが神様を前にするということは、私たちが親神様の優しい親心に抱かれ包まれていることとして理解できます。そう考えたときに、なぜ神の前には欲はないのかということも、なんとなく分かるような気がするのではないでしょうか。

特に、当時の人たちにとって「神の前」というのは、教祖を前にするということでした。そして、『稿本天理教教祖伝』に「教祖にお目に掛《かか》る迄《まで》は、あれも尋ね、これも伺おうと思うて心積《こころづも》りしていた人々も、さてお目に掛ってみると、一言も承《うけたまわ》らないうちに、一切の疑問も不平も皆跡形《あとかた》もなく解《と》け去り、ただ限りない喜びと明るい感激が胸に溢《あふ》れ、言い尽《つ》せぬ安らかさに浸《ひた》った」（第八章「親心」）とありますように、多くの人が、優しい教祖の御前《おんまえ》に出ただけで、誰もが自然と欲を忘れてしまったのでしょう。

七ッ　なんでもなんぎハさゝぬぞへ　たすけいちじよのこのところ

さて、信心しはじめた人々に、「ふしぎなたすけハこのところ」（二ッ）と、このお屋敷は不思議なたすけをする所であると述べたあとに、このお屋敷（このところ）では、どういう信心を教えてくださり（三ッと四ッ）、それによってどういう姿を見せてもらえるのかについて明らかにしてくださりました（五ッ）。そして、まず何から実践したらいいのかを教えてくださったうえで（六ッ）、再びこのお屋敷（このところ）はどういう場所であるのかを教えてくださっていると拝察します。

「なんでも」は、三下り目と七下り目にも出てきます。

七ッ　なんでもこれからひとすぢに
　かみにもたれてゆきまする（三下り目）

七ッ　なんでもでんぢがほしいから
　あたへハなにほどいるとても（七下り目）

「なんでも」は、代名詞「なん（何）」に助詞「でも」が付いたもので、「どのような事態であっても、自分の意志や希望を通そうとするさま」を表します。手振りは、「オサエの手」をします。

したがって、冒頭のお歌は、どんなことがあっても難儀《なんぎ》はさせないぞと、よろづたすけを力強くお引き受けくださっているのです。

なぜならば、「このところ」は、世界中の人間の親である月日親神様が、世界たすけのために現れてくだされた、たすけ一条の場所だからだというのです。

おふでさきにも、

どのよふなたすけするのもしんぢつの
をやがいるからみなひきうける（七　101）

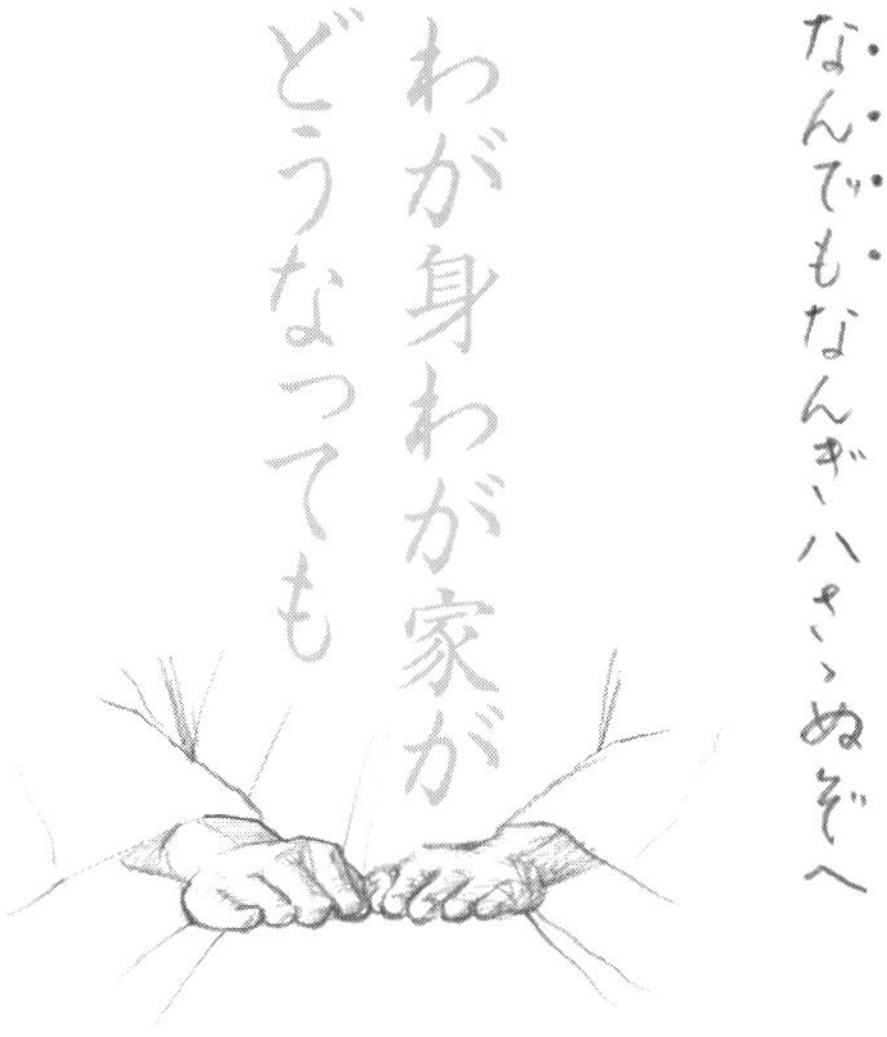
なんでもなんぎハさゝぬぞへ
わが身わが家がどうなっても

とあります。

そして、実際にお歌の通り、月日のやしろとお定まりくだされた教祖は、お屋敷にやって来た人々に食べ物、着物、金銭を施《ほどこ》され、続いて、をびや許しや疱瘡《ほうそう》の守りをお渡しくださるなど、当時の人々が難儀していた事柄を次々とおたすけしてくだされたのです。

しかもそれは、決して上から手を差し伸べるような仕方ではなく、常に相手の身になり、低く、優しく、温かいお心で人々の難儀をお救いくだされたのです。

ここで特に注目したいのは、教祖は、人の難儀を救うためならば、ご自身の難儀は少しも厭《いと》われず、明日食べる米がないような貧のどん底にあっても、「食をさき着物を脱いで、困っている者に与えられるのが常であった」（『稿本天理教教祖伝』第三章「みちすがら」）と、まさに「なんでも」（わが身わが家がどうなっても）のご精神で「たすけいちじよ」の道をお通りくだされたということです。

さて、私たちも、教祖のひながたをたどらせていただくことによって、本当の意味で難儀しなくなる道があるのでしょう。すなわち、私たちは、お道を知る前は、難儀するのは物やお金がないからであり、それさえ手に入れば難儀しないと思っています。ところが実際には、どれだけ物やお金が手に入っても、難儀不自由だと感じる人はどこまでも感じるのです。

それに対して、教祖がお示しくだされたように、私たちが人の難儀不自由をたすけたいと思えるようになると、たとえ自分に物やお金がなくても、それほど難儀不自由を感じなくなるのであり、むしろ自分が難儀不自由してでも、相手をたすけたいと思えるようになるのでしょう。

八ッ　やまとばかりやないほどに　くに〱までへもたすけゆく

九ッ　こゝはこのよのもとのぢば　めづらしところがあらはれた

前のお歌（七ッ）で、このお屋敷（このところ）は、どんなことがあっても難儀をさせないと、人のたすかりばかりを思っておられる親神様、教祖がおいでくださる場所であることを明らかにしたうえで、八ッのお歌で、親神様のたすけていかれる範囲は大和国《やまとのくに》だけではなく、国々までへも及ぶと教えてくださっていると拝察します。そして、さらに、九ッのお歌で、このお屋敷（ここ）はこの世の元の場所（ぢば）であり、世に二つとない珍しい所が明らかになったと仰せくださっているのでしょう。

これらのお歌ができた慶応三年（一八六七年）当時の参詣者《さんけい》について記録した「御神前名《ごしんぜんめい》記帳《きちょう》」によれば、四月五日から五月十日にわたる三十六日間に、延べ二千人以上もの人が、何十という村々からお屋敷に参拝に来ています。

どこから参拝に来ていたかを見ますと、山城《やましろ》、河内《かわち》、阿波《あわ》の国の地名が幾《いく》つかあるものの、ほとんどは大和国（奈良県）の地名が記されています。

お屋敷周辺と、江戸時代末期の近畿周辺

また、大和国であっても、現在の奈良県全域ではなく、最北は、現在の奈良市般若寺《はんにゃじ》町、最東は宇陀《うだ》市室生《むろう》滝谷《たきだに》、最西は生駒《いこま》郡三郷《さんごう》町南畑《みなみはた》、そして、最南東は吉野《よしの》郡吉野町小名《こな》と、遠くてもおぢばから三〇キロ圏内の人々だったようです。

ところが『稿本天理教教祖伝』に、「明治三年、四年、五年と、珍しいたすけは次々に現《あら》われ、親神の思召《おぼしめし》は大和の国境《くにざかい》を越えて、河内、摂津《せっつ》、山城、伊賀《いが》と、近隣の国々へ弘《ひろ》まった」（第六章「ぢば定め」）とありますように、冒頭のお歌から三年後の明治三年ごろより、すなわち「十二下りのてをどり」を人々が勤めるようになるにつれて、信心の道は「やまとばかり」ではなく、「くに〳〵までへも」広まっていったのです。

　しかし、その際に重要なのは、どれだけ道が遠くに広まろうとも、不思議なたすけを頂戴できたのは、当人や家族が、何をおいても、おぢばに帰ったり、おぢばのほうを向いて三日三夜《みっかみよさ》の願いをかけたりと、とにかくおぢばに心をつないだからだということです。

　したがって、国々所々に「たすけゆく」ということは、人々に、珍しい所である元のぢばが「あらはれた」と伝え広めに行くことにほかならないのです。

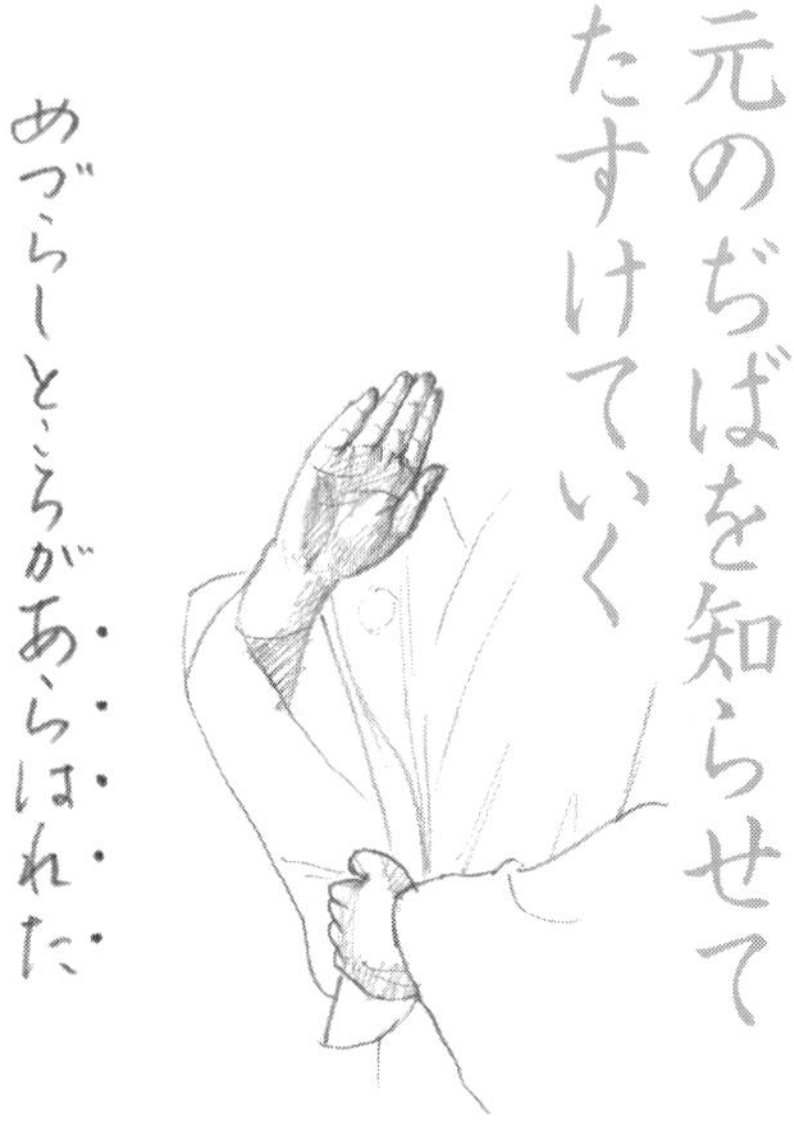
くに〳〵までへもたすけゆく

　このことは、「たすけゆく」（八ッ）と、「あらはれた」（九ッ）とが同じ手振りをすることからも思案できましょう。

　そして、元のぢばは、言うまでもなく親神様、教祖を離れては存在せず、人々が、おぢばに心をつなぎ、教祖の親心にふれ、「なむてんりわうのみこと」と一心に親神様にすがるようになってこそ、不思議なたすけをお見せいただくことができるのです。

　河内国の山本利《やまもとり》三郎《さぶろう》先生（当時24歳）は、胸の患いで病の床《とこ》に臥《ふ》しているときに、にをいが掛かり、父親が代参でおぢばへ帰りました。すると、

「この屋敷は、人間はじめ出した屋敷やで。生まれ故郷や。どんな病でも救《たす》からんことはない。早速に息子を連れておいで。おまえの来るのを、今日《きょう》か明日《あす》かと待ってたのやで」（『稿本天理教教祖伝逸話篇』三三「国の掛け橋」）

と、教祖は仰せくださり、そのお言葉を素直に受けて、普通ならば重症で安静にしておくべきところを、命を賭《と》して山本親子がおぢば帰りを果たしたのです。

そのときに、教祖は、

「案じる事はない。この屋敷に生涯《しょうがい》伏せ込むなら、必ず救かるのや」（同）

と仰せになり、親心あふれるお世話取りを通して、命のないところをおたすけくださったのです。

どうでもしん〴〵するならバ　かうをむすぼやないかいな

さて、これまで見てきたように、五下り目では、初めての人にも分かりやすく、お道の信心のあらましを伝えてくださっています。そのうえで、最後に、人々がこれから信心していこうとするならば、「講」を結んで信心していくようにと仰せくださっているのだと拝察します。

「かうをむすぼやないかいな」の「かう（講）を」の手振りは、「やさしきこゝろになりてこい」（六ッ）の「やさしき」と同じ手振りをします。また、「むすぼや」は、両平手の各指を交互に組み合わせます。

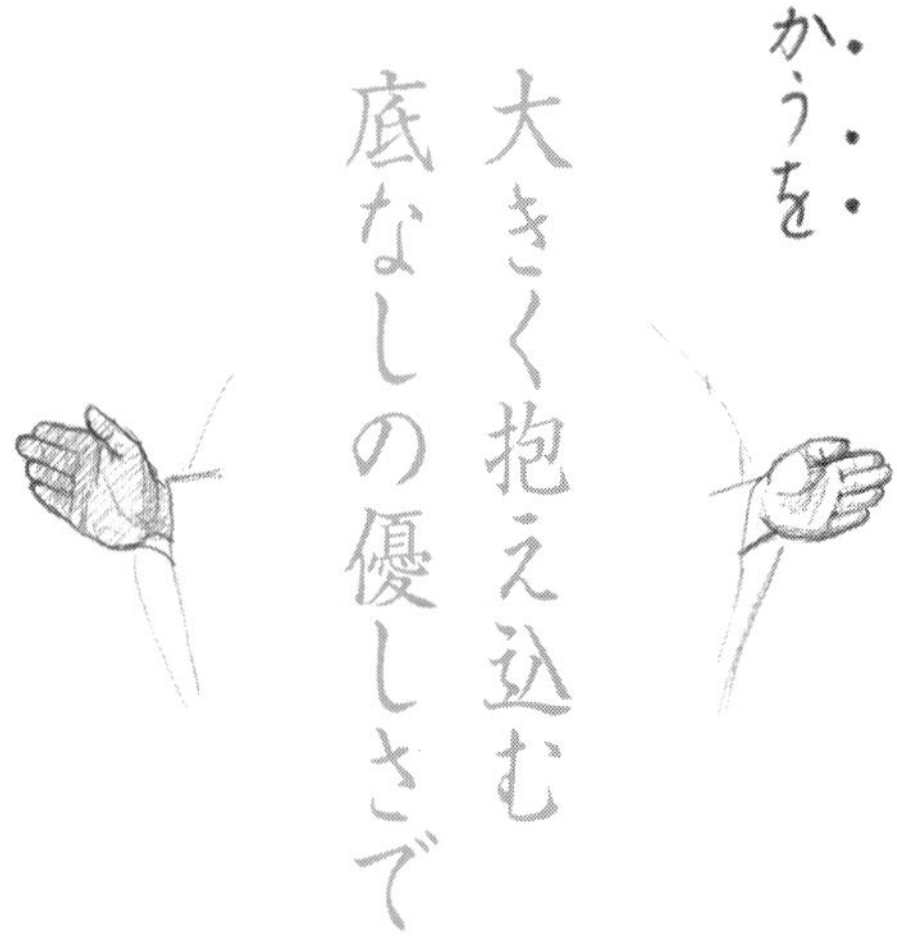
かうを
大きく抱え込む
底なしの優しさで

むすぼやないかいな
一人ひとりと
しっかりと
心をつないでいく

ここから思案しますと、まさに、「講」（現在で言えば、教会）においては、自分が思っている以上に大きく抱え込むような、底なしの優しい心を持って、一人ひとりとしっかりと心をつないでいくことが大切であると悟れます。

さて、「どうでも」というのは、自分の意思を強く表すときに用いる言葉であり、「何としても」という意味です。したがって、「どうでもしんぐ〵するならバ」というのは、「自らの意思で、どんなことがあろうとも信心をしようとするならば」ということでしょう。

冒頭のお歌から遡《さかのぼ》ること六年、文久元年ごろより、ようやく、不思議なたすけを頂戴した人々のなかから信心の道を歩み、のちによふぼくとなるような熱心な人が出てきました。

そうした人々に対して、教祖は「肥《こえ》のさづけ」や「扇のさづけ」をお授けくださるとともに、信心の目標として「御幣《ごへい》」をお渡しくださりました。

そして時を同じくして、人々に「講を結べ」(『稿本天理教教祖伝』第七章「ふしから芽が出る」)と、お急《せ》き込みくださったのです。

実際に、「講」がいつごろから出来はじめたのかは正確には分かりません。しかし、元治元年に信心しはじめた、伊豆七条村の桝井伊三郎先生が頂戴した「御幣」を納めた箱に「七条村講中」と書かれてあり、また、慶応三年の「御神前名記帳」に「矢部《やべ》村講中」という文字が見られることから、慶応から明治初頭にかけて、自分たちの村の名をつけた講が幾《いく》つか結成されていたのではないかと思われます。

そうした初期のころの大和国の村々の講は、昔からの習慣の「御日待《おひまち》」(集落の者が集まって信仰的な集会を開き、一夜を眠らないで籠《こも》り明かすこと)のようなもので、月々に持ち回りの当番の家に集まり、拍子木や太鼓を入れておつとめをし、直会《なおらい》を楽しんでいたのではないかともいわれています。

ところが、やがて信心の道が「やまとばかり」ではなく、「くに〳〵までへも」広まっていくにつれて、「講」について少し変化が見られました。

たとえば、明治八年ごろから「神楽《かぐら》講」や「清心《せいしん》講」など、村名とは異なる名称を用いる講が、河内や大阪のほうで出てきました。また、講と同じような信者の集まりであっても、「真心《しんじん》組」「明誠《めいせい》社」

「斯道会《しどう》」などと、組、社、会の呼称を用いるところも出てきました。

さらに、明治五年に、政府の教務省がキリスト教対策として、講社の結成を奨励《しょうれい》していたという当時の政策の影響もあって、講元などの世話役を特定の人が務めるようになるなど、講の組織が対外的にも対内的にも整えられていったのです。

このように「講」は、時代や地域によってその名称や形態の違いはありますが、大切なことは、いずれの場合においても、講を結ぶに当たっては「どうでもしん〴〵する」という人々の信仰が、そこにあるということです。そして、「講」が一つの基礎となって教会が出来ていったことを思えば、この「どうでもしん〴〵する」ということは、教会を支える原動力であるとも言えるのではないでしょうか。

ところで、「どうでもしん〴〵する」といっても、当時の人々は、まだそれほど強固な信仰を持ち合わせていたわけではなかったようです。たとえば、元治元年に大和神社事件が起こると、それまで熱心に信心していた人でも急にお屋敷に来なくなりました。また、慶応三年の「御神前名記帳」に記載されている名前の多くが、十三年後に記された明治十三年の「天輪王講社名簿《てんりんおう》」には載《の》っていません。だからこそ教祖は、講を結んで、お互いに励《はげ》まし合い、たすけ合って信心していくようにとお促しくだされたのではないでしょうか。

さて、それでも文久元年ごろより、人々が自ら進んで信心の道を歩むようになったことは画期的なことでした。

どうでもしん〴〵するならバ

自発的な信心

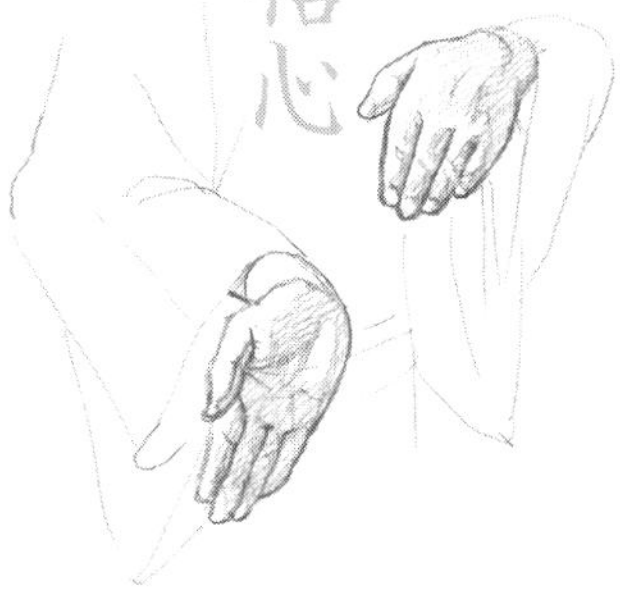

「どうでも」において、拍子木と太鼓の重ね打ちをし、「ナゲの手」をしながら、右左と前進します。ほかの箇所とは違う、自分の意思を強調するかのような鳴物《なりもの》や手振りに、自発的な信心の大切さを教えてくださっているように感じます。

そもそも信心は、決して嫌々《いやいや》するものではなく、ましてや強制されるものではありません。私たちが自らの心でご守護を感じ、自らの心で教えを実践するからこそ信仰の喜びを味わえ、心も勇んでくるのです。

しかしその一方で、誰しも、いきなり自分だけで信心を始めることはできず、そこには導きの親、育ての親が必ず存在しているのです。

冒頭のお歌は、それまでの二十数年間にわたる教祖のお導きと、ご丹精があってこそそのものなのです。

「分からん子供が分からんのやない。親の教《おしえ》が届かんのや。親の教が、隅々《すみずみ》まで届いたなら、子供成人が分かるであろ」（『稿本天理教教祖伝逸話篇』一九六「子供の成人」）

と、変わらぬ親心でお育てくだされたからこそ、「どうでもしん〴〵する」という人々が出てきたのであり、講が結ばれ、やがて教会が生まれていったのです。

「一つの悟りとしてのまとめ」

広い世界の中であるから（ひろいせかいのうちなれバ）、たすける所というのも時々はあるであろう（たすけるところがまゝあらう）。

しかし、不思議なたすけをする所は、この場所だけであり（ふしぎなたすけハこのところ）、ここから、「をびや許し」や「疱瘡《ほうそう》の守り」を出すのである（おびやはうそのゆるしだす）。

ここにいる神様は、不思議なたすけをするだけではなく、水と同じような働きをして（みづとかみとはおなじこと）、心の汚れを洗いきってくださる（こゝろのよごれをあらひきる）。

つまり、心を濁《にご》す原因となる「欲」のない者はいないけれども（よくのないものなけれども）、神様（親）の前に行けば、誰もが欲を忘れることができる（かみのまへにハよくはない）。それは、親神様（教祖）の温かな親心に包まれるからである。

したがって、欲を忘れ、心を澄みきらせていけるこの道を歩んでいけば、いつまで信心したとしても（いつまでしん〳〵したとても）、極楽のような陽気づくめを味わえるのであるから（やうきづくめであるほどに）、

「お歌」

一ッ　ひろいせかいのうちなれバ
　　たすけるところがまゝあらう

二ッ　ふしぎなたすけハこのところ
　　おびやはうそのゆるしだす

三ッ　みづとかみとはおなじこと
　　こゝろのよごれをあらひきる

四ッ　よくのないものなけれども
　　かみのまへにハよくはない

五ッ　いつまでしん〳〵したとても
　　やうきづくめであるほどに

六ッ　むごいこゝろをうちわすれ
　　やさしきこゝろになりてこい
七ッ　なんでもなんぎハさゝぬぞへ
　　たすけいちじよのこのところ
八ッ　やまとばかりやないほどに
　　くに〲までへもたすけゆく
九ッ　こゝはこのよのもとのぢば
　　めづらしところがあらはれた
　　どうでもしん〲するならバ
　　かうをむすぼやないかいな

まずは、困っている人々(きょうだい)のことを顧《かえり》みないような酷《むご》い心をすっかり忘れて(むごいこゝろをうちわすれ)、人をたすける優しい心になるようにせよ(やさしきこゝろになりてこい)。

「絶対に難儀《なんぎ》はさせない」(なんでもなんぎハさゝぬぞへ)と念を押すのは、ここは、私たちをいつもたすけたいと思ってくださっている親神様がおいでくださる所(たすけいちじよのこのところ)だからである。

もちろん、親神様がたすけたいのは、「やまと」の人々だけではないので(やまとばかりやないほどに)、国々までへもたすけゆく(くに〲までへもたすけゆく)。

しかし、おたすけの根本は、ここがこの世の元のぢば(こゝはこのよのもとのぢば)であり、親神様がおいでくださる珍しい場所が現れた(めづらしところがあらはれた)ことを知ることにある。

こうして教えが分かり、自らの意思でどうしても信心しようという心になったならば(どうでもしん〲するならバ)、優しい心で、一人ひとりとしっかりと心をつないで「講」を結ぼうではないか(かうをむすぼやないかいな)。

以上のように拝察する。

六下り目

一ッ　ひとのこゝろといふものハ
うたがひぶかいものなるぞ
二ッ　ふしぎなたすけをするからに
いかなることもみさだめる

六下り目では、信心しはじめた人々に、「この道を信心するうえで何が大切なのか」を、あらためて確認してくださっているように拝察します。

「うたがひぶかい（疑い深い）」とは、辞書によれば、「物事を素直に受け取らないで、疑う気持ちが強い」ということです。教祖は、まさにそうした「疑い深い人々」を相手に、五十年にもわたって、たったお一人で、この道をおつけくだされたのです。

そうした疑い深い人々の心を開かせたのは、なんと言っても「をびや許し」でした。それに加えて、教祖は、より一層人々の疑い心を晴らし、親神様にもたれていけるようにと、身上だすけのうえにも

「不思議なたすけ」を次々とお見せくだされたのです。

したがって、別の言い方をすれば、不思議なたすけを頂戴《ちょうだい》するためには、人々がいかに疑い心を捨てて、親神様にもたれきるかが重要であり、そこを教祖は見定めておられたように拝察します。

その一例として、山中忠七先生の入信のときの様子が参考になります。

山中忠七先生（当時38歳）は、一下り目でも述べましたように、冒頭のお歌の三年前、文久四年（一八六四年）の正月に、奥さんの身上をきっかけにこの道に引き寄せられました。実は、その二年前の文久二年から、山中先生は、家族に次から次へと大節を見せられていました。それは、息子の大病（悪性の麻疹《はしか》）に始まり、三女（5歳）、父（79歳）、そして長女（16歳）の相次ぐ出直し、さらには妻の痔《じ》の患《わずら》いでした。その後、妻の患いは一時回復したものの、再び悪化して衰弱《すいじゃく》していき、文久三年の暮れには重体に陥《おちい》りました。ちょうどそのころに、お道のにをいが掛かったのです。

山中先生は、早速《さっそく》お屋敷へ帰らせていただいて、教祖にお目通りさせていただきました。すると、教祖から、

「おまえは、神に深きいんねんあるを以《もっ》て、神が引き寄せたのである程《ほど》に。病気は案じる事は要《い》らん。直《す》ぐ救《たす》けてやる程に。その代わり、おまえは、神の御用を聞かんならんで」（『稿本天理教教祖伝逸話篇』一一「神が引き寄せた」）

というお言葉を賜《たまわ》ったのです。そして、三日間欠かさずお参《まい》りするように仰せいただき、散薬《さんやく》（もち米、麦、砂糖で作られたもの）を三服《さんぷく》、頂戴したのでした。

山中先生は、片道約八キロの道を歩いて帰り、夕方に家に着くと、早速、妻に、散薬を水に浸《ひた》して飲ませようとしました。ところが妻は、あまりにも衰弱していて、それを飲み込むことさえできませんでした。それでもお聞かせいただだいたように、明くる日（初日）も、またその明くる日（二日目）も、朝早くからお屋敷に日参しました。そして、そのたびごとに散薬を頂戴したのですが、その散薬も妻は飲み込むことができなかったのです。

山中先生は、こうして二日間、お屋敷へ日参を続けたのですが、妻の容体は少しも回復しませんでした。それどころか、日参しはじめて二日目の夜には、「もう今夜こそあかん」というような状態に陥ったのです。そうして迎えた三日目の朝。妻はなんとか持ちこたえたものの、いつ何時《なんどき》に息を引き取ってもおかしくない状態でした。そこで、さすがに山中先生も「庄屋敷の神様はああ言うたが、もうあかん」と疑い心を持ってしまい、お屋敷に行くことを断念してしまったのです。

しかし、そのときに妻の実母から「もう一遍あかんものと思って、神様が今日どうおっしゃるか聞いてきてほしい」と頼まれたのです。そこで、妻の死亡の知らせでいつ呼び戻されるかを心配しながら、三日目もお屋敷に向かいました。

すると教祖は、神様が心を見抜こうと思っていろいろとお見せくださっていたことをお教えくださり、そのなかを、よくぞ心を倒さずに今日もお参りに来たと、優しくねぎらってくださったのです。そして、「神様がたすけてやろうとおっしゃるのだから、何も心配する必要はない」と、再び散薬を下されたのでした。

教祖のこのお言葉を聞いて、半ば諦《あきら》めかけていた山中先生は再び希望を持ち、早速、家へ戻って妻に散薬を含ませました。すると、いままで水さえも喉《のど》を通らなかったのに、妻は散薬を無事に飲むことができたのです。

その場に居合わせた家族や親族は、不思議な神様のご利益《りやく》を目《ま》の当たりにして、思わず手を合わせたといいます。その後、妻は、日一日と快方に向かい、足かけ三年の患いが、結局わずか十日ほどですっきりとご守護を頂いたのです。

結果だけ見れば、山中先生は三日間、言われた通りに日参をして、頂戴した散薬を妻に与え、数年来の患いを、不思議なたすけを頂戴してご守護いただいたことになります。

しかし、当事者の立場に立って考えれば、そう簡単な話ではないでしょう。そもそも私たちは、家族の身上のたすかりを願って、二日間、片道約二時間の道を歩いて教会に日参するほど、神様に真剣にたすかりを願っているでしょうか。また、もし山中先生のときと同じように、少しもご守護の姿が現れなかったとしたら、私たちならばどう思うでしょうか。はたして三日目も、目の前で家族が、いまにも亡くなりそうな状況のなかで、教会に足を運ぶでしょうか。

そうした状況を具体的に考えてみて初めて、冒頭の「不思議なたすけをするからに、いかなることも見定める」（二ッ）というお歌を、わが事として受けとめることができるように感じます。

三ッ　みなせかいのむねのうち　かゞみのごとくにうつるなり

親神様は、「人の心は疑い深い」と仰せになり（一ッ）、また、不思議なたすけをする際には、「私たちの胸の内を見定めてご守護する」と仰せになっています（二ッ）。こうしたことを仰せになるのは、私たちの胸の内が、鏡に映るが如《ごと》く、すべて親神様に見えているからなのでしょう（三ッ）。

「かゞみのごとくにうつるなり」の「うつるなり」は、「合わせ鏡」を見るような手振りをします。「合わせ鏡」とは、二枚の鏡を向かい合わせにし、後ろ姿などを見ることです。

したがって、通常は見えない後ろ姿が合わせ鏡によって映るように、私たちの胸の内も、親神様にはすべて映っていると仰せくださっているのでしょう。

ところが、当時の人々の多くは、教祖に神様が入り込まれているとは心底《しんそこ》から思えず、教祖にお会いしたときにも、まさか常日ごろの自分の胸の内がすべて見えておられるとは思っていなかったのではないかと想像します。

たとえば、次の逸話が有名です。

ある年の暮れに、一人の信者さんが、立派な重箱にきれいな小餅《こもち》を入れて、教祖にお供《そな》えとして持ってきました。そこで早速《さっそく》、娘のこかん様が教祖にご報告すると、いつになく「ああ、そうかえ」と仰せられただけで、あまりご満足のご様子はなかったそうです。それから数日して、別の信者さんが、粗末《そまつ》な風呂敷で包んだ、竹の皮に入った数個の餡餅《あんもち》を持ってきたところ、今度は、「直《す》ぐに、親神様にお供えしておくれ」と、大層ご満足のご様子だったというのです。

これは、後で判明したことですが、最初の人はかなり裕福な家の人で、「正月の餅を搗《つ》いて余ったので、とにかくお屋敷にお上げしよう」と思って持ってきたのでした。それに対して、次の人は貧しい家の人でしたが、「正月のお餅を搗くことができたのも親神様のおかげである。何は措《お》いてもお初《はつ》を」と、搗きたてのところを持ってきたのでした。

教祖には、まさに二人のこうした胸の内が鏡の如くに映り、二人の心がよくお分かりになっていたのです。

こういう例はたくさんあったようで、その後も、多くの信者さんが珍しいものを教祖に持ってきたときに、教祖は、品物よりも、その人の真心《まごころ》をお喜びになるのが常であったそうです。そして、なか

には、高慢心《こうまんしん》で持ってきたような物をお召し上がりになったときには、
「要《い》らんのに無理に食べた時のように、一寸《ちょっと》も味がない」（『稿本天理教教祖伝逸話篇』七「真心の御供《おそなえ》」）と仰せになられたそうです。

現在においても、親神様、教祖への「お供え」にと、物やお金を、おぢばや教会に運ばせてもらうことがあるでしょう。そして、その際に「今月はどれぐらいさせてもらおうか」とか、「これを持っていったらどうだろうか」とか、いろいろな心を使うことでしょう。そうした私たちの一つひとつの心づかいを親神様、教祖は見ていてくださり、お受け取りくださっているのだと教えていただきます。ですから、何をどれぐらい運ばせてもらうにしても、「不足の心」や「惜《お》しみの心」ではなく、とにかく親に喜んでもらいたい一心の「真心」を運ばせてもらいたいものです。

ところで、親神様に、私たちの胸の内がすべて映っているということは、もちろん「お供え」に関することだけに留《とど》まりません。

たとえば、月次祭の日に、教会へ行って一生懸命、神様の前でおつとめをしたり、直会《なおらい》でひのきしんをしたりと、せっかく「良き心」を神様に受け取っていただいても、帰りの車の中で、誰かの悪口を言ったり、教会の不足をしたりして、いわゆる「悪《あ》しき心」を使ってしまっては、それも神様が受け取って、結局、教会での徳積みが帳消しになってしまう可能性があるということです。もちろん反対に、たとえ月次祭の日に行けなかったとしても、別の日に、教会へひのきしんをしに行ったり、人が喜ぶことをしたりしていれば、それを見て誰かが褒《ほ》めたり、ねぎらったりしてくれなくても、神様

はちゃんとお受け取りくださっているとも思案できるのです。

言うまでもなく、ここでの話題は、親神様が私たちを監視《かんし》し、私たちを評価しているということではもちろんありません。そうではなくて、人間の親として、どの子も等しく心通りに守護してやろうということです。つまり、私たちが、お金持ちであるとか貧しいとか、あるいは身分が高いとか低いとか、そうしたことには一切関係なく、それぞれが日々に使う心を同じようにお受け取りくださり、特に、「心の真実」にお働きくださるということだと拝察します。

四ッ　ようこそつとめについてきた
　　　これがたすけのもとだてや
五ッ　いつもかぐらやてをどりや
　　　すゑではめづらしたすけする

親神様には、人々の胸の内が、疑い心も含めて、すべて映っていると仰せいただきます（三ッ）。だからこそ、疑わずに一すじ心になって、おつとめを勤めるようになってきた人々に対して、「ようこそつとめについてきた」（四ッ）と、その素直な心をお喜びくださっているのでしょう。

ここでの「つとめ」とは、基本は、神様にもたれて、神名を唱《とな》えて一心に願うことではないかと拝

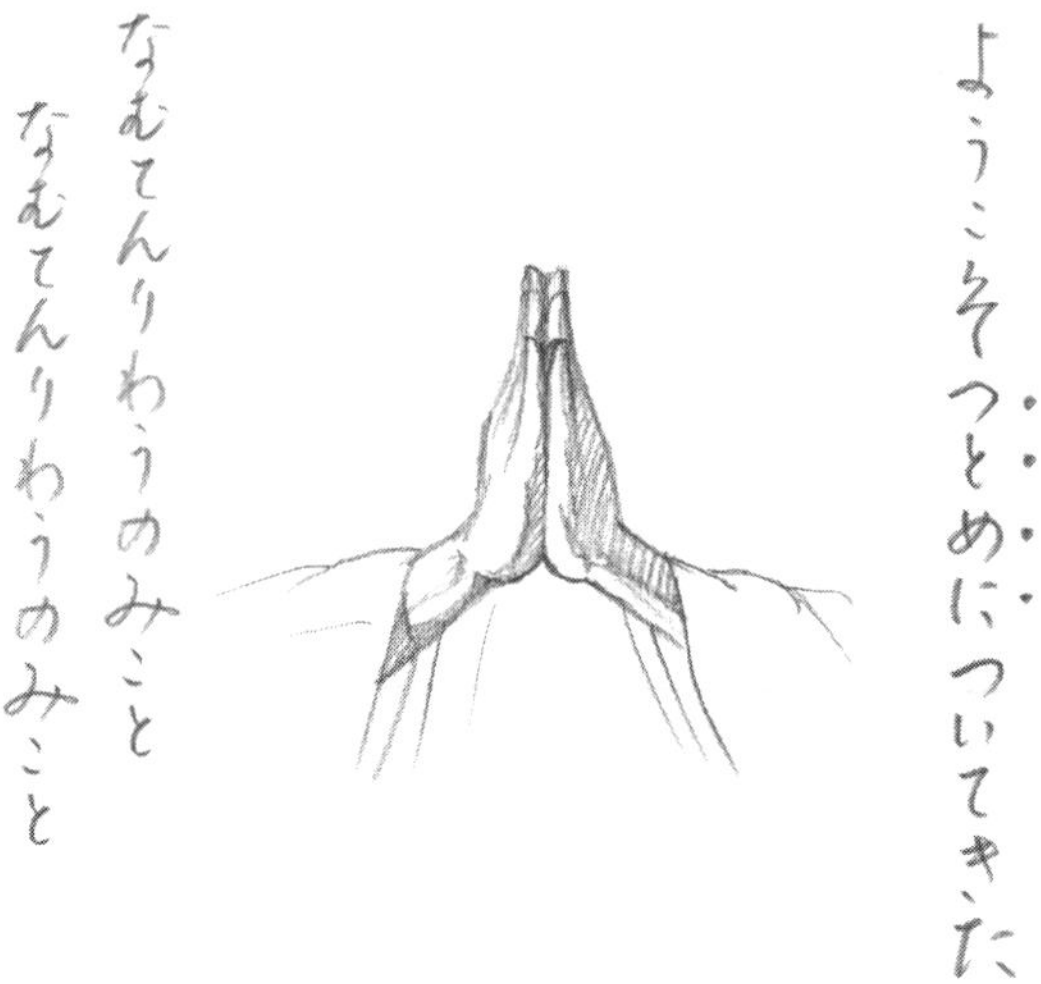
ようこそつとめについてきた
なむてんりわうのみこと
なむてんりわうのみこと

察します。

　そして、それこそが人々の「たすかるもとだてや*」と仰せくださっているのです。その理由として、次の三つのことが考えられます。

　一つには、おつとめを勤めるようになるということは、人々が疑い心を捨て一すじ心になるからです。つまり、そうした心になることが、人々のたすかりの根本（もとだて）だということでしょう。また、もう一つには、おつとめは、たすけの主である「元の神」の御名《みな》を唱えることであり、「元の神」である親神様に勇んでもらう手だてだから「もとだて」だということではないでしょうか。そして、さらに三つ目には、おつとめは、たすけの源泉である「元のぢば」を人々に広く知らしめ、その理を立てていくという意味で、「もとだて」と仰せくださっているのではないでしょうか。

　いずれにしても、おつとめを勤めることが「たすけのもとだて」であると、はっきりと仰せくださっているわけですから、何かおたすけを願う際には、何をさておき、まずはおつとめを勤めさせていただくことが肝心なのでしょう。

さて、続く五ッのお歌では、このように人々が手を合わせて信心するようになり、神名を唱えておつとめを勤めるまでになってきたので（四ッ）、いよいよこれから「かぐらづとめ」や「てをどり」を教えて、「めづらしたすけ」をすると仰せくださっているのだと拝察します。

実際に、冒頭のお歌の前年、慶応二年から「あしきはらひ」のおつとめの歌と手振りを教えてくださり、そこから十年近くかけて、世界たすけの道としての「かぐらづとめ」と「てをどり」を教えてくださっています。

「すゐではめづらしたすけする」の「すゐでは」は、素直に読めば、「やがて」とか「先々には」とか、時間的な意味での「末」として理解できましょう。すなわち、「いつも（何時も）」と対応して、いつも「かぐらづとめ」や「てをどり」をするようになれば、やがて珍しいたすけをお見せくださるようになると仰せくださっているのだと拝察できます。

その一方で、「すゐでは」の手振りは、「くに〳〵までへもたすけゆく」（五下り目八ッ）の「くに〳〵」と同じ手振りをすることから思案して、「すゐでは」は、「国々先々」という空間的な意味で理解することもできます。すなわち、元のぢばで「かぐらづとめ」や「てをどり」をすれば、「やまと」ばかりではなく、「くにぐに」でも珍しいたすけをすると仰せくださっているとも拝察できます。

＊「もとだて（本立・元立）」とは、辞書によれば「根本、起源、基、起こり、原因、種」ということです。

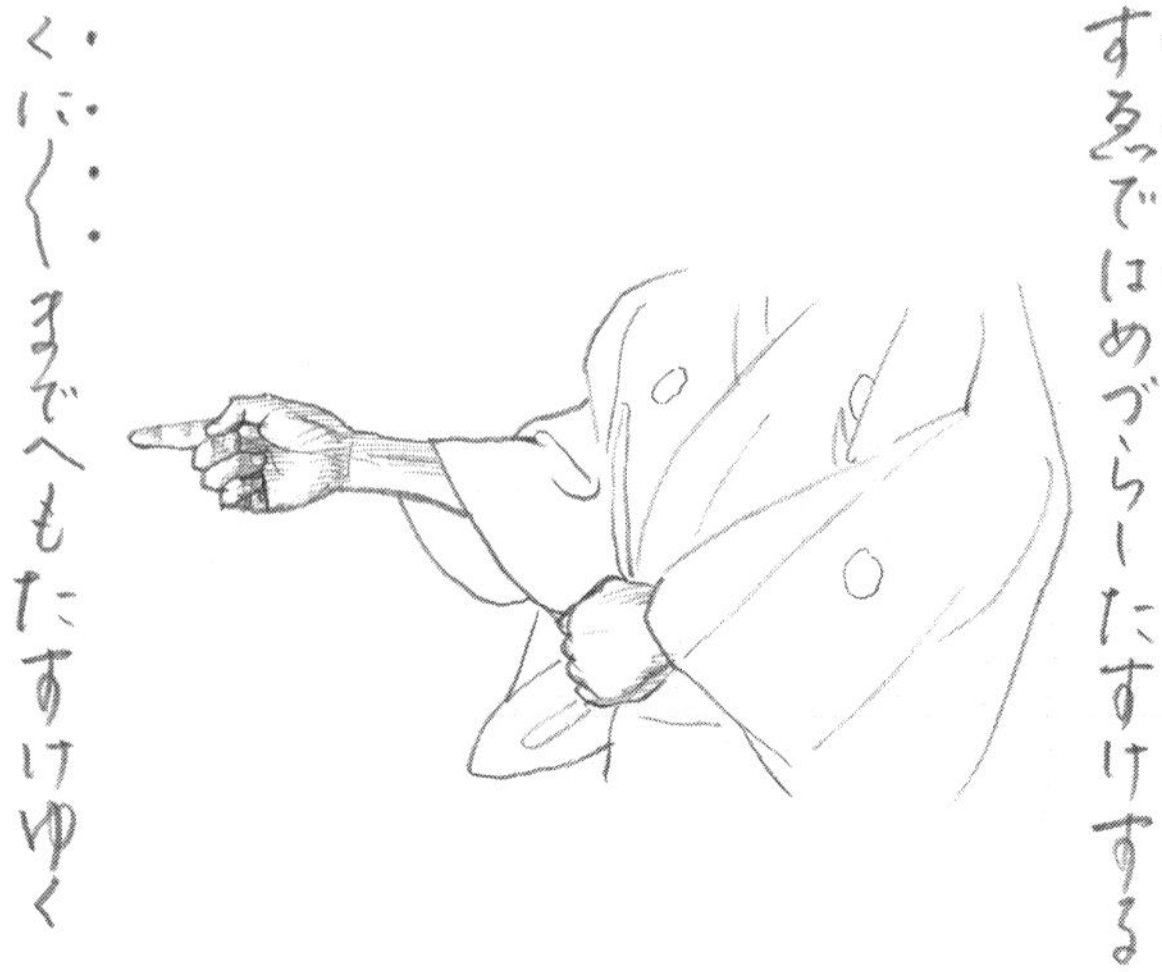
するではめづらしたすけする
くにくまでへもたすけゆく

　実際に、かぐらづとめやてをどりを勤めることによって、「先々において」（時間的）、また「国々において」（空間的）珍しいたすけが現れていったのです。すなわち、冒頭のお歌から三年後の明治三年ごろより、人々が「十二下りのてをどり」を勤めるようになるにつれて、珍しいたすけが次々と現れ、親神様の思召《おぼしめし》は大和の国境《くにざかい》を越えて、河内《かわち》、摂津《せっつ》、山城《やましろ》、伊賀《いが》と、近隣の国々へ広まっていったのです。

　また、元のぢばにおいて「かぐらづとめ」が勤められるようになるにつれて、お道は日本を超え、世界の国々へと広まっていき、だんだんと世の中で「珍しいたすけ」をお見せいただくようになっていったのです。その一つの具体的な姿として、現在の日本の長寿社会もあると悟ることもできるのではないでしょうか。

六ッ　むしやうやたらにねがひでる
うけとるすぢもせんすぢや

さて、「おつとめ」がたすけの元立てであり（四ッ）、「かぐらづとめ」や「てをどり」によって、末では「珍しいたすけ」をお見せくださる（五ッ）と教えてくださったうえで、六ッのお歌では、私たちが「おつとめ」で願い出るときに気をつけなければならないことを教えてくださっています。

まず確認しておきたいことは、「むしやうやたらにねがひでる（無性《むしょう》やたらに願い出る）」の手振りは、後で八下り目に出てくる「むしやうやたらにせきこむな」（六ッ）の場合とは違って、「オサエの手」をすることなく、すぐに「イサミの手」を振るということです。これは、「イサミの手」の回数こそ違いますが、六下り目に出てくる「ようこそつとめについてきた」（四ッ）と、「やつぱりしん〴〵せにやならん」（八ッ）と同様の手振りです。

ここから思案しますと、親神様は、「無性やたらに願い出る」（六ッ）こと自体を否定されているのではないと

四ッ　ようこそつとめについてきた
六ッ　むしやうやたらにねがひでる
八ッ　やつぱりしん〴〵せにやならん

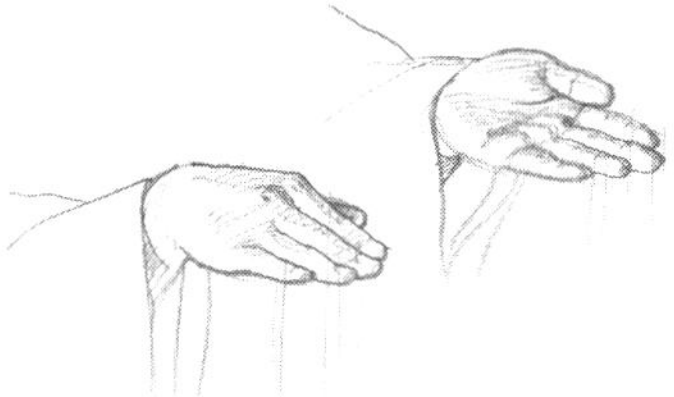

悟ることができます。むしろ、「イサミの手」から「合掌の手」をすることを、六下り目では四ッ、六ッ、八ッと三回繰り返すのは、勇んでおつとめをして積極的に願い出ることを促してくださっているのだと拝察できます。

それでは、六ッのお歌では、私たちに何を教えてくださっているのでしょうか。

それは、私たちがどれほどあれこれと願い出ても、親神様は、鏡の如《ごと》くに映る私たちの胸の内を見定めて不思議なご守護をお見せくださるのであり、私たちの心次第で、親神様の「受け取る筋も千筋」（六ハッ）になってくるということではないでしょうか。すなわち、親神様は、願い通りではなく心通りのご守護を下さるのであり、心さえ親神様に適《かな》えば、すぐにでも不思議なお働きをしてくださるということでしょう。

たとえば、明治四年に、的場彦太郎《まとばひこたろう》先生という先人の一人（当時19歳）が、ソコヒという病気になって突然、目が見えなくなったときのことです。

家族とともに三カ月間、嘆《なげ》き悲しんでいるところに、「庄屋敷に、どんな病気でも救《たす》けて下さる神さんが出来たそうな。そんなぐらい直《す》ぐに救けて下さるわ」と、にをいを掛けてくれる人がいました。早速おぢばに帰って、教祖にお目通りさせていただいたところ、教祖は、ハッタイ粉《こ》の御供《ごく》を三服下され、

「よう帰って来たなあ。あんた、目が見えなんだら、この世暗《くら》がり同様や。神さんの仰《お》っしゃる通りにさしてもろたら、きっと救けて下さるで」（『稿本天理教教祖伝逸話篇』二四「よう帰って来たなあ」）

と仰せくだされました。そこで、「このままで越すことかないません。治して下さるのでしたら、どんな事でもさしてもらいます」とお答えしますと、教祖は、

「それやったら、一生、世界へ働かんと、神さんのお伴《とも》さしてもろうて、人救けに歩きなされ」（同）

と仰せくだされたのです。そこで再び、「そんなら、そうさしてもらいます」と答えたところ、その言葉が口から出るやいなや、目が開き、日ならずして全快したそうです。

その後、的場先生は心定め通り、たすけられた喜びのままに、日夜熱心に、にをいがけ・おたすけに励《はげ》み、八十七歳の晩年に至るまで眼鏡なしで細かい字が読めるよう、おたすけいただいたというのです。

おふでさきに、

月日にハなにかなハんとゆハんてな
みなめへ〳〵の心したいや
（十三　120）

とあります。

私たちは何を願うにしても、願う相手である親神様にお喜びいただける心を、まず定めることを忘れないようにしたいものです。

七ッ　なんぼしんぐ〵したとても
　　　こゝろえちがひはならんぞへ
八ッ　やつぱりしんぐ〵せにやならん
　　　こゝろえちがひはでなほしや

さて、「おつとめ」を通して願い出るときに、親神様に受け取っていただくのは心でありますから、七ッのお歌では、いくら手を合わせて神名を唱えて信心しているといっても、心得違いをしていてはどうしようもないことを、あらためて念を押してくださっているのでしょう。

ここで思い起こされるのが、冒頭のお歌を教えていただく二年前に当たる慶応元年ごろに、針ケ別《はりがべっ》所《しょ》村（現在、奈良市針ケ別所町）の助造《すけぞう》という人が起こした心得違いと、それについての教祖のご対応です。

眼病をたすけられ、初めは熱心に参詣《さんけい》していた助造という人は、やがてお屋敷に帰るのを突然やめてしまったばかりでなく、針ケ別所村が「本地《ほんち》（真《まこと》）」で、庄屋敷村が「垂迹《すいじゃく》（仮《かり》）」であると言いだしたのでした。そして、人々を自分のところに集めるようになり、一説によると、おぢばをまねて、をびや許しを出したり、指図《さしず》をしたり、願いを聞いたりしはじめたのです。

教祖は、食事を召し上がらなくなり、約三十日間の断食をされたのちに、当時の主だった人々を伴って、針ケ別所村にお出張《でば》りくだされました。それから、お供《とも》の者に、助造宅の奥の座敷に祀《まつ》ってあった御幣《ごへい》の取り払いを命じられたのです。さらに、そこから自説を主張してくる助造が自らの心得違いに気づくまで、三日間にわたって教えをお説きになり、前後一週間ほどかけて事情を治めてくださったのでした。

針ケ別所への道
針ケ別所へは、主に岩屋ルートと長滝ルートが考えられるが、前者が有力。

それまでどんな反対攻撃があっても、いつも穏《おだ》やかに対応されてきた教祖が、なぜこの針ケ別所の事件では、これほど厳しいご態度で臨《のぞ》まれたのでしょうか。

一つには、異端や異説は一個人の問題に留《とど》まらず、大勢の人を惑《まど》わせることにつながるからではないかと拝察します。もう一つには、今回の問題が、ぢばの理に関《かか》わるものであったので、人々に教えの根本を軽く扱ってはならないことを、身をもってお示しくださったのではないかとも拝察できます。

したがって、教祖は、決して助造という一個人を責《せ》めているのでもなければ、助造を見捨てているのでもありません。それはたとえば、助造の願いに応じて、その後も神名を唱えること、すなわち、一信者として通ることはお許しになっていることからも分かります。

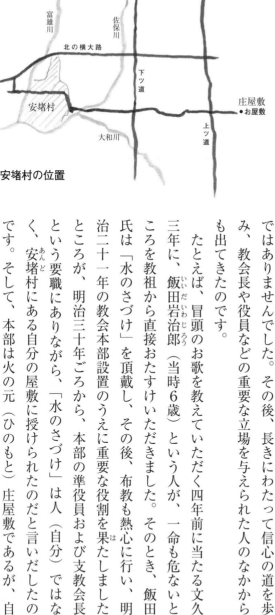

さて、こうした心得違いをして異説を唱えるような人は、助造のように、信心して間もない人だけではありませんでした。その後、長きにわたって信心の道を歩み、教会長や役員などの重要な立場を与えられた人のなかからも出てきたのです。

安堵村の位置

たとえば、冒頭のお歌を教えていただく四年前に当たる文久三年に、飯田岩治郎《いいだいわじろう》（当時6歳）という人が、一命も危ないところを教祖から直接おたすけいただきました。そのとき、飯田氏は「水のさづけ」を頂戴し、その後、布教も熱心に行い、明治二十一年の教会本部設置のうえに重要な役割を果《は》たしました。ところが、明治三十年ごろから、本部の準役員および支教会長という要職にありながら、「水のさづけ」は人（自分）ではなく、安堵《あんど》村にある自分の屋敷に授けられたのだと言いだしたのです。そして、本部は火の元（ひのもと）庄屋敷であるが、自分の所は水屋敷であり、水は火より元であるから、自分の所が元の屋敷だといった異説を唱えはじめたのです。

「安堵事件」、または「水屋敷事件」と呼ばれているこの異端事情は、おさしづを幾度《いくど》となく仰ぎつつ、厳然たる理の運びによって解決されましたが、当時の人々に非常に大きな影響を及ぼしたのです。

おさしづに、

反対する者も可愛《かわい》我《わ》が子、念ずる者は尚《なお》の事。なれど、念ずる者でも、用いねば反対同様のもの。これまでほんの言葉々々でさしづしてある。これはというようなものは、さしづがさしづやないと言う。世界の反対は言うまでやない。道の中の反対、道の中の反対は、肥《こ》えをする処《ところ》を流して了《しま》うようなもの。

（明治29・4・21）


とあります。

信心する者（念ずる者）であっても、心得違いをしていては（神様の指図を用いなければ）、反対している者と同様だと仰せいただくのです。そして、道の中の反対は、せっかくこれまで丹精《たんせい》してきたこと（肥《こえ》）を無駄《むだ》にしてしまうと教えていただいているのです。

ところで、私たちはなぜ心得違いをしてしまうのでしょうか。

これに対する一つの思案としては、それは私たちが、自分や自分の家族（先祖も含めて）が、病むほどつらいなかをたすけてもらった「元一日」を忘れてしまうからではないかと考えられます。すなわち、基本的には、自分や自分の家の信仰は、たすけてもらったことへの報恩《ほうおん》の心から始まったはずです。それなのに、時間が経《た》つにつれ、また代を重ねるにつれて、いつの間にか「ご恩」が分からな

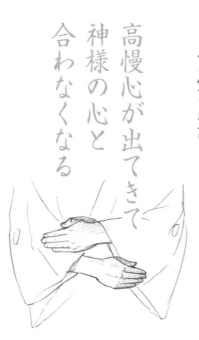

こゝろえちがひ

高慢心が出てきて神様の心と合わなくなる

くなり、それぞれが欲や高慢の心を出して、自分勝手に信心の道を歩みはじめるから心得違いが生まれてくるのではないでしょうか。

「こゝろえちがひ」の「ちがひ」の手振りは、上腹の前あたりで、「両平手を行き交《ちが》える」ように振ると教えられます。「しんぐ〵」の手振りが、「両平手を合わせる」ようにするのと対照的であると言えましょう。つまり、目に見える形は神様に合わせていても、心が神様と合っていない様子を表してくださっているのではないかと拝察します。

もちろん、せっかくたすかる道に引き寄せられたのですから、代を重ねていくなかで、たとえ心得違いをしてしまうことがあったとしても、そこで信心すること自体をやめてしまっては元も子もありません。つまり、この道の信心は陽気ぐらしをするうえで必要不可欠なものですから、誰もが遅かれ早かれ信心していかなければならないのです。ですから、この道に早くに引き寄せられた人は、「やつぱりしんぐ〵せにやならん」（八ッ）とありますように、いんねんを自覚して信心の道を歩む必要があるのです。

そこで、「こゝろえちがひはでなほしや」（八ッ）と仰せいただくように、心得違いをしたときには、「出直す（やり直す）」ことが大切なのでしょう。文字通り、身をお返し（出直し）せざるを得ない人もいるかもしれませんが、基本は、身上をお返ししなくても済むように心の出直しをして、一からやり直させていただけばいいのではないかと拝察します。

そう考えますときに、「でなほしや（出直しや）」の手振りが、三下り目八ッの「やむほどつらいことハないわしもこれからひのきしん」の「ひのきしん」と同じ手振りであることは注目に値《あたい》するでしょう。

すなわち、もう一度基本に立ち返って、「かしもの・かりものの理」を心に治め直し、身も心も低くして「ひのきしん」に励ませていただくことが肝心なのだと拝察します。

ちなみに、この「ひのきしん」については次の七下り目で、より詳《くわ》しく教えていただいています。

九ッ　こ、までしん〴〵してからハ
ひとつのかうをもみにやならぬ
十ド　このたびみえました
あふぎのうかゞひこれふしぎ

神名を唱えておつとめを勤めるようになり（四ッ）、心得違いもせずに、この道を信心するようになってきた人々に対して（七ッ）、九ッのお歌では、より積極的な信心を求めておられるのではないかと拝察します。

「かう」は、「講」という解釈もありますが、続く十ドのお歌で「あふぎのうかゞひ（扇の伺い）これふしぎ」と出てきますので、「扇の伺い」による「効・効能《こうのう》」のことを仰せくださっているのではないかと拝察します。

「扇の伺い」とは「扇のさづけ」のことであり、教祖が下された最も古い「おさづけの理」ともいわれています。このおさづけ（扇のさづけ）は、親神様にいろいろなことをお伺いし、扇の動きによって、その神意を悟らせていただけるというものです。

教祖は、この「扇のさづけ」を元治元年の春から、熱心に信心する五、六十人もの人々にお渡しく

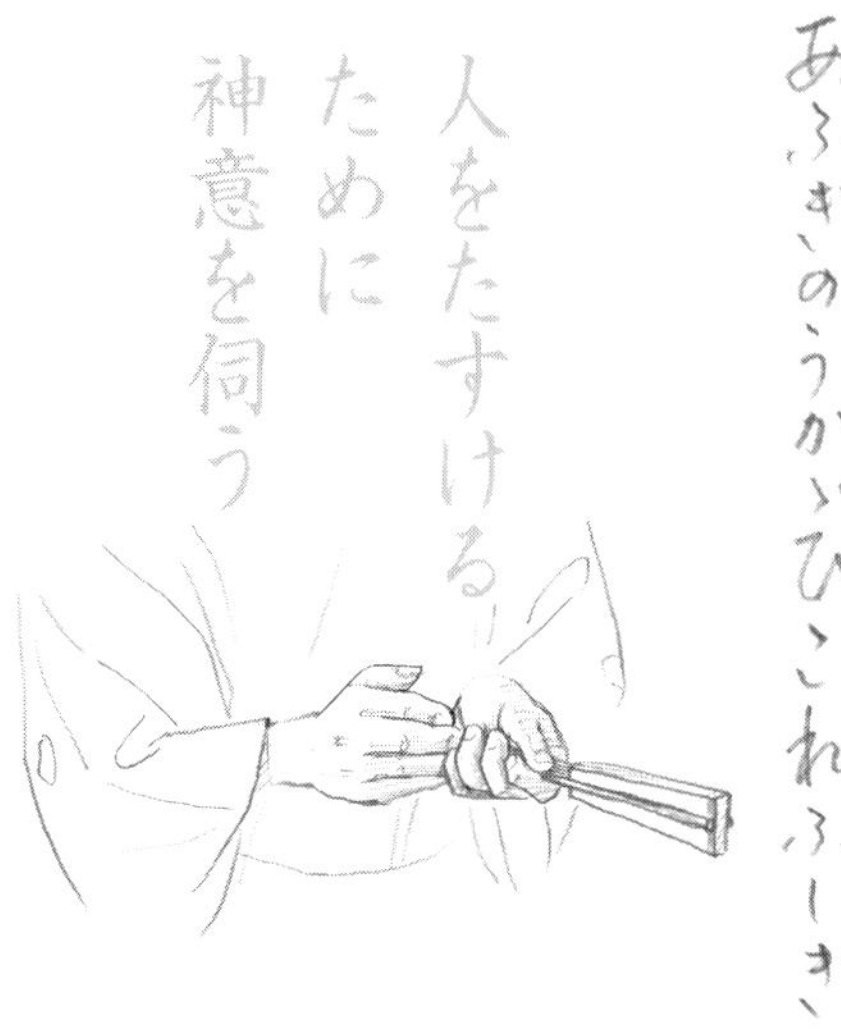
あふぎのうかゞひこれふしぎ
人をたすける
ために
神意を伺う

だされたといいます。それは、これまで自分がたすかるために不思議なたすけを頂戴してきた人々に、今度は、人だすけのうえに「おさづけの理」を使って、不思議なたすけを味わってほしいという親心からではないかと拝察します。つまり、私たちが自主的に心を働かせ、親神様に自ら進んで願うなかで効能（不思議）が見えるようになれば、信心に対する自信を持てるようになり、ますます親神様にもたれて、一すじ心で信心の道を歩めるようになるからではないでしょうか。

ところが現実には、人々の成人はなかなか進まず、せっかく頂戴した「扇のさづけ」であっても、人だすけに使うのではなく、自分のために悪用する人が出てきたのです。その一人が、先ほど見た針ケ別所村の助造という人でした。

教祖は、そうした人々の現状を見定められてか、間もなく「扇のさづけ」をお止《や》めになっています。

それは、「扇のさづけ」を単にお渡しくださらないようになっただけではなく、飯降伊蔵先生と仲《なか》田佐《たさ》右衛門《えもん》先生を除《のぞ》いては、すでに戴《いただ》いていた人の「扇のさづけ」についても理を抜かれ、使っても効がないものとされたのです。

そのことについて、先人の先生は、「明治八九年の頃《ころ》に至《いた》りて、すつきりとめ給《たま》ひ、ふしん一条は大工にまかせ、身上伺《うかがい》は左衛門にまかす、と御咄《おはな》しあり。御二人丈《だけ》は伺の御許しありといふ」（諸井政一『改訂正文遺韻』）と、のちに記しています。その最大の原因は、人々に高慢な心が出てきて、心得違いをするようになったからではないかと拝察します。

おさしづに、

さあ〳〵扇の伺い〳〵というは、心得までのため、これは古きの道や。僅《わず》か年限は知れてある。（中略）扇伺いは言葉では言わん。それから遂《つい》にはこ、ふ、まんの理が出る。そこで皆止《と》めた事情は古き事情。（明治23・6・21）

とあります。

扇のさづけ（扇の伺い）は、あくまでも扇の動きだけで神意を悟らせてもらうものであって、決して口から神意が言葉で出るものではありません。ところが、扇のさづけを取り次ぐ人が、扇の動きからの悟りを、言葉であれやこれやと、いろいろと言っているうちに、周りの人も本人も、それがあたかも神意そのもののように勘違《かんちが》いするようになり、だんだんと高慢心が生まれ、心得違いをするようになったのではないかと想像します。

そう考えましたときに、七ッと八ッで心得違いをしないように繰り返し念を押してくださったうえで、九ッと十ドで扇のさづけについて仰せくださっていることも頷《うなず》けるでしょう。

教祖は、「扇のさづけ」に使用するための扇をお下げくだされる際に、「これ神と思うて大切に祀《まつ》れ」（『稿本天理教教祖伝』第三章「みちすがら」）

と仰せになっています。それは、「扇のさづけ」を使う者が、常日ごろから親神様を意識し、日々の生活のなかで親神様にお受けいただける心で通れるようにというご配慮からではないでしょうか。

六下り目では、信心の道を歩む者は、疑い深い心をなくし（一ッ〜三ッ）、親神様にもたれて一心におつとめを勤める（四ッ、五ッ）とともに、自ら進んで神意を伺い、親神様の思召を人々に伝えられるようになってほしい（九ッ、十ド）と仰せくださっているように拝察します。これは、いわば「神一条の心」を持って、「神一条の道」を伝え広めていってほしいということではないでしょうか。

ただし、せっかく神一条で御用をしていたとしても、そこで高慢心を出して心得違いをしてしまったら元も子もありません。そこで、そうならないように、いつまでもたすけられたご恩を忘れずに、いつも「低い心」でこの道を通ってもらいたい（七ッ、八ッ）と、念押しをしてくださっているように拝察するのです。

このように六下り目では、信心しはじめた人々に、「神一条の心」と「低い心」の大切さを教えてくださっているわけですが、当時、そうした通り方が一番よくできていたのが飯降伊蔵先生だったのでしょう。もちろん、教祖のお仕込みもあったわけですが、飯降先生は教祖の教えを素直に守り、どこまでも低い心で日々を過ごしていたために、「扇の伺い」を止められることがなかったばかりか、のちには「言上《ごんじょう》の許し」を頂かれ、さらには「本席」のお立場にまでなられたのでしょう。

私たちも、お道を信心するうえでは、常に「神一条の心」と「低い心」を忘れずに通らせていただきたいものです。

「お歌」

一ッ　ひとのこゝろといふものハ
　　　うたがひぶかいものなるぞ
二ッ　ふしぎなたすけをするからに
　　　いかなることもみさだめる
三ッ　みなせかいのむねのうち
　　　かゞみのごとくにうつるなり
四ッ　ようこそつとめについてきた
　　　これがたすけのもとだてや
五ッ　いつもかぐらやてをどりや
　　　するゑではめづらしたすけする
「一つの悟りとしてのまとめ」

人の心というものは（ひとのこゝろといふものハ）、疑い深いものである（うたがひぶかいものなるぞ）。

親神様は、不思議なたすけをするからには（ふしぎなたすけをするからに）、疑わずに神にもたれる心があるかを含めて、どんなことも見定める（いかなることもみさだめる）と仰せになっている。

世の中の人の胸の内は（みなせかいのむねのうち）、あたかも合わせ鏡に映るように、親神様にはすべて見えている（かゞみのごとくにうつるなり）。

疑い深い人が多いなかで、よくぞ神名を唱《とな》えておつとめを勤めるまでについてきた（ようこそつとめについてきた）。それは、親神様にもたれる心になってきたということであり、それがたすかる根本である。また、たすけの主である親神様にお勇みいただき、さらには、たすけの源泉であるおぢばの理を明らかにしていくという意味でも、たすけの「元」を立てていくことになる（これがたすけのもとだてや）。

これからは、いつも「かぐらづとめ」や「てをどり」をするようにせよ（いつもかぐらやてをどりや）。そうすれば、やがて、国々所々でも珍しいたすけをする（するゑではめづらしたすけする）。

六ッ　むしやうやたらにねがひでる
　　うけとるすぢもせんすぢや

七ッ　なんぼしん〲したとても
　　こゝろえちがひはならんぞへ

八ッ　やつぱりしん〲せにやならん
　　こゝろえちがひはでなほしや

九ッ　こゝまでしん〲してからハ
　　ひとつのかうをもみにやならぬ

十ド　このたびみえました
　　あふぎのうかゞひこれふしぎ

ところで、おつとめをして無性《むしょう》やたらに願い出る（むしやうやたらにねがひでる）ことは良いが、親神様は、願い通りではなく心通りのご守護を下さるのであり、願う私たちの心によって、現れてくるご守護もさまざま（千筋）である（うけとるすぢもせんすぢや）ことを意識してもらいたい。

つまり、どれだけ手を合わせておつとめをし、信心したとしても（なんぼしん〲したとても）、たすけられたご恩を忘れ、高慢心《こうまんしん》を出して心得違いをしてはならないぞ（こゝろえちがひはならんぞへ）と念を押しておく。

これは、信心しなくてもよいということではなく、やっぱり信心はしなければならない（やつぱりしん〲せにやならん）。ただ、心得違いをしているならば、心を入れ替えて、低い心になって、ひのきしんの精神でやり直すことが肝心である（こゝろえちがひはでなほしや）。

おつとめを勧めるまでに信心してきたからには（こゝまでしん〲してからハ）、自ら進んで親神様に願って、人のために一つの効能《こうのう》（不思議なたすけの姿）を見なければならない（ひとつのかうをもみにやならぬ）。

つまり、「このたび、一つの効能が見えました（このたびみえました）。扇の伺いの（あふぎのうかゞひ）、なんと不思議なことか（これふしぎ）」と言えるようになってほしい。以上のように拝察する。

七下り目

一ッ　ひとことはなしハひのきしん　にほひばかりをかけておく

七下り目は、信心しはじめた人々に、お道の信心の基礎とも言える「ひのきしん」について教えてくださっています。

さて、「ひとことはなし（ひと言話）ハひのきしん」には、二通りの解釈があります。

一つ目の解釈は、私たちがひと言、親神様のお話を取り次がせていただくことは、親神様に対するご恩報じ、すなわち、ひのきしんになるということです。この解釈からすると、「にほひばかりをかけておく（匂《にお》いばかりを掛けておく）」というのも、私たちがひと言、親神様のお話を取り次げば、それが「にをいがけ」になるということです。

冒頭のお歌だけで言えば、この一つ目の解釈でもいいようにも思えます。しかし、七下り目全体の流れを考えたときには、次の二つ目の解釈のほうがいいのではないでしょうか。

それは、ひと言の話をするのは、人間ではなく親神様のほうであり、そのひと言の話というのは、ひのきしんについてだという解釈です。つまり、七下り目の三ッのお歌以降で、田地《でんじ》と種蒔《たねま》きの話に譬《たと》えて「お屋敷へのつくし・はこび」の大切さについて教えてくださるのですが、実はそれこそ、親神様が「ひのきしんの理」についてひと言、私たちにお話をしてくださっているのです。

この二つ目の解釈からすれば、「にほひばかりをかけておく」のも親神様だということになります。つまり、親神様は、ひのきしんについて専《もっぱ》ら人々に「にをい」を掛けてくださっているのです。

ひのきしんについて「にをい」を掛けておくというのは、ひのきしんをするように命令したり、強制したりするのではなく、ひのきしんの値打ちや意義を人々に教えて、自主的に行うことを促してくださっているということでしょう。

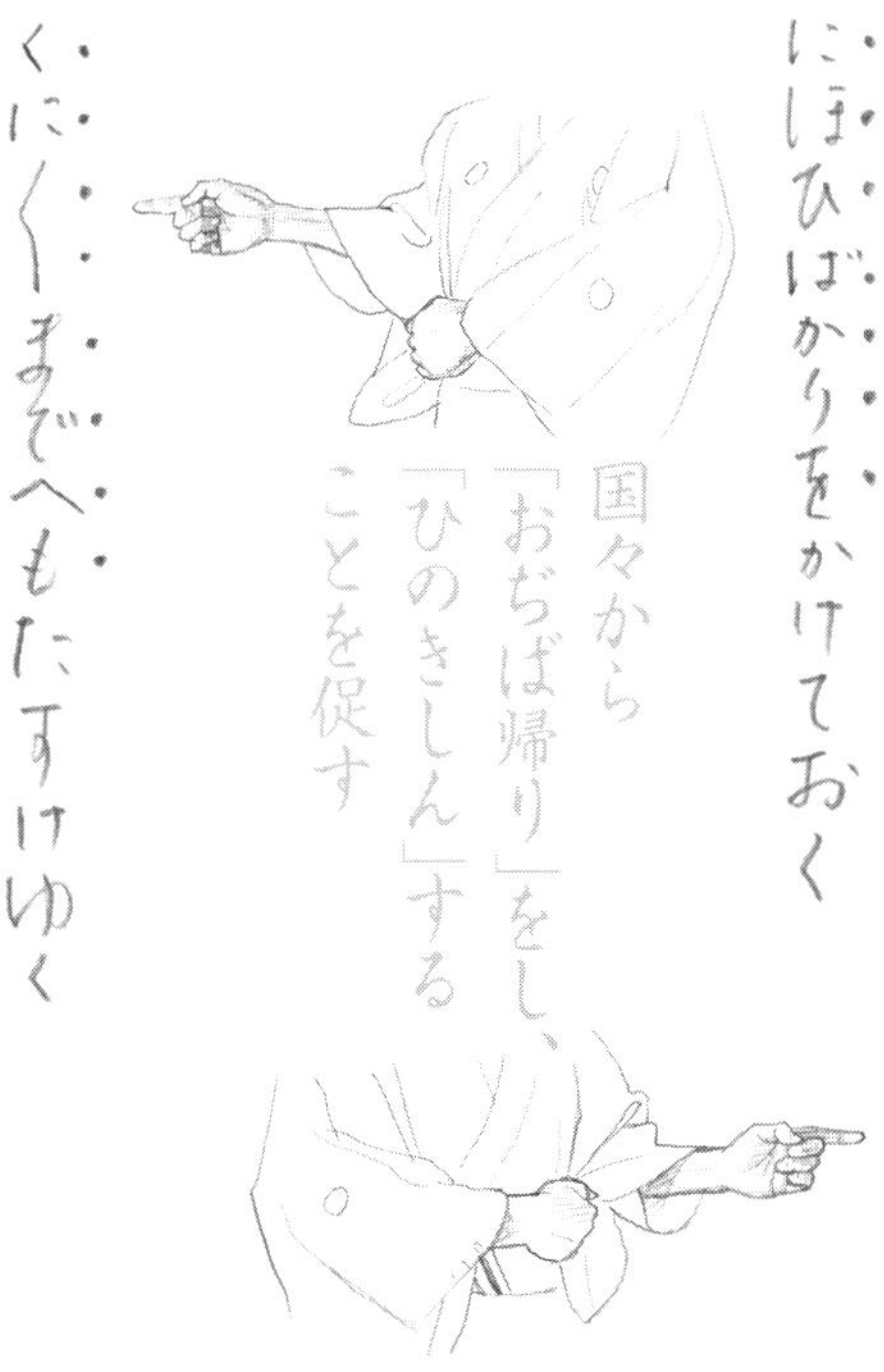
にほひばかりをかけておく
国々から「おぢば帰り」をし、「ひのきしん」することを促す
くに〳〵までへもたすけゆく

そして、「にをいばかり」をと、「専らにをいだけ」と仰せくださるのは、ひのきしんは命令や強制をしても意味がなく、あくまでも自主的にしてこそ意味があるからでしょう。

ところで、「にほひばかりをかけておく」の「にほひばかりを」の手振りは、五下り目の八ッのお歌の「くに〳〵までへもたすけゆく」の「くに〳〵までへも」

と同じ手振りをします。そこで、あらためて五下り目を見ますと、

八ッ　やまとばかりやないほどに
　くに〳〵までへもたすけゆく

九ッ　こゝはこのよのもとのぢば
　めづらしところがあらはれた

とあります。したがって、親神様が、国々までへもたすけに行くというのは、具体的には、国々にいる人々に「この世の元のぢば」という珍しい所が現れたことを伝え、元なるぢばへ帰って「ひのきしん」をするように促すことだと悟ることができるのです。

二ッ　ふかいこゝろがあるなれバ　たれもとめるでないほどに

親神様がひのきしんについて、ひと言の話をする（一ッ）のは、親神様に深い心があるからであり、それゆえ誰も止めることがないようにしてもらいたいと仰せくださっています。

親神様に深い心があるというのは、親神様は、世界中のすべての人をたすけたいという、深い思惑《おもわく》を持っておられるということでしょう。

おふでさきに、

このはなし一寸の事やとをもうなよ
せかい一れつたすけたいから　（四　126）
にち〳〵に神の心のしんぢつわ
ふかいをもわくあるとをもへよ　（四　127）

とあります。

つまり、親神様が、ひのきしんについて深い心をもってお話しくださるのは、ひのきしんを促すことで、世界中のすべての人をたすけてやりたいと思召《おぼしめ》しくださっているからであり、それを誰も止めることがないようにと仰せくださっているのだと拝察するのです。

ところが、子供である人間は、そうした親の心を理解せずに、勝手な人間思案から、人がお屋敷に来てひのきしんをすることを止《と》めたり、あるいは、自分自身でお屋敷へ行ってひのきしんをすることを止《や》めてしまったりしたのです。

そうした当時の状況を知るうえでは、山中忠七先生の入信後の様子が参考になります。

六下り目の一ッでも述べましたように、冒頭のお歌の三年前、文久四年（一八六四年）の正月に、山中先生は妻の患《わずら》いをたすけてもらい、熱心に信心するようになりました。そして、片道二里（約8キロ）の道を毎日お屋敷へ通うようになったのです。

ところで、そのころのお屋敷はというと、二十数年にわたる長いご苦労の道すがらのなか、いまだ貧の生活を送っておられました。

教祖のお住まいは、わずか六畳と八畳の二間の家で、葺《ふ》き替えのされていない藁葺《わらぶ》きの屋根は腐っていて、雨露《あめつゆ》が漏《も》るようなありさまだったそうです。また、屋内《おくない》も煙《けむり》のすすで真っ黒になっていて、畳や障子《しょうじ》も荒れ果《は》てていたといいます。

山中先生は、初めて参拝したときには、「これが神様のお住まいか」と痛ましく思ったそうです。しかし、妻をたすけられ、お屋敷に五日、十日と日参を続け、お話を聞かせていただくうちに、なぜ教祖がそんな所にお住まいくだされているのかという理合いをだんだんと分からせてもらい、実にもったいないと、本当に申し訳なく思う気持ちが常に湧《わ》き立つようになったといいます。

山中先生は、手弁当でお屋敷へ通ったそうですが、教祖とご家族が日々に食べる物にも事欠《ことか》いてお過ごしくだされていることを知ってからは、弁当を食べようという気も起こらず、そのまま家へ持ち帰るようになったといいます。そして、やがて、お屋敷に帰らせてもらうときには、必ず真っ赤な袋に一升《しょう》（10合《ごう》）の白米《はくまい》を詰めて持っていくようになりました。

あるとき、家族から「毎日一升ずつ運ばなくとも、いっそのこと五斗俵《とだわら》（5斗＝50升）でもお供《そな》えさせてもらったらどうか」と勧められたので、教祖にお伺いすると、「毎日毎日、こうして運んでくれることが結構やで」と仰せくださりました。そこで引き続き、一升の白米を詰めた真っ赤な袋を提《さ》げて、約八キロの道を毎日お屋敷へ通い続けたのでした。

ここに私たちは、「ひのきしん」の一つの具体的な姿を見て取ることができます。すなわち、三下り目の八ッでも見ましたように、「ひのきしん」は、報恩《ほうおん》の心さえあれば誰でも実行することができる一方で、一度や二度だけで終わるものではなく、たとえ、わずかであっても日々に真実を尽くしていくことが大切です。山中先生の一升の白米を持参しての日参が、まさにそれに当たると言えるのです。

こうして「ひのきしん」を始めた山中先生でしたが、その後、山中先生以外にも、だんだんと人々が不思議なたすけを求め、教祖の許《もと》に寄り来るようになってきました。すると、近在の神職《しんしょく》、僧侶《そうりょ》、山伏《やまぶし》、医者などが、自分たちの所に来るはずの信者や患者を取られたと逆恨《さかうら》みをし、次々にお屋敷にやって来ては、暴言を吐《は》いたり、難癖《なんくせ》をつけたりするようになっていったのです。

小泉村不動院と古市代官所の位置

そして、山中先生がお屋敷へ通うようになってから三年目を迎えた慶応二年の秋ごろに、小泉《こいずみ》村の不動院《ふどういん》の山伏が、ゴロツキを一人伴ってお屋敷にやって来て、言いがかりをつけるだけに留《とど》まらず、畳や障子を切り破り、太鼓を切り裂《さ》くなどの乱暴を働いたのでした。そしてそのうえに、当時、神様の出張《でば》り場所として人々が参詣《さんけい》する場所にもなっていた、山中先生のお宅にまで乗り込んできたのです。そして「一般の百姓が、いったい誰の許しを得て、神様を祀《まつ》って人に参拝させているのだ」と怒鳴《どな》りつけ、何を言われても辛抱《しんぼう》して黙っていた山中先生の頭を、祀ってあった御幣《ごへい》を抜き取って三度も四度もたたいたというのです。

　そうして山伏たちは、散々暴れた揚げ句、自分たちが悪くならないようにと思ったのか、帰りの道中で当時の役所（古市《ふるいち》代官所）へ訴え出たのです。そのため山中先生は、しばらくしてから役人に呼び出されて、「神様を祀って人を家に集めなくても、お前は百姓をしていたら、人も雇《やと》って十分に食べていける身分なのだから、そんな信心は今日からすっきり止めてしまえ」というように叱《しか》られたというのです。しかし、そのとき山中先生は「信心を止めることはできない」ときっぱりと言い、「妻をたすけてもらったから人をたすけさせてもらっているのであり、人をたすけても、自分は決して一《いっ》銭《せん》も貰《もら》っていない」と答え、そのときは、「なるべく止めるように」と申し渡されただけで済んだとのことです。

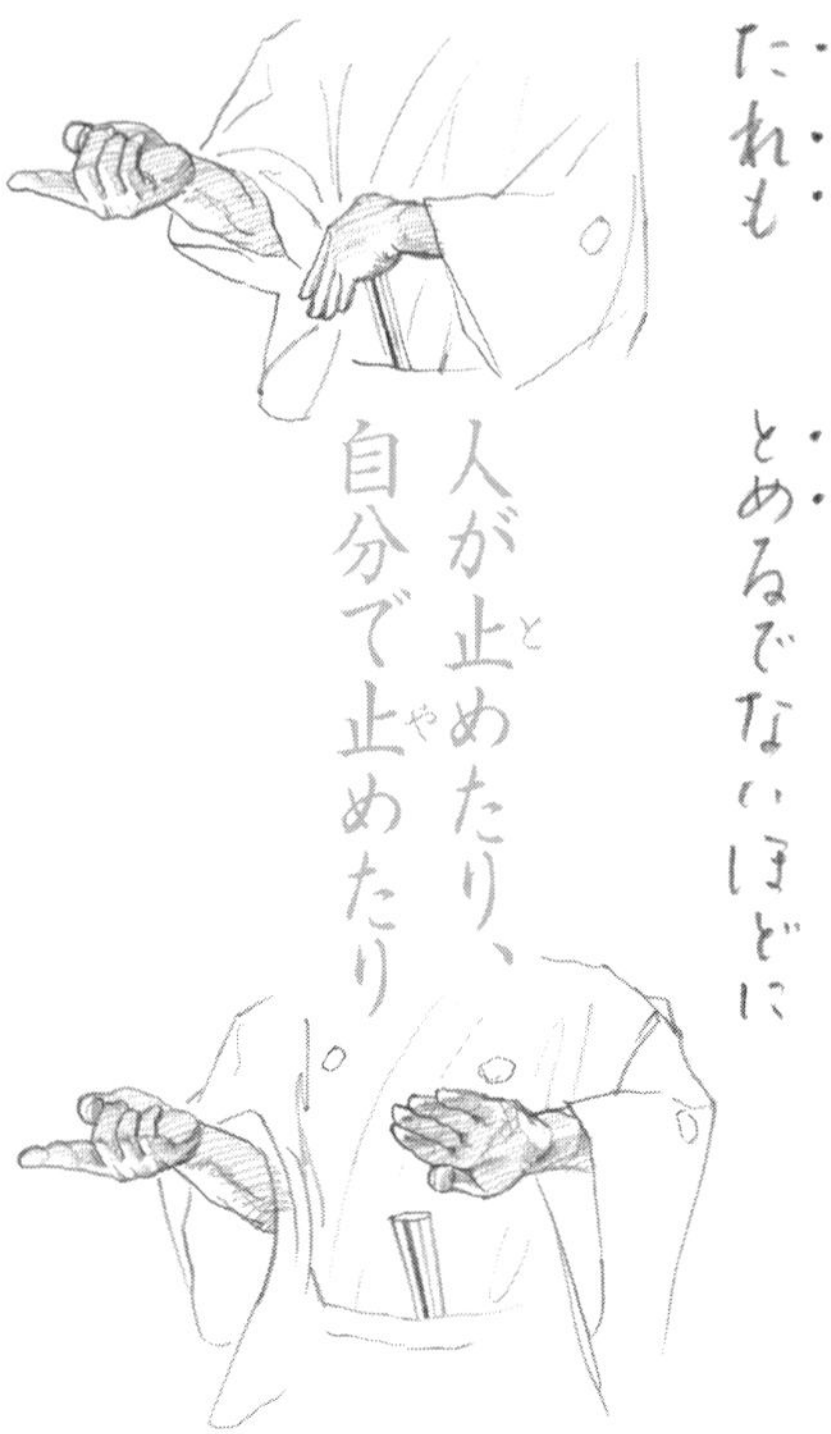

　こうした当時の状況を考えたときに、二ッのお歌からは、「親には世界中の人

たちをたすけたいという深い心があるのだから、頼むから誰も止め立てしないでくれ」という、まさに子供に対する切なる親心を感じ取ることができます。

ところで、冒頭のお歌の「深い心」については、それは人々の深い心だという解釈もあります。たとえばある先人は、深い心とは、お道の結構さを知り、どんなに反対があっても少しも厭《いと》うことなく、「道を慕《しと》ふて運びつくす真実心」（諸井政一『改訂正文遺韻』）であると説明しています。そのうえで、私たちは、悪いんねんに負けて、そうした初めの深い心（報恩の心）をなくしてしまい、「遂《つい》にはもう是《こ》れだけつくしてゐるのに、何でや知らんと、疑《うたぐ》り心を起《おこ》し、めん〳〵の方から止まる様になり易《やす》い」（同）と言っています。

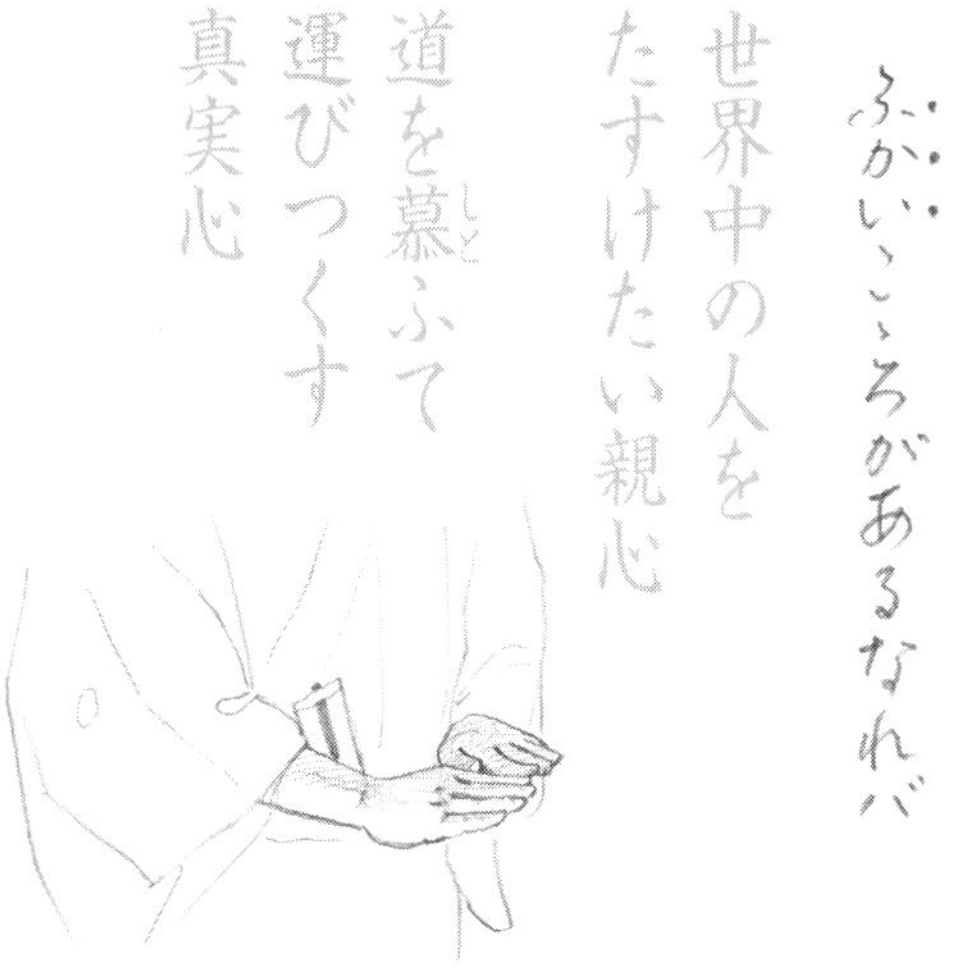
ふかいこゝろがあるなれバ
世界中の人を
たすけたい親心
道を慕《しと》ふて
運びつくす
真実心

つまり、私たちの信心の道を止めるのは、政府や世間、あるいは家族や友人など、内外からの反対攻撃や阻害《そがい》ではなく、結局は、自分自身の信仰心がまだ弱いからであるとも言えるのです。そうした理解に立つと、冒頭のお歌は、「たすけられた元一日を忘れないような深い心があって、お屋敷へ運ぶ者は、神様が連れて通るから、誰も自分からお屋敷に運ぶことを止《や》めないでもらいたい」という親心を仰せくださっているとも解釈できるのです。

ちなみに、「ふかいこゝろがあるなれバ」の「ふかい」の手振りは、左腹脇で「オサエの手」をします。江戸時代においては、着物を着ていますので、大事なものを懐《ふところ》にしまう場合には左胸下に入れますし、大事な刀も左脇に差します。したがって、左脇腹あたりというのは、人にとって「ふかい」場所を象徴していると悟ることもできます。

三ッ　みなせかいのこゝろにハ
でんぢのいらぬものハない

四ッ　よきぢがあらバ一れつに
たれもほしいであらうがな

五ッ　いづれのかたもおなしこと
わしもあのぢをもとめたい

さて、ここからいよいよ「ひのきしん」について、ひと言お話をしてくださります。

まず、「世界の人々の心には、でんぢの要《い》らない者はいない」（三ッ）と歌われています。「でんぢ（田地）」というのは、田として利用する土地、田んぼのことです。

田んぼでの米作りは、田起こしから始まります。田起こしとは、田んぼの土を豊かにするために、田んぼを耕して土を乾燥させ、肥料を混ぜる作業のことをいいます。耕運機《こううんき》がない当時は、ほとんど人の手で行われ、鍬《くわ》や鋤《すき》を使って田起こしをしていました。

そうした様子を表すかのように、「でんぢ」の手振りは、鍬を持って田を耕す格好をします。これは、手斧《ちょうな》を持って木を削《けず》る格好をする「ふしん」（二下り目二ッなど）と似ているので、しっかりと区別して振らせていただきたいものです。

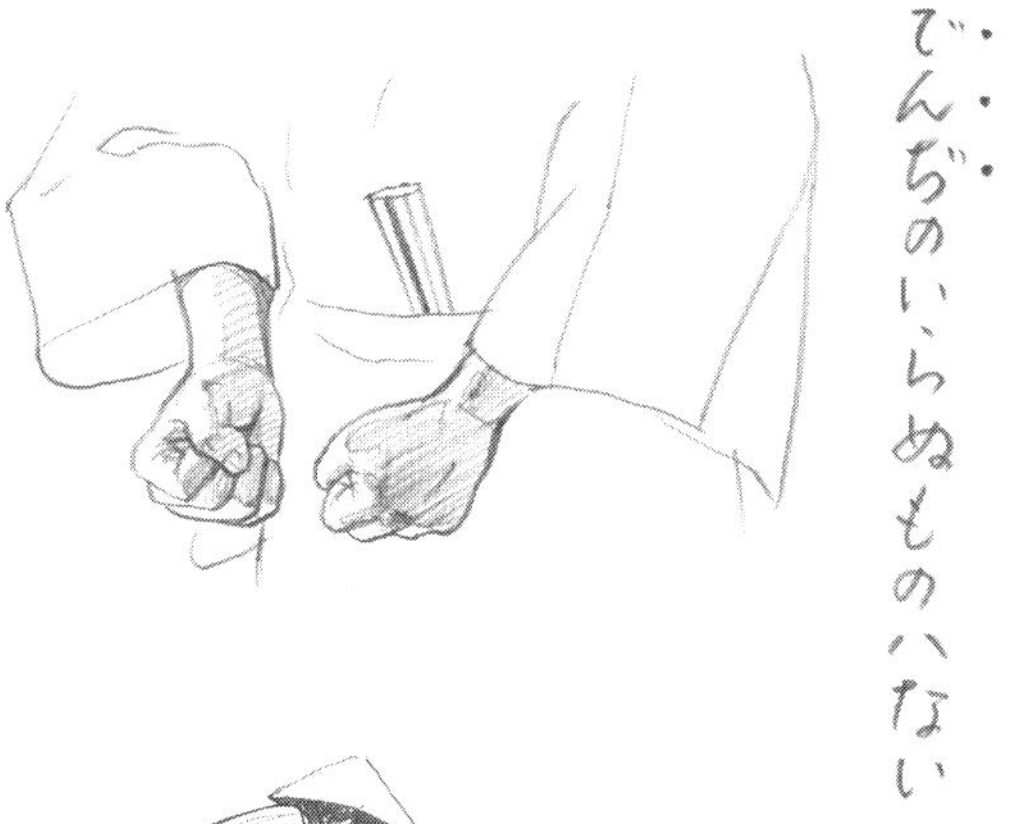

さて、当時の人々の多くは百姓をしていましたが、全員が自分の田んぼを持っていたわけではありません。同じ百姓でも、田畑を所有する「本百姓《ほんびゃくしょう》」と呼ばれる人々もいれば、自分の田畑のない「水《みず》呑《のみ》百姓」と呼ばれる人々もいました。

水呑百姓は、出稼《でかせ》ぎや日雇《ひやと》いにも従事して、必ずしも貧農《ひんのう》ではなかったようですが、農業に関しては地主《じぬし》から土地を借りて、小作人として働いていました。

したがって、「田地」を持っているか

いないかにかかわらず、多くの人が農業で生計を立てていた当時においては、「田地」というのはなくてはならない生活基盤であり、「田地の要らない者はない」ということは、誰もがすぐに納得《なっとく》することだったと言えるのです。

ところで、同じ広さの田んぼでも、土地が肥《こ》えているかいないか、水源が近いか遠いか、あるいは日当たりが良いか悪いかによって収穫量は変わります。したがって、どうせ米を作るならば、当然、誰もが良い条件の土地（「よきぢ」）を求めたのです。つまり、「良き地があったならば、誰も欲しいであろうがな」（四ッ）というのも、まさに当時の人々がすぐに共感できることだったのです。

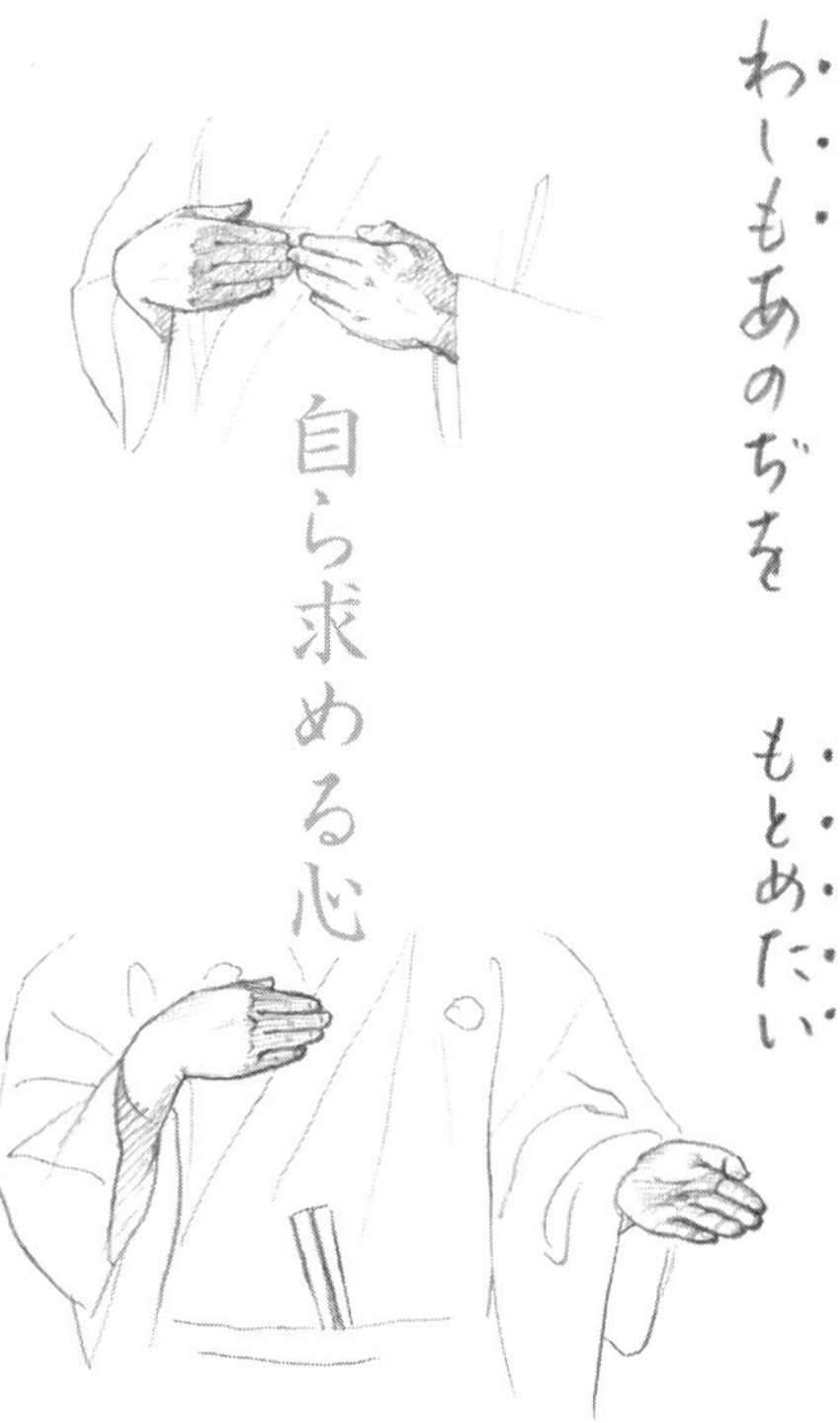

こうした当時の人々の田地を求める一般的な心境について述べたうえで、五ッのお歌では、どんな身分や立場の人であっても、やはり最終的には「私もあの良い田地を求めたい」と、それぞれが自ら田地を求める気持ちにならないことには、たとえ「田地」を手に入れても仕方がないことを仰せくださ

っているのだと拝察します。

なぜならば、「田地」というのは実際に耕し、種を蒔《ま》き、肥料を置いたりしなければ収穫が得られず、なんの値打ちもないからです。したがって、本人がそもそも収穫を得たいと思って「田地」を求めたのでなければ、その「田地」はそのまま放置されて、宝の持ち腐れになってしまう可能性があるのです。

このように、一方においては、当時の人々の田地を必要とする心境をよく理解しながらも、他方においては、田地を手に入れたあとのことまでを考えて、懇切丁寧《こんせつていねい》に少しずつ順序立ててお話を進めてくださっているのです。

六ッ　むりにどうせといはんでな
　　　そこはめい〳〵のむねしだい

七ッ　なんでもでんぢがほしいから
　　　あたへハなにほどいるとても

さて、これまで見てきましたように、七下り目の三ッから「田地」の話が始まり、良い田地があれば、誰もが必要と「頭で思う」だけではなく（四ッ）、実際に一人ひとりがそれを「求める心になる」

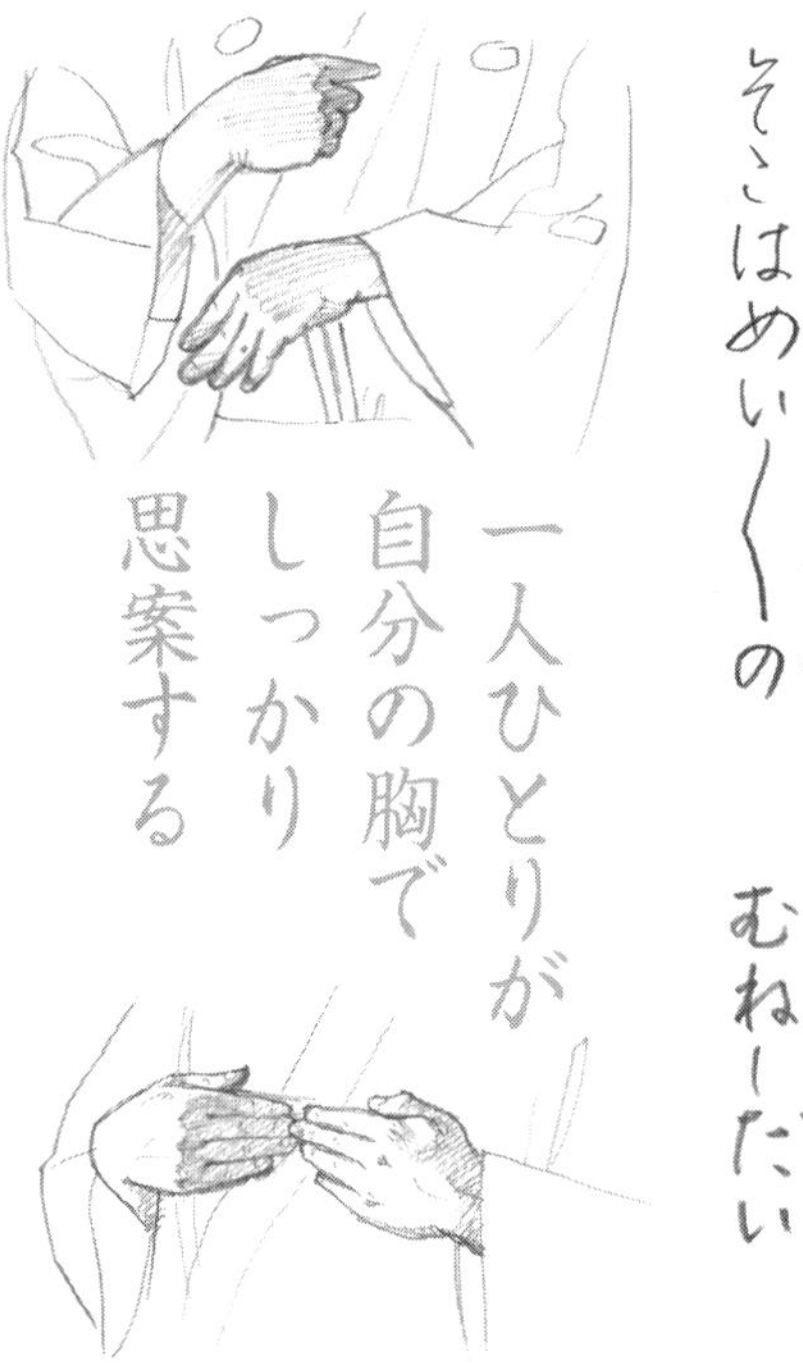
そこはめい〳〵の むねしだい
一人ひとりが自分の胸でしっかり思案する

ことが大切だ（五ッ）と教えてくださっています。

そしてここでもう一度、「無理にどうせいとは言わない。そこはめいめいの胸次第《しだい》だ」（六ッ）と、あくまでも一人ひとりが承知をして、自らの意思で田地を求めるようにと仰せくださっているのです。

「そこはめい〳〵のむねしだい」（六ッ）の手振りを見ても、「めい〳〵の」で、右の人さし指で落ち着いてゆるやかに「胸」を指し、続く「むね」で、あらためて両平手の指先を同時に「胸」にとります。この一連の手振りからも、しっかりと一人ひとりが「自分の胸」で思案するようにと教えていただいていることが感じられます。

さて、七ッのお歌では、それぞれがしっかりと思案した結果、「なんでも田地が欲しいから」となった場合には、その本気度を表すかのように、「あたへは何ほど要るとても」という思いになる、ということを仰せくださっているように拝察します。

「あたへ」とは「あたい（価・値）」の変化した言葉です。「あたい」とは、その物の値打ちに釣り合うもののことであり、売買《ばいばい》などでは対象物に相当する金額を意味します。

ですから、ここでは、「費用がどれぐらいかかっても」という意味になります。

ところがここで注意したいのは、昔から、田地（農地）というのは、そう簡単に売買されるものではありませんでした。特に江戸時代においては、田んぼをいきなり売買することはほとんどなく、まずは田んぼを村内の誰かに質《しち》に入れてお金を借り、そのお金を返せなければ、質流れという形で相手に田んぼが渡る形が多かったとされます。

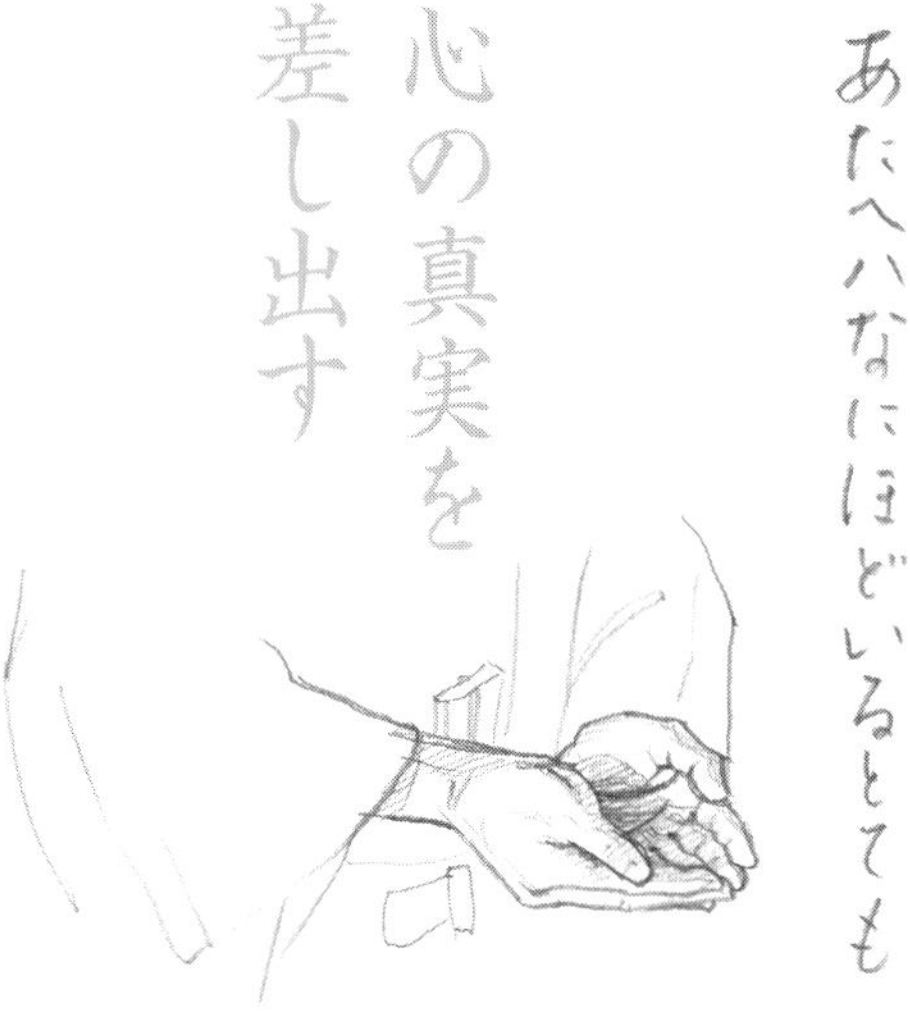
あたへハなにほどいるとても
心の真実を
差し出す

そうしたことを考えますと、七ッのお歌の「なんでも田地が欲しいから、価《あたい》は何ほど要るとても」というのは、「どうしても田んぼを購入したいから、どれだけ費用がかかってもよい」という意味ではなく、「どうしても田んぼを使いたいから、どれだけ対価（借り賃）がかかってもよい」という意味で理解したほうがいいのではないかと拝察します。

すなわち、当時は地主よりも、田地を借りて生計を立てていた小作人のほうが多かったことも考え合わせて、七ッのお歌は、「種を蒔《ま》いて収穫を得るための良い田んぼがどうしても欲しいから、どれくらい小作料がかかっても借り受けたい」という、当時の一般の人の思いについて仰せくださっているのだと拝察するのです。

さて、「あたへハ」の手振りは、「両平手の掌《てのひら》を外向きにして、左腰のあたりに下げるや、そのまま小指と小指とを軽くつけて揃《そろ》え、指先を斜め右上向きにして、右肩の前あたりまで上げる」（『おてふり概要』）と教えられています。二ッで見ましたように、左脇腹（左腰）あたりというのは、人にとって「ふかい」場所を象徴していると考えるならば、まさに、深いところに隠している財産（真実）を差し出す手振りのように悟ることができます。

そして「なにほど」の手振りは、両平手で、額前より胸前に上下に円を描く手をすることから、すべての財産を差し出すことを表していて、さらに「いるとても」の手振りで、両平手の掌を内向きにして、指先を右肩、左肩に放り上げる動作をするので、これまでの財産を過去のものとして後ろに投げ捨て、将来のための「あたへ」にすることを表していると悟ることもできましょう。

八ッ　やしきハかみのでんぢやで
　　　まいたるたねハみなはへる

九ッ　こゝハこのよのでんぢなら
　　　わしもしつかりたねをまこ

さて、いよいよここで本題に入って、「やしきハかみのでんぢやで」（八ッ）と、「やしき（屋敷）」が神様の田地であることを明らかにしてくださっています。

「屋敷」といえば、家屋《かおく》そのものをいう場合もありますが、一般には、母屋《おもや》を中心とした家屋を建てるべき「土地」や、そこを含んだ「地域」を意味し、「屋敷」の内には建物のほか、作業場や田畑も含まれるとされます。

ここで言われている「屋敷」とは、具体的には大和国山辺郡庄屋敷村にあった中山家の屋敷のことです。そして、この屋敷が、一般の屋敷と決定的に異なっているのは、おふでさきに、

にんけんをはじめだしたるやしきなり
そのいんねんであまくたりたで
（四 55）

とありますように、親神様がこの世人間をお創《はじ》めくだされた「元の屋敷」だということです。

八ッのお歌では、この「元の屋敷」が実は「神の田地」でもあり、そこで蒔いた種はすべて生えるのだと仰せくださっているのです。

ここであらためて、七ッのお歌を振り返りますと、「なんでも田地が欲しいから、価は何ほど要るとても」というのは、やはり田んぼを購入するというよりも、田んぼを借用することについて仰せくださっていると解釈したほうがいいことが分かります。

つまり「神の田地」と仰せくださっていますから、お屋敷はあくまでも神様のものです。その「神の田地」を、どれぐらい費用がかかっても「自分の田地」にしたいという話ではなく、どれだけ対価

を出しても「神の田地」をお借りして、そこに種を蒔いて収穫（ご守護）を得たいという話です。

さて、それでは、何が「元の屋敷」において種蒔きになるのでしょうか。それを教えてくださるのが次の逸話でしょう。

明治七年のある日のことです。お屋敷に帰ってきていた西尾《にしお》ナラギクさん（当時18歳）が、そこに居合《いあ》わせた人々と一緒に、そろそろ失礼しようと、教祖（77歳）にご挨拶《あいさつ》に行きました。すると、教祖は、娘のこかん様（38歳）に、この人たちはみんな、お屋敷で何かすることがあれば、誰も帰るとは言わないのだから、何かしてもらう用事はないかとお尋ねになりました。

こかん様は、用事はたくさんあるが、遠慮して出さなかったのですと答え、糸紡《いとつむ》ぎの用事を出しました。そこで人々は、一生懸命に糸を紡いで紡錘《じんき》に巻いていたのですが、やがてナラギクさんのところで一つ分が出来上がりました。

すると、教祖がお越しになって、ナラギクさんの肩をポンとおたたきになり、その出来上がったのを、三度お頂きになって、

「ナラギクさん、こんな時分には物のほしがる最中《さいちゅう》であるのに、あんたはまあ、若いのに、神妙《しんびょう》に働いて下されますなあ。この屋敷は、用事さえする心なら、何《な》んぼでも用事がありますで。用事さえしていれば、去《い》のと思ても去なれぬ屋敷。せいだい働いて置きなされや。先になったら、難儀《なんぎ》しようと思たとて難儀出来んのやで。今、しっかり働いて置きなされや」（『稿本天理教教祖伝逸話篇』三七「神妙に働いて下されますなあ」）

と仰せになったといいます。

つまり、お屋敷で与えられた仕事を神様の御用と思って、一生懸命させてもらうときの心を「真実の心」とお受け取りくださり、それが、神の田地への種蒔きとなるのだと教えてくださっていると拝察します。

そして、そのなかでも、「わしもしっかりたねをまこ」（九ッ）と、御用をどこまでもわが事にして、自ら進んで働かせてもらうことが大切なのでしょう。

教祖は、いつもお聞かせくだされたお話のなかで、

「この屋敷に居《い》る者も、自分の仕事であると思うから、夜昼《よるひる》、こうしよう、ああしようと心にかけてする。我《わ》が事と思うてするから、我が事になる。ここは自分の家や、我が事と思うてすると、自分の家になる。蔭日向《かげひなた》をして、なまくらすると、自分の家として居《お》られぬようになる。この屋敷には、働く手は、いくらでもほしい。働かん手は、一人も要らん」（同一九七「働く手は」）

と仰せくださっていたそうです。

さて、現在でも、おぢばを芯《しん》としたお屋敷には多くの人々が、おぢば帰りをします。つまり、お屋敷には人間創造の元のぢばがあり、親神様、教祖がおいでくださるので、信心する人はみな、「ふるさと」だと慕って帰ってくるのです。

ところが、ここで教えてくださっているのは、お屋敷は「元の屋敷」であるだけではなく、「神の田地」でもあり、しっかりと「種」を蒔くこと、すなわち、ひのきしんをさせてもらえば、先々で大

心の真実が種《たね》となる

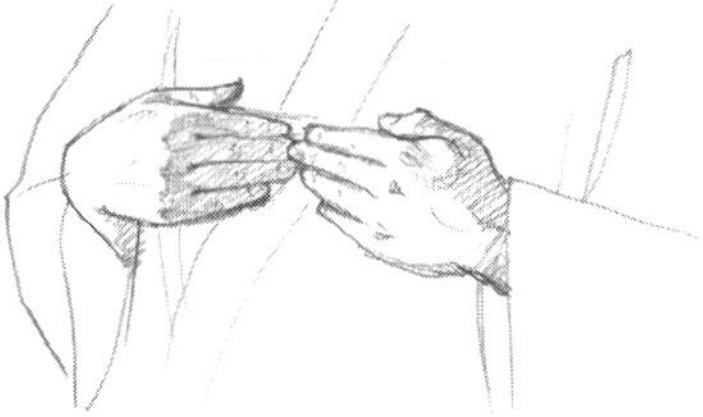

きなご守護が得られるということです。

そう考えますと、お屋敷（おぢば）に帰ったときには、あるいは、その出張り場所である教会へ行ったときには、ただ参拝して終わるのではなく、できることなら、何か一つでも御用（ひのきしん）をさせてもらって、真実の種を蒔かせてもらいたいものです。

ただし、その際に、「わしもしつかりたねをまこ」の「たね」の手振りが、両平手の指先を同時に胸にとることからも分かりますように、「種」になるのは、どこまでも私たちの心の真実だということを忘れないようにしなければなりません。つまり、掃除をするなど、身体《からだ》を動かすことが「ひのきしん」なのではなく、日々の真実の心を尽くし運ぶことが「ひのきしん」だということです。

また、「しつかり」の手振りが、身体を右回りに後ろ向きにするとともに、「イサミの手」をすることから思案しますと、人が見ていないところでも「勇んだ心で」ひのきしんをすることが、しっかりと伏せ込むということになるのでしょう。

ところで、ここであらためて、神の田地を借りるための「価《あたい》」について考えてみたいと思います。

神の田地を借りるというのは、具体的には、ひのきしんをしに、お屋敷へ通わせてもらうということでしょう。

昔の人々は、おぢばに帰るためには、何里（1里は約4キロメートル）もの道を歩き、また家族の反対や厳しい弾圧のなかを、心を低くして通ることが必要でした。つまり、人々にとって、おぢばに帰ってひのきしんをするということは、「時間」「費用」「頭を下げる」など、かなりの「価」を出さなければできないことでした。そしてその分、人々のおぢばに対する思いは真剣で、お屋敷での滞在中は、それこそ熱心に御用に励み、真実の種蒔きをしていたと想像します。

ところが、現在では、昔よりもはるかに容易におぢば帰りができる環境を与えていただいています。もちろん、それは親神様、教祖のおかげであることは申すまでもなく、先人たちの努力の賜物《たまもの》であり、非常にありがたいことです。しかしその一方で、私たち自身は、簡単におぢば帰りができてしまう分、ともすれば、せっかくの「神の田地」を前にしながら、真実の種蒔きをしないで過ごしてしまいがちです。それどころか、せっかくおぢばに帰らせていただいているのに、不平や不満を言い、不足の心を使って、結果的に不足の種蒔きをしてしまっていることもあるのではないでしょうか。

おぢばに帰らせてもらうときには、「やしきハかみのでんぢやで」という教祖の優しい語りかけを思い出して、田地をお借りする「価」を惜《お》しまずに出して、おぢばの理を立て、しっかりと真実の種蒔きをさせてもらいたいものです。

十ド　このたびいちれつに
ようこそたねをまきにきた
たねをまいたるそのかたハ
こえをおかずにつくりとり

さて、これまで見てきましたように、七下り目では、お屋敷は神の田地であると仰せになり、そして、田地への種蒔きという譬《たと》えを用いて、おぢばへの伏せ込みの大切さ、すなわち、ひのきしんの大切さについて教えてくださっています。

しかし、当時の人々は、もちろん初めから「おぢばの理」や「ひのきしんの理」が分かっていたわけではなく、最初は専《もっぱ》ら身上や事情をたすけてもらいたくて教祖の許《もと》へやって来たのでした。

たとえば、冒頭のお歌を教えていただく六年前、文久元年に西田コトさん（当時32歳）という女性は、歯の患《わずら》いをたすけてもらいたくて、初めてお屋敷にお参《まい》りに来ました。すると、教祖は「よう帰って来たな。待っていたで」と仰せられ、さらに「一寸《ちょっと》身上に知らせた」と、歯の患いは彼女をお屋敷に引き寄せるためのものであり、その本来の目的である「神様のお話」を順々にお聞かせくだされたのです。おそらく、そのお話のなかでコトさんは、「おぢばの理」や「ひのきしんの理」について学ばれたのでしょう。やがて彼女は、お屋敷に掃除（ひのきしん）に通うようになり、信心の道を歩みはじめたのです（『稿本天理教教祖伝逸話篇』八「一寸身上に」）。

このように、身上や事情で導かれた人々は、教祖の優しい温かなお心に迎え入れられて、少しずつ教理を聞き分けていき、やがて、お屋敷に「ひのきしん（種蒔き）」をしに来るようになっていったのです。

さて、教祖が、ひのきしんについて教えてくだされたのは、二ッでも見ましたように、世界中の人々を先々で難儀しないようにしてやりたいという親心からです。だからこそ、子供である人々が、実際におぢばに帰ってきた姿を見たときには、「ようこそたねをまきにきた」（十ド）と、心よりお喜びくださると拝察します。

ところで、「たねをまいたるそのかたハ　こえをおかずにつくりとり」（十ド）とありますが、これには次の二つの意味が込められていると拝察します。

一つには、「神の田地では、一般の田地とは異なり、種さえ蒔いたならば肥料を施《ほどこ》さなくても収穫できる」ということです。つまり、私たちが、おぢばに帰ってひのきしんをすれば、それ以外に何か特別なことをしなくとも（修理肥《しゅうりこえ》を置かなくとも）、神様はご守護の姿をお見せくださる（つくりとり）ということだと拝察します。

もう一つは、一下り目の「肥のさづけ」とも関係しますが、実際に「お屋敷」でしっかり伏せ込んだ人の田畑では、肥を置かなくとも十分な収穫のご守護をお見せいただくということだと拝察します。すなわち、おぢばでひのきしんをすることは、「心の誠真実《まことしんじつ》」を元なるぢばへ伏せ込むことであり、その理によって先々（自分の田地）でもご守護を頂戴《ちょうだい》できるということなのでしょう。

このことについては、桝井伊三郎先生の次の逸話が参考になります。

明治十六年の夏、大和一帯が大旱魃《だいかんばつ》に見舞われたときのことです。桝井先生（当時34歳）は、自分の田んぼのことは放っておいて、連日お屋敷に詰めて百姓仕事を手伝っていました。周りからの要請《ようせい》で地元に戻ったときにも、自分の田んぼのことはそっちのけで、夫婦で他人の田んぼの水の世話ばかりしていました。自分たちの田んぼについていえば、奥さんが、かんろだい近くの水たまりの水を少し頂いて帰って、朝夕に、田の周囲に藁《わら》しべで置いて回っただけでした。

ところが、数日後、奥さんが自分の田んぼの様子を見に行くと、一杯の水さえも入れた覚えがないのに、田んぼ一面に地中から水気《すいき》が浮き上がっていたというのです。まさに教祖が、

「上から雨が降《ふ》らいでも、理さえあるならば、下からでも水気を上げてやろう」（『稿本天理教教祖伝逸話篇』一一三「理さえあるならば」）

とおっしゃっていた通りの姿でした。その年の秋には、村中が不作のなか、桝井先生の田んぼでは、十分な収穫をお与えいただいたということです。

さて、六下り目では、信心しはじめた人々に、「神一条の心」と「低い心」の大切さを教えてくださっていると述べましたが、七下り目では、信心しはじめた人々に、具体的な信仰実践として、お屋敷へ日々足を運び、神様の御用をして、真実を伏せ込む「ひのきしん」について教えてくださっています。

当時の人々にとって、一般に、神社やお寺は、困ったときに神仏にお願いをしに行く場所でした。ですから、人々にいきなり、お屋敷は日々に真実を尽くし運ぶ場所、すなわち「ひのきしん」をしに行く場所だと教えても、なかなか理解できなかったことでしょう。そのことをよく分かったうえで、当時の百姓の人々の身になって、一番身近な田地と種に譬えて教えてくださっているところに、教祖の、なんとしてでも子供に分からせてやりたい、徳積みをさせてやりたいという親心を感じずにはいられません。

現在においても、おぢばや教会は、神様にお願いをしに行く場所だとは思っていても、「ひのきしん」をしに行く場所であるとは、まだ思えていない人が大勢おられるでしょう。長年信仰していても、ついそのことを忘れてしまう場合もあるでしょう。そのため、教会へ行ったときに何か用事を頼まれると、「別に用事をしに来たのではないのに」と、つい不足に思ってしまう人も、なかには出てきてしまいます。

教会長やよふぼくは、人々に、まずはおぢばや教会に参拝してもらうことから始める必要がありますが、そこで終わるのではなく、だんだんと「ひのきしん」を教えてくだされた親の思いを伝え、少しでも真実の伏せ込みをしてもらえるように丹精《たんせい》していきたいものです。

そしてそのためにも、まずは自らが普段から、田んぼへ行くのは種を蒔くためであるように、おぢばや教会へ行くのは「ひのきしん」をするためであると、自然に思えるような信心を身につけていきたいものです。

「お歌」

一ッ　ひとことはなしハひのきしん
　　にほひばかりをかけておく
二ッ　ふかいこゝろがあるなれバ
　　たれもとめるでないほどに
三ッ　みなせかいのこゝろにハ
　　でんぢのいらぬものハない
四ッ　よきぢがあらバ一れつに
　　たれもほしいであらうがな
五ッ　いづれのかたもおなしこと
　　わしもあのぢをもとめたい
六ッ　むりにどうせといはんでな
　　そこはめい〳〵のむねしだい

「一つの悟りとしてのまとめ」

ひと言の大事な話として、ひのきしんについて話をする（ひとことはなしハひのきしん）。それは、親神様が人々に「おぢばへのひのきしん」を促しておくということである（にほひばかりをかけておく）。

このことには、親神様の深い心があるので（ふかいこゝろがあるなれバ）、ひのきしんをしに来ることを、誰も止めることがないようにしてもらいたい（たれもとめるでないほどに）。

さて、農業をしているすべての人にとっては（みなせかいのこゝろにハ）、種を蒔《ま》き、収穫を得るための田地《でんじ》は必要不可欠である（でんぢのいらぬものハない）。

そして、良い田地があるならば（よきぢがあらバ）、当然誰もがそれを求めるであろう（一れつに　たれもほしいであらうがな）。

それは、どの人にとっても同じことであり（いづれのかたもおなしこと）、誰もが「私もあの良い田地を求めたい」（わしもあのぢをもとめたい）と思うであろう。

しかし、無理に田地を求めよとは言わない（むりにどうせといはんでな）。そこはそれぞれの胸次第《しだい》（そこはめい〳〵のむねしだい）であり、あくまでも一人ひとりが承知をして、自らの意思で求めることが

七ッ　なんでもでんぢがほしいから
　　　あたへハなにほどいるとても

八ッ　やしきハかみのでんぢやで
　　　まいたるたねハみなはへる

九ッ　こゝハこのよのでんぢなら
　　　わしもしつかりたねをまこ

十ド　このたびいちれつに
　　　ようこそたねをまきにきた
　　　たねをまいたるそのかたハ
　　　こえをおかずにつくりとり

大事である。

　種を蒔いて収穫を得るための良い田んぼがどうしても欲しいから(なんでもでんぢがほしいから)、どれくらい借り賃(小作料)がかかっても(あたへハなにほどいるとても)借り受けたい。

　さて、親神様がこの世人間をお創《はじ》めくだされた元の屋敷(お屋敷)は、神の田地である(やしきハかみのでんぢやで)。そして、お屋敷で御用をさせていただくことが神の田地への種蒔きとなり、先で絶対に難儀《なんぎ》しないご守護を頂く元になる(まいたるたねハみなはへる)。

　その際に大切なのは、ここがこの世の田地ならば(こゝハこのよのでんぢなら)、私もしっかり種を蒔こう(わしもしつかりたねをまこ)と、御用をどこまでもわが事にして、自ら進んで働かせてもらうことであろう。

「私もしっかり種を蒔こう」と、人々がおぢばに帰ってきたときには、親神様は、「このたびは、みんなよくぞ種を蒔きに来た」(このたびいちれつに　ようこそたねをまきにきた)と、心よりお喜びくださるのであろう。そして、種を蒔いたその人自身は(たねをまいたるそのかたハ)、自分の田畑では金肥《きんぴ》を施《ほどこ》さなくとも収穫ができる(こえをおかずにつくりとり)というご守護を見せていただけるのであろう。

　以上のように拝察する。

八下り目

一ッ　ひろいせかいやくになかに
いしもたちきもないかいな

八下り目では、信心しはじめた人々に、これから目指していく「世界たすけ」を普請《ふしん》に譬《たと》えて教えてくださっています。

建築の歴史を振り返りますと、十八世紀後半ごろまでは、庶民の住まいである民家は、土台を設けないで直接に地面を掘り、柱を立てる掘立式《ほったてしき》の「小屋」が主《しゅ》であったようです。それが次第《しだい》に、礎石《そせき》の上に柱を立てる石場建《いしばだて》の「家」が増えていったとされます。

したがって、当時の人々にとって、庶民の住まいである民家を造り上げる「普請」には、たくさんの木材とともに、柱を支える土台となる石が必要なことは、当然のこととして理解されていたことでしょう。

礎石と柱

そうした一般的な理解のうえに立って、冒頭のお歌では、世界たすけにおいても、「柱になる人材」とともに、それを支える「土台となる人材」が必要だと教えてくださっていると拝察します。柱の役割を担《にな》う人材である「よふぼく」についての話は、またの機会に譲《ゆず》るとして、ここでは「石」で象徴される、世界たすけの「土台の役割を担う人材」について少し思案してみたいと思います。

おさしづに、

さあ〳〵これまでの辛抱《しんぼう》〳〵、さあ〳〵踏ん張るも一つの辛抱。さあ〳〵どんと下ろした一つの石や。（明治22・4・17）

とありますように、お道の土台になるような人は、まさに石のような「辛抱強さや踏ん張り強さ」が必要であり、世間の風潮に流されない「堅く揺るぎない信仰心」が求められるのでしょう。

また、土台は柱とは違って、一番低く、人目につかないところでその役割を果《は》たします。そこから思案して、誰よりも心低く通り、陰徳を積むことに徹するとともに、他人の活躍を妬《ねた》んだり羨《うらや》んだりせず、人の活躍を支えていけるような優しい人こそが、道の土台を担うのにふさわしいのでしょう。

「いしもたちきもないかいな」の「いし（石）も」の手振りは、身体《からだ》を斜め左向きに、少し前屈《まえかが》み気味となって、両人さ

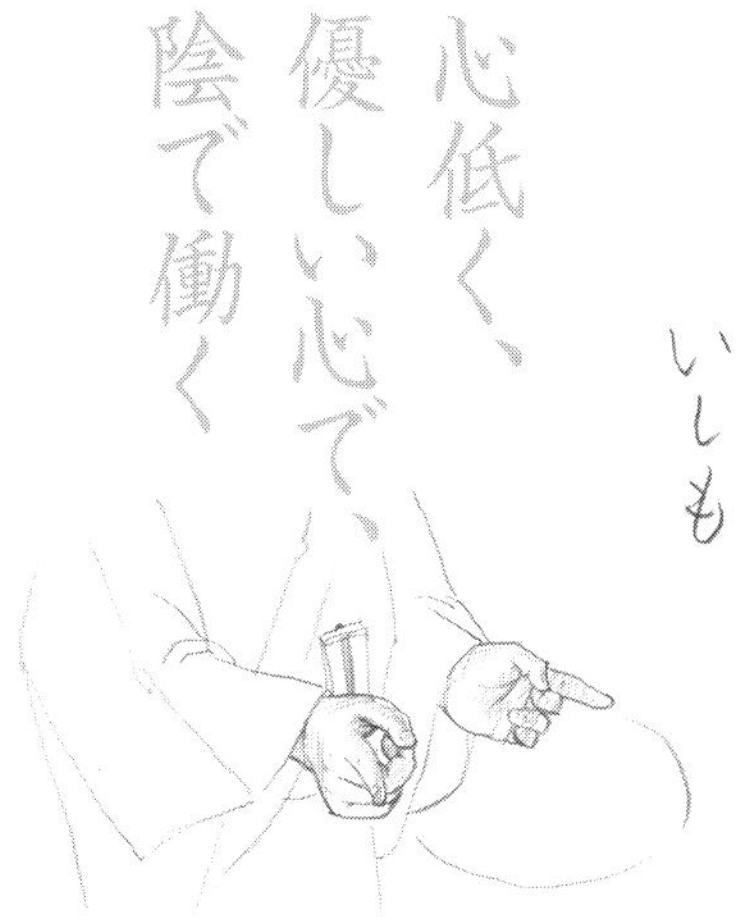

し指で左腹前に「平らに円を描く手」をすると教えられますが、まさに低い心で、それでいて角《かど》のない優しい心で、人の見ていない陰で働く様子を表しているように感じます。

教祖は、元治元年の普請をきっかけに、ひのきしんをするようになった飯降伊蔵先生に対して、「この道はなあ、陰徳を積みなされや。人の見ている目先でどんなに働いても、陰で手を抜いたり、人の悪口を言うていては、神様のお受け取りはありませんで。なんでも人様に礼を受けるようでは、それでその徳が勘定《かんじょう》ずみになるのやで」（道友社編『天の定規』）と仰せになったそうです。

つまり教祖は、人々が信心しはじめ、ひのきしんができるようになってきたら、今度は陰徳を積む、陰での働きの大切さを教えてくださっているのです。それは、ちょうど子供が、日中の太陽の働きが分かるようになってきたら、親は子供に、今度は夜の月の働きについて教えるようなものかもしれません。

実際に、教会においても、信心しはじめた人は、最初は日中に皆で行うひのきしんに参加するところから始まります。それがだんだんと、その前後の準備や後片づけにも来ることを学び、やがて、日ごろから人知れず黙々と、教会に来てひのきしんができるまでに成人していくのです。そのときに、きっと人々は「石」のような固い信心を持つようになっているのであり、そうした揺るぎない信心を持った人が教会を支える土台になるのでしょう。

ところで、私たちが「土台」ということで決して忘れてはならないのは、親神様のご守護と、教祖の艱難《かんなん》苦労の道が、今日《こんにち》の道の結構さの「土台」になっているということでしょう。

おさしづに、

道の上の土台据《す》えたる事分からんか。長い間の艱難の道を忘れて了《しま》うようではならん。

（明治34・2・4）

とあります。

ところが、一般に「土台」というものは、地中に埋《う》まっていたり、足元にあったりするために気づきにくいものです。今日のお道の結構さを支えてくださっている親神様、教祖の大恩についても同様で、私たちに「元」（土台）を尋ねる心がなければ、ついそれに気づかずに通り過ぎてしまいます。そのため下手《へた》をすると、信心する人であっても、親神様の元初《もとはじ》まり以来のご守護や、教祖の立教以来の五十年にわたるひながたの道を忘れてしまい、少しもご恩報じ（ひのきしん）をさせてもらおうという心になれないばかりか、日々を不足の心で過ごしてしまうことになりかねないのです。

さて、そうならないように、教祖は「かんろだい」を通して、まさに親神様と教祖の大恩という土台の上に子供の成人が成り立っていることを、形状のうえで表してくださっているのだと拝察します。すなわち、「かんろだい」は、差し渡し三尺の基石《きせき》の上に、差し渡し二尺四寸の二段目の石が積まれ、その上にだんだんと一尺二寸の台を積み重ねていくことで、一つの「柱」となっているのです。

先人の先生によると、三尺は、親神様が人間を三日三夜《みっかみよさ》に宿し込まれた理を表し、二尺四寸は、いざなみのみことが四寸にまで成人した人間をご覧になって、にっこり笑って身をかくされた理を表すと伝えられています（諸井政一『改訂正文遺韻』）。まさに「かんろだい」の形状を通して、親神様のご守護と教祖の親心のうえに、私たちが真実を積み重ねていくことを教えてくださっているのだと拝察します。

私たちは、できるだけ毎日、「かんろだい」を直接に、あるいは教会のお目標《めどう》様を通して拝するようにし、親神様と教祖の大恩を思い起こして、「おつとめ」をして御礼《おんれい》申し上げ、「ひのきしん」をして少しずつでもご恩報じをさせてもらいたいものです。そして、それが結果的に、おぢばや教会への伏せ込みとなって、私たちの人生の確かな土台作りにもつながっていくのだと信じます。

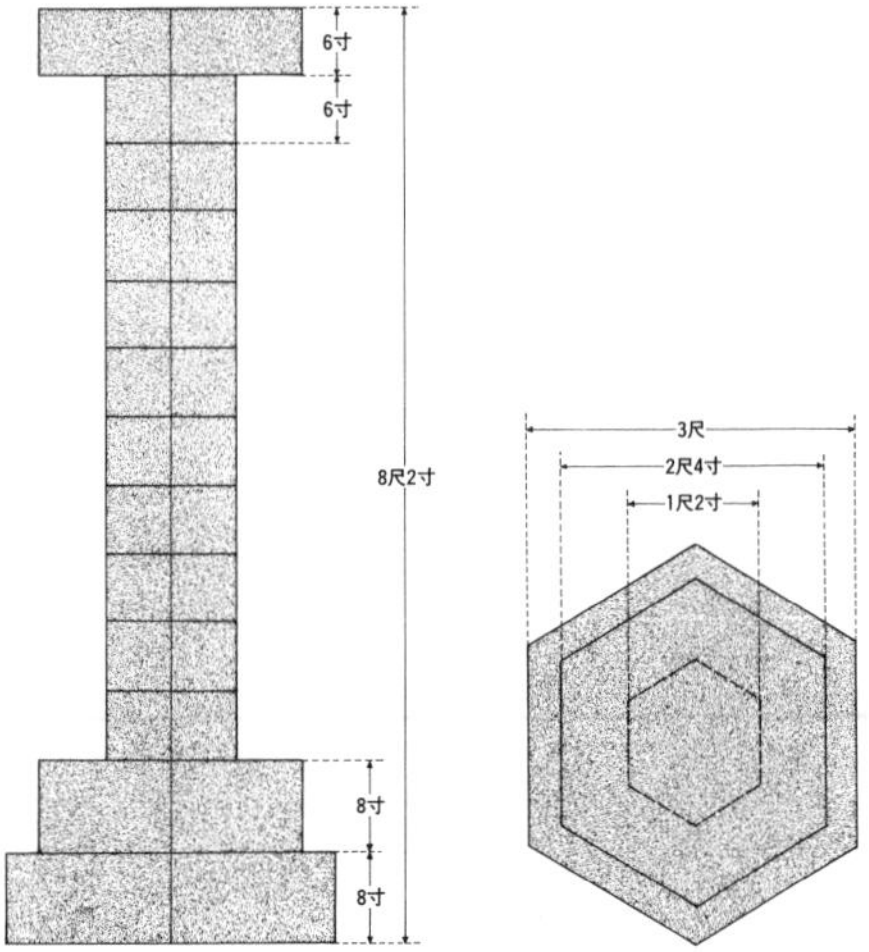

かんろだいの形・大きさ

二ッ　ふしぎなふしんをするなれど
たれにたのみハかけんでな

三ッ　みなだん〳〵とせかいから
よりきたことならでけてくる

お歌が作られた当時、庶民の住まいである民家を造り上げる作業は「普請」と呼ばれ、地域社会から広く協力を得て、たすけ合いのなかで行われていたとされます。そうした状況で、「不思議な普請」については、「誰に頼みはかけんでな」（二ッ）と仰せくださっていることは、人々にとって一つの驚きではなかったでしょうか。

七下り目でも、ひのきしんについて「むりにどうせといはんでな　そこはめい〳〵のむねしだい」（六ッ）と教えていただいているように、親神様は常に、私たち一人ひとりの心を尊重してくださっているのです。したがって、決して無理強《じ》いをなさらないのは言うまでもなく、頼んでしてもらうことさえなされず、あくまでも私たちが自ら進んで行うことをお待ちくださっているのです。それは、おさしづに、

人間というものは、身はかりもの、心一つ我《わ》がもの。たった一つの心より、どんな理も出る。
（明治22・3・5　補遺）

とありますように、同じことをするのであっても、私たちがどんな心でそれを行うかによって、親神様がお受け取りくださる「理」も、また、それによってお見せいただくご守護の理も、変わってくるからではないでしょうか。

その分かりやすい一つの話として、『稿本天理教教祖伝逸話篇』一四四に「天に届く理」という逸話があります。明治十七年三月、突如《とつじょ》お屋敷にやって来た巡査が、「御供《ごく》」と、そこに居合わせた鴻《こう》田忠三郎《だちゅうざぶろう》先生（57歳）が書いていた「古記《こき》」を見つけたことを理由に、教祖（87歳）と鴻田先生を奈

良監獄署に拘留《こうりゅう》したときのことです。

拘留中のある日、鴻田先生が獄吏《ごくり》から命じられた便所掃除を終えて教祖の御前《おんまえ》に戻ると、教祖は、「鴻田はん、こんな所へ連れて来て、便所のようなむさい所の掃除をさされて、あんたは、どう思うたかえ」と、お尋ねになったそうです。

普通ならば、理不尽な理由で拘留されたうえに、いやがらせで汚い便所掃除まで命じられた信者さんに対しては、「ご苦労さん」とねぎらったり、「苦労かけてごめんね」と謝ったりしてしまいがちですが、教祖は、鴻田先生がどんな心で便所掃除を行ったかをお確かめになられたのです。

そこで鴻田先生は、「何をさせて頂いても、神様の御用向きを勤めさせて頂くと思えば、実に結構でございます」と申し上げました。すると教祖は、

「そうそう、どんな辛《つら》い事や嫌《いや》な事でも、結構と思うてすれば、天に届く理、神様受け取り下さる理は、結構に変えて下さる。なれども、えらい仕事、しんどい仕事を何《な》んぼしても、ああ辛いなあ、ああ嫌やなあ、と、不足々々でしては、天に届く理は不足になるのやで」

と仰せくだされたというのです。

この逸話は、奈良監獄署という、お屋敷から離れた場所での出来事だったという点が特に注目されます。すなわち、たとえおぢばから離れた場所であっても、なんでも親神様の御用と思って喜んでつとめさせていただけば、親神様はその心をちゃんとお受け取りくださるということであり、反対に、たとえ、おぢばや教会でどれだけ大変な御用をしていたとしても、それを不足心でつとめていれば、

お受け取りいただくものは何もない（不足）ということでしょう。

　さて、一般に普請は広く人々に頼んで行うものですから、誰かに頼まなければ、普通は「普請」は出来ないはずです。それにもかかわらず、お道の普請の場合は、誰かに頼まずとも、「みなだん〱とせかいから　よりきたことならでけてくる」（三ッ）との仰せのように、人々のほうから寄り集まって出来てくるので、「不思議な普請」と呼ばれるのでしょう。

　目に見える形のうえでの普請ということで言えば、まさに元治元年の「つとめ場所」の普請がそうでした。すなわち、三下り目でも述べましたように、元治元年の「つとめ場所」は、誰かに頼んだわけではないのに、「たすけられたご恩を感じ、何かお礼をさせてもらいたい」という人々が、まさに「寄り来た」（三ッ）ことによって出来ていったのです。

　そして、八下り目での話題である、世界たすけという普請についても同様で、誰かに頼んで進めていくことはせずに、人々が自主的に寄り来ることによって進んでいくのだと仰せくださるのでしょう。

　その具体的な例として、先ほどの元治元年の「つとめ場所」の普請が大和神社のふしによって一時頓挫《とんざ》したときに、飯降先生が報恩《ほうおん》の心を失わずに、お屋敷に通い続けた（寄り来た）からこそ、教祖に接し、教えを聞かせてもらう機会も増えて、飯降先生自身の心の成人が進んだのであり、お道全体としても「ひのきしん」という教えが示され、世界たすけの普請が大きく前進したと言えるのです。

　このように世界たすけという普請においては、人々の自主性が何よりも尊ばれるわけですが、もちろんそこには、子供の自主性を育《はぐく》む親の働きが欠かせないことは言うまでもありません。実際に、教

よりきたことなら
でけてくる

報恩の心で
寄り来たならば

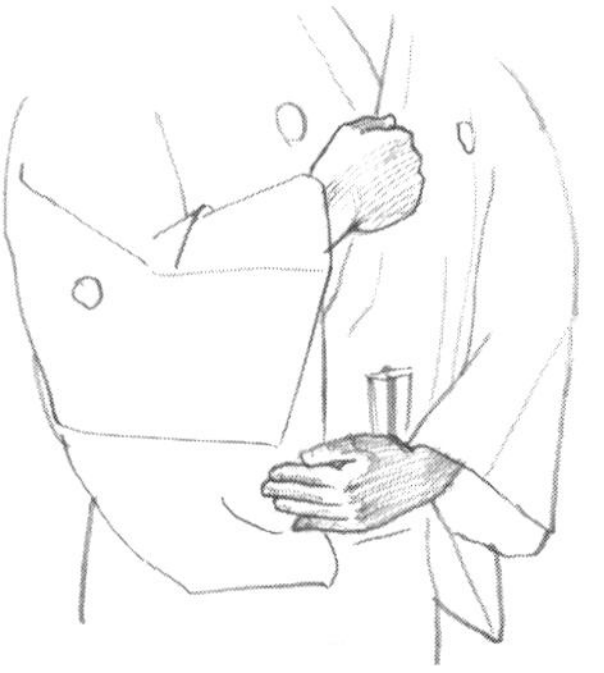

世界たすけの普請
も出来てくる

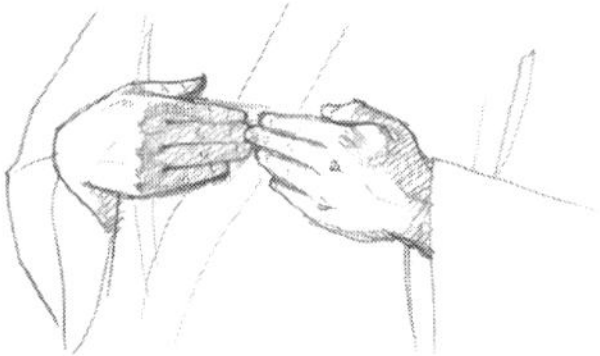

祖が二十数年にもわたって人々を温かく導き育ててくだされたからこそ、元治元年の「つとめ場所」の普請も出来ていったのであり、人々の心の普請も進んでいったのです。

現在でもおぢばや教会においては、神殿建築などの「形の普請」が行われ、それとともに、人々の「心の普請」が進められています。その際に、教会長やよふぼくは、周りの人や次の世代の若者が、義務や強制からではなく、自ら進んでおぢばや教会に寄り来て普請に取り組み、心の成人をしていけるように、広く大きな心をもって導き育てていきたいものです。

四ッ　よくのこゝろをうちわすれ
とくとこゝろをさだめかけ

ここまでのお歌では、親神様は、広い世界や国中《くになか》に、普請における「石」や「立ち木」のような、世界たすけのための人材がいないかと探されつつも（一ッ）、世界たすけという不思議な普請は誰かに頼んでするものではなく（二ッ）、ご恩を感じた人々が世界のほうからだんだんとお屋敷に寄り集まってきて出来てくるものだ（三ッ）と教えてくださっています。

さて、四ッのお歌では、そうして世界のほうから人々が寄り集まってくるのに備えて、すでにお道に引き寄せられ、親神様の世界たすけの普請を手伝う立場にある者に対して、「欲の心をすっかり忘れ、念入りに心を定めかけ」（四ッ）と仰せいただいているのではないかと拝察します。

おさしづに、

澄んだ道から澄んだ心が鏡やしき。　（明治28・3・18）

鏡やしきに曇りありては救《たす》ける事は出けん。　（明治22・7・31）

とあります。鏡やしきともいわれる「お屋敷」にいる人々の心が澄みきらない状態では、親神様は十分に働くことができず、せっかく世界から人々が寄り集まってきたとしても、普請の人材として働いてもらう道が開けてこないということではないかと拝察します。

それでは具体的に、人々のどのような状態が良くないと仰せくださっているのでしょうか。おさしづに、

このやしきは鏡やしきと言うは、心でもう言おうか出そうかと、心の底で思う事、このやしきで、罪という。　（明治21・8・30）

とあります。つまり、口には出さなくとも、心の中で悪《あ》しきことを「言おうかな、どうしようかな」と思うだけでも、それが「罪」になると仰せくださっているのです。そして、続いて、

罪はすっきりと思わんよう、作らぬよう。心で心罪《こころづみ》作っては、人を育てられるか育つか、寄せられるか〳〵。 (同)

とありますように、お屋敷にいる人々が、そうした悪しき心づかいをして、心で罪を作っていると人を育てることができず、そのために世界から人を引き寄せても仕方がないと教えてくださっているのだと拝察するのです。

同じことは、おぢばから理のお許しを頂戴《ちょうだい》している教会についても当てはまることでしょう。おさしづに、

濁《にご》り言葉は無けれど、心に濁りありてはどうもならん。 (明治28・3・18)

とあります。教会長家族や役員や信者の間で、お互いに口には出さなくとも、「あの人とは意見が合わない」「あの人のやり方は気に食わない」「あの人は上手《うま》くいっていて、羨《うらや》ましい」などと、恨《うら》み心や妬《ねた》み心などの心のほこりが渦巻いていると、当然、教会に寄り来る人々の心を曇らせてしまうことになるでしょう。

したがって、これから世界たすけという大きな普請に取りかかるに際しては、おさしづに、

よそのほこりは見えて、内々のほこりが見えん。（中略）初めは少しの埃《ほこり》でも掃除する。なれども、もう箒《ほうき》は要《い》らんと言う。さあ積もる〳〵。 (明治24・11・15)

とありますように、人のほこりばかりに目がいき、肝心の自分の胸の掃除が疎《おろそ》かになってしまうことがないように、それぞれが欲の心を打ち忘れ（四ッ）、教えの理に照らして、よくよく自分の心を定める（四ッ）ことが肝心なのでしょう。

ところで、「とくとこゝろをさだめかけ」の「さだめかけ」の手振りは、「いしもたちきもないかいな」（一ッ）の「ないかいな」と同様に、「オサエの手」で、左前より斜め右後ろへ、右前より斜め

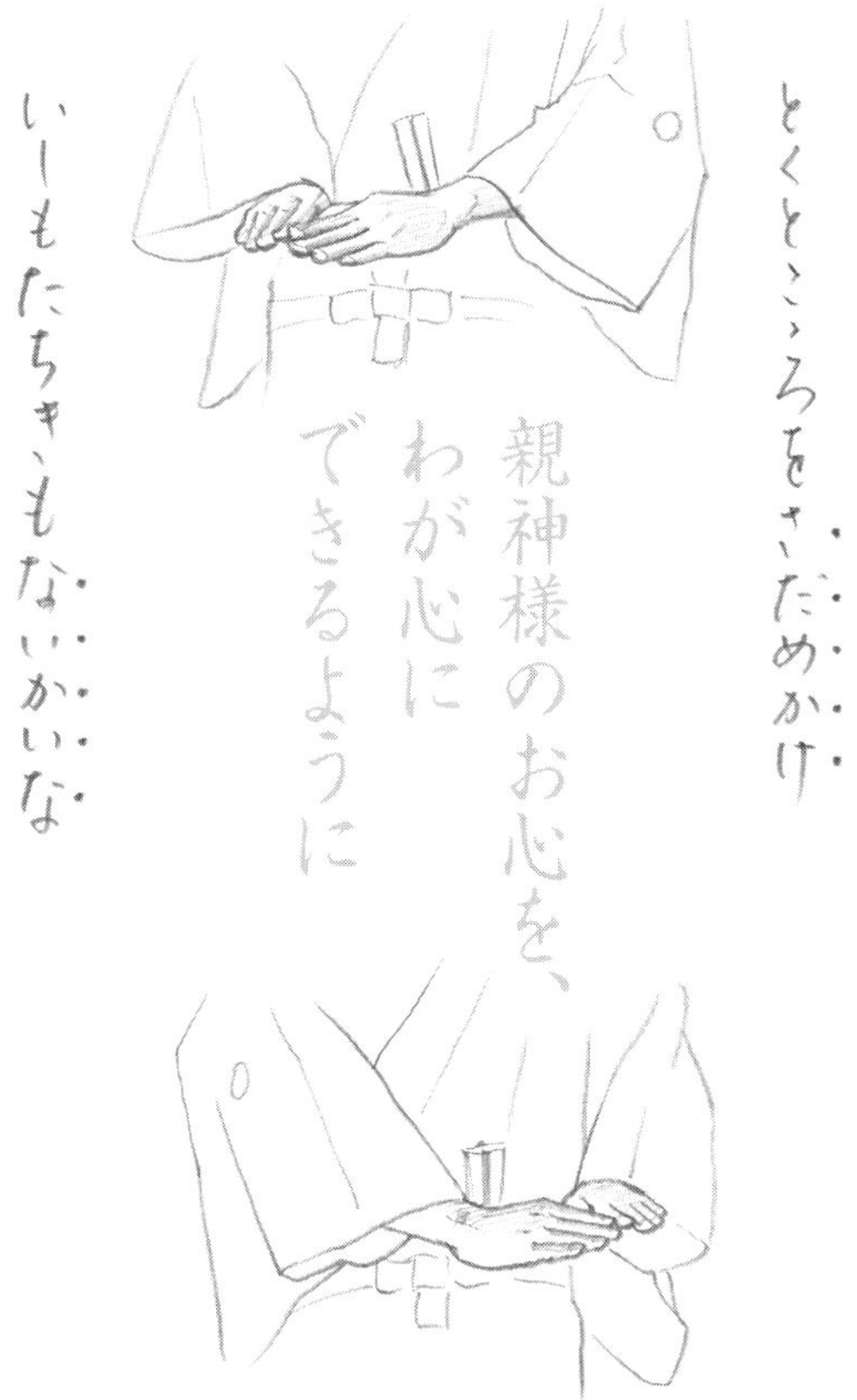
とくとこゝろをさだめかけ
いしもたちきもないかいな
親神様のお心を、
わが心に
できるように

左後ろへ、左前より斜め右後ろへと三回引きます。ただし、「ないかいな」は、探るような気味に平らに引くのに対して、「さだめかけ」は、押さえ気味に引きます。ここから一つの悟りとしては、親神様の世界たすけの普請を手伝う立場にある者は、「石も立ち木もないかいな」と親神様が見定めていく人材を、自分の偏見や考えを捨てて（欲を忘れて）、そのまま素直に受け入れさせてもらう（心を定めかけていく）ことが大

切なのではないかと拝察します。

おぢばや教会には、いろいろな人が引き寄せられてきます。そのなかには、自分と合う人もいれば、そうでない人もいるでしょう。しかし、お屋敷や教会にいる者が人を好き嫌いで判断し、自分の気に入る人だけを重宝《ちょうほう》して、そうでない人には心をかけないというようなことでは、世界たすけの普請はなかなか進まないでしょう。教会長やよふぼくは日々、自らの心を澄ます努力をし、どの人も親神様の深い思召《おぼしめし》があって引き寄せられた人だと思って、低く優しい心で接していけるように、自らの心をだんだんと定めかけていきたいものです。

五ッ　いつまでみあわせゐたるとも　うちからするのやないほどに

五ッのお歌では、「いつまで普請を見合わせていても、内からするのではない」と教えていただきます。これは、何か事情（ふし）が起こって、人々の心の成人が止まり、世界たすけの普請を一時見合わせざるを得ないような状態が続いたとしても、内々の者や、やる気のある者だけで普請を進めたりしてしまわないように、ということではないかと拝察します。

なぜならば、お道の普請の目的は、あくまでも一人でも多くの人に成人してもらうことにあるからであり、せっかく、頼むのではなく、わざわざ人々が寄り来るのを待って進めてきた普請を、内々の者だけで進めてしまっては元も子もないからでしょう。

さて、教会活動は、本来は世界たすけの普請を進めるために行うものであり、行事一つ取っても、その行事を通じて、一人でも多くの人に心の成人をしてもらうことが目的のはずです。ところが、だんだんと年月を重ねていくうちに、行事を行うこと自体が目的になってしまい、いつもの人で、いつものように行事を行えば、それで務めを果たした気になってしまうことがあります。

もちろん、行事を継続していくことも大切であり、単純に、参加者も多いほうがいいでしょう。しかし重要なことは、行事を含め、教会活動によって、だんだんと世界から人々がこの道に寄り来るようになり、人々の心の成人が進み、世界たすけの普請そのものが進んでいくということではないでしょうか。

六ッ　むしやうやたらにせきこむな
　　　むねのうちよりしあんせよ
七ッ　なにかこゝろがすんだなら
　　　はやくふしんにとりかゝれ

ここまでのお歌では、親神様は広い世界や国中に、世界たすけのための人材を探されつつも（一ッ）、世界たすけという不思議な普請は誰かに頼んでするものではなく（二ッ）、ご恩を感じた人々が世界のほうからだんだんと寄り来ることによって出来てくるものだ（三ッ）と仰せになっています。そして、親神様の世界たすけの普請を手伝う立場にある者は、そうした寄り来る人々を受け入れるためにも、欲の心をすっかり忘れて、しっかりと心を定めるようにし（四ッ）、たとえ「世界から」人々がなかなか寄ってこず、普請をしばらく見合わせることがあったとしても、「内から」することがないように（五ッ）と仰せくださっているのでしょう。

このような流れのなかで、六ッのお歌を理解させてもらうと、「無性《むしょう》やたらに急《せ》き込むな、胸の内より思案せよ」と仰せくださっているのは、親神様の世界たすけの普請を手伝う立場にある者に、普請本来の目的を見失わないよう、よくよく思案することをお促しくださっていると拝察できます。

形の普請においても、普請に携《たずさ》わる者が、自らの胸の内を省《かえり》みることなく、また、確固とした報恩感謝の心を持たないまま急き込んでしまうと、たとえ一時的な盛り上がりを見せても、身上や事情が現れた途端に普請が中断してしまうことになりかねません。それは、元治元年の、いわゆる「つとめ場所」の普請において人々が実際に経験したことです。

それと同様に、世界たすけの普請を推し進めるに際しては、それを推進する者が、常に自らの心を澄ます努力をし、人をたすける心でいないと、だんだん人間思案が生じて、せっかくお道のためにと始めたさまざまな動きが、人々の成人を促すどころか、かえって人々の信仰を鈍《にぶ》らせる結果にもつながりかねません。

たとえば、明治十七年に大阪で始まった教会設置運動は、翌十八年に全国的な運動へと展開していったものの、次第《しだい》に人間思案が強まり、親神様の思召から遠ざかっていってしまいました。そして結局、その後の会議の席上で、出席者の一人が腹痛を起こして倒れたことをきっかけに、

「さあ〳〵今なるしんばしらはほそいものやで、なれど肉の巻きよで、どんなゑらい者になるやわからんで」（『稿本天理教教祖伝』第九章「御苦労」）

という、教祖からのお言葉を頂戴し、お屋敷を中心とした教会設置運動へと切り替わっていったのです。

さて、おさしづに、

不思議の中で小言はこれ嫌い、陽気遊びのようなが神が勇む。（明治23・6・17）

とあります。普請をはじめ、親神様の御用をするに際しては、三歳児《さんさいじ》が陽気に遊んでいるような心持ちで、欲を離れ、明るく勇んで取りかからせていただくことが肝心であり、そこに、親神様がお勇みくださり、人々にたすかってもらえる理もあるのでしょう。

もちろん、初めから心を澄みきらせ、人をたすける心へと完全に入れ替えるのは難しいことでしょう。そこで「何か心が澄

自らの心を澄ます

なにかこゝろがすんだなら

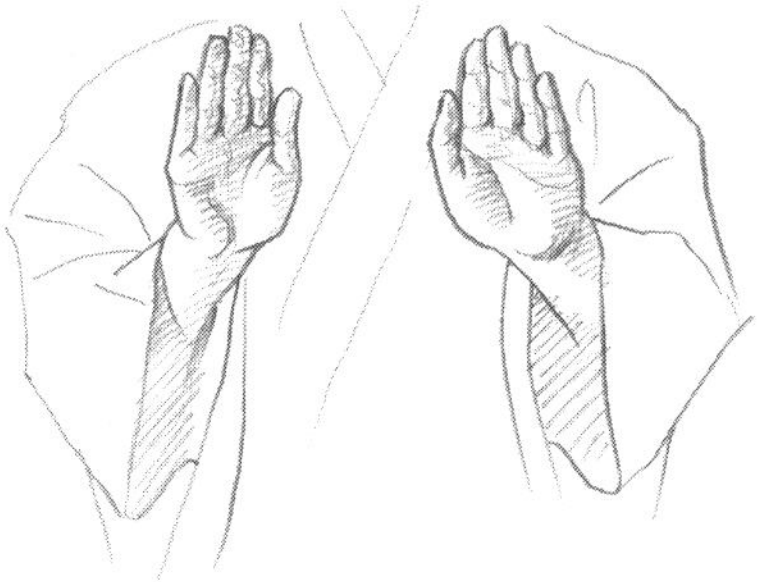

んだなら、早く普請に取りかかれ」（七ッ）と教えていただくように、心静めて親のお心を思案し、少しでも自らの心が澄んできたならば、すぐに世界たすけの普請に取りかかることが大切なのでしょう。そうすればきっと、その実践のなかで、なお一層心を澄ませていくことができるのだと信じます。

八ッ　やまのなかへといりこんで
　　　いしもたちきもみておいた
九ッ　このききらうかあのいしと
　　　おもへどかみのむねしだい

人々の心が澄んできて、いよいよ世界たすけの普請に取りかかることになったときには（七ッ）、親神様は先回りをして山の中へと入り込んで、普請における「石」や「立ち木」のような、世界たすけのための人材をあらかじめ見ておいてある（八ッ）とお聞かせくださっています。

宮大工の口伝《くでん》の一つに、「木は生育《せいいく》のままに使え」という教えがあるそうです。すなわち、木を買う際にはできるだけ山に入って、その木がどんなふうに生えているのかを見に行くようにというのです。なぜならば、「木」は、日当たりや土壌《どじょう》など、育った環境の影響を強く受け、それが木の「癖《くせ》」として、伐《き》り出されて材木になった後にも出てくるからだそうです。したがって、山の中での立ち木の生育状況をよく見て、山の南側斜面に育った木は建物の南側に使ったり、右ねじれと左ねじれの木を上手《じょうず》に組み合わせたりするなど、一本一本の木の性質をよく見極めて組み立てることが大切なのです。

それと同様に、世界たすけという壮大な普請においても、人々の一手一つが求められますから、親神様は「山の中へと入り込んで」（八ッ）、わざわざ人々の生まれ育った環境をご覧になり、一人ひとりの現在の心だけではなく、その人のいんねんをも見定めて、「この木を切ろう」（九ッ）と、その人を御用に使うことをお決めくださっているのだと拝察します。

山に入り木を伐り出す

たとえば、増井りん先生は入信されたときに、

「さあ〳〵いんねんの魂、神が用に使おうと思召《おぼしめ》す者は、どうしてなりと引き寄せるから、結構と思うて、これからどんな道もあるから、楽しんで通るよう」（『稿本天理教教祖伝逸話篇』三六「定めた心」）

といったお言葉を、教祖から頂戴されています。

このように考えますと、私たちが、お道のまだ広まっていないところへ、にをいがけ・おたすけに回らせていただくことは、親神様があらかじめ見定めておい

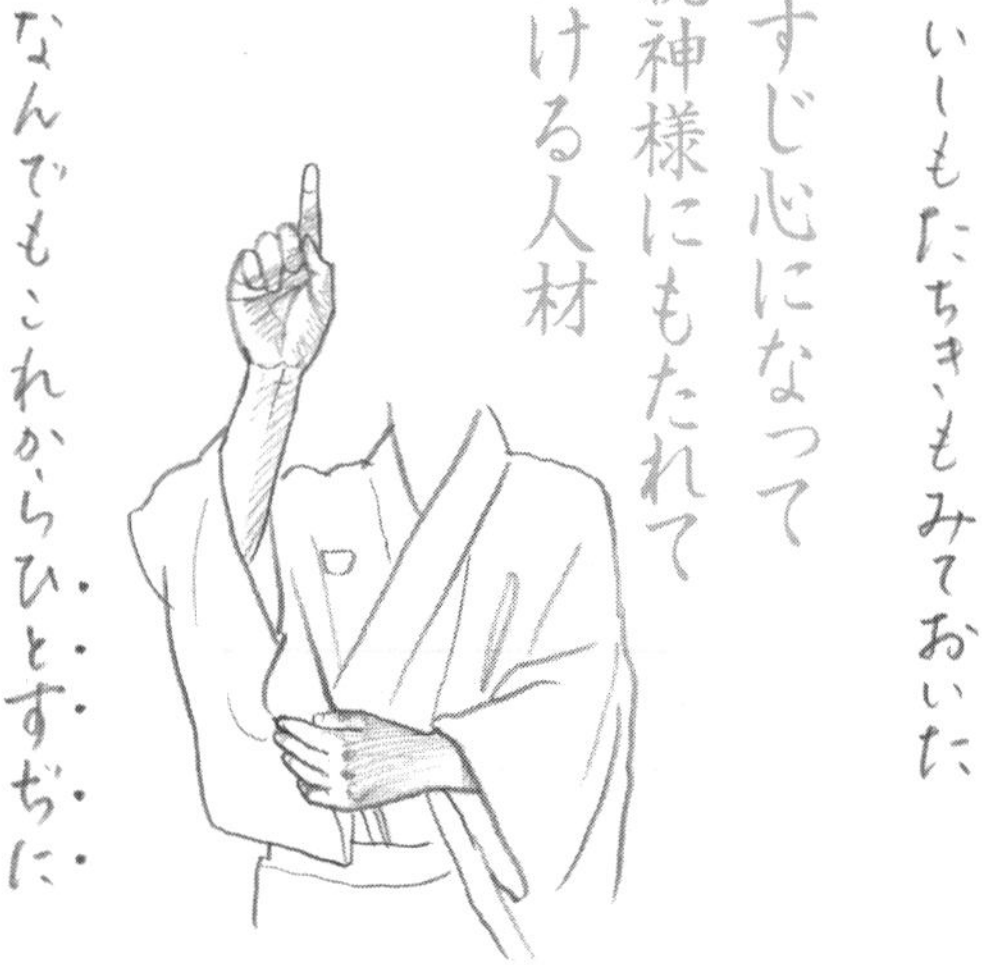

いしもたちきもみておいた
一すじ心になって
親神様にもたれて
いける人材
なんでもこれからひとすぢに

てくださった「石」や「立ち木」を求めて、教祖のお供《とも》をして山の中へと分け入っていくようなものだと言えます。

そして、「この木を切ろうか、あの石を、と思えど、神の胸次第」（九ッ）とありますように、この道に引き寄せられる人は、その時期も含めて、親神様の深い思召によって決まるのだと言えるのです。

ですから、私たちは、にをいがけ先で出会う人や教会に来られる人を、苦手《にがて》とか合わないとか、自分の都合で選《え》り好みをしないように気をつける必要があるのです。そのためにも、「やまのなかへといりこんで」の「いりこんで」のお手が、「ひのきしん」（三下り目八ッ、七下り目一ッ）と同じお手であることをよく思案して、世界たすけのための人材探しを、ご恩返し、すなわち「ひのきしん」だと思ってつとめることが肝心だと言えるのです。

さて、「いしもたちきもみておいた」（八ッ）の「たちきも」の手振りは、三下り目の「なんでもこれからひとすぢに　かみにもたれてゆきまする」（七ッ）の「ひとすぢに」と同じ手振りをします。

ここから思案して、親神様が探される世界たすけのための「柱になるような人材」とは、まずは何よりも、一すじ心になって親神様にもたれていけるような人材であると悟ることができます。

その一方で、おふでさきに、

だん／＼とをふくよせたるこのたちき
よふほくになるものハないぞや　（三　49）
いかなきもをふくよせてハあるけれど
いがみかゞみハこれわかなハん　（三　50）

とあります。すなわち、親神様からすれば、せっかくこの道に「たちき（立ち木）」として引き寄せても、実際に、一本一本を見たときに、歪《ゆが》んだところがあったり、折れ曲がった部分があっては、そのままでは「よふぼく（用木）」として使うことはできないとも仰せくださっていると拝察します。

そこで、この道に引き寄せられた者は、単に一すじ心になって熱心に信心するだけでなく、自らの歪んだところ、折れ曲がった心を真っすぐに直していくことが大切になってくるのでしょう。

教祖は、入信して間もないころの梅谷四郎兵衛先生に、

「やさしい心になりなされや。人を救《たす》けなされや。癖、性分《しょうぶん》を取りなされや」（『稿本天理教教祖伝逸話篇』一二三「人がめどか」）

とお聞かせくだされました。

初代として引き寄せられる人もいれば、教会や信者家庭に生まれて、この道に引き寄せられる人もいるでしょう。いずれの場合でも、せっかく親神様が早くにこの道に引き寄せてくださったのですから、親神様に伐り出していただいて、「よふぼく」として使っていただけるように、自らの癖、性分

を取って、優しい心、人をたすける心を培《つちか》っていきたいものです。

十ド　このたびいちれつに すみきりましたがむねのうち

おふでさきに、

せかいぢうみな一れつハすみきりて
よふきづくめにくらす事なら
（七 109）

とありますように、親神様がお望みくださるのは、世界中の人々の心が澄みきり、すべての人が陽気づくめに暮らすことです。

八下り目では、まさにそのための段取りを普請になぞらえて教えてくださり、私たちが将来、「このたび（世界）一れつに、澄みきりましたが、胸の内」（十ド）といって、世界中のみんなの心が澄みきって陽気づくめに暮らすことを、親神様がお待ちかねであると教えてくださっているのだと拝察します。

「すみきりましたがむねのうち」の「すみきり」の手振りは、両平手で胸三寸を祓《はら》う手をし、「ましたが」の手振りは、上下に円を描く手をすると教えられます。これらの手振りから思案しますと、一人ひとりの人間が、「あしきはらい」と胸の掃除をするようになり、人をたすける優しい心になって

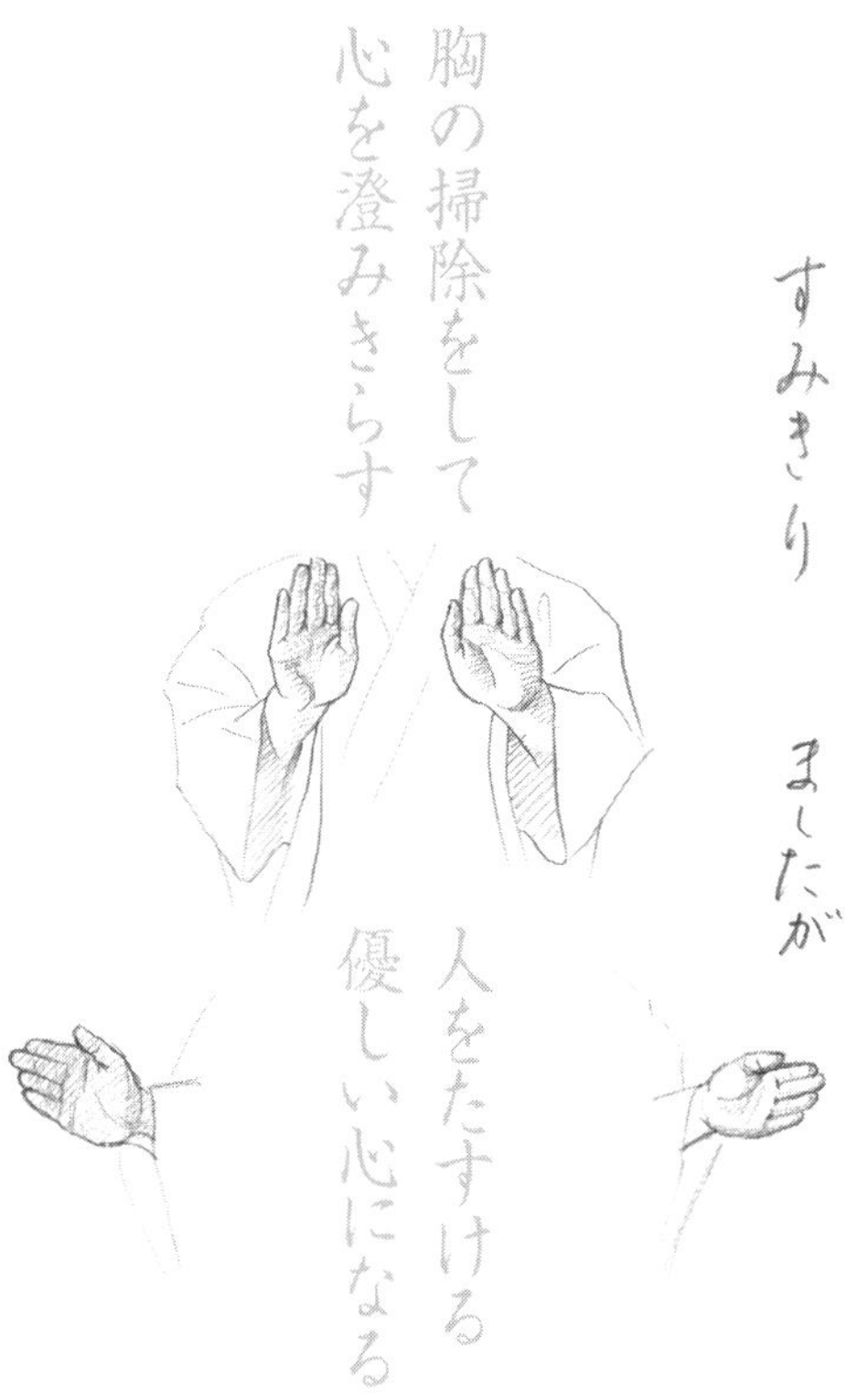
すみきりましたが
胸の掃除をして
心を澄みきらす
人をたすける
優しい心になる

くることが、世界中の人が陽気づくめに暮らすうえで何よりも大事なことであると悟らせていただけます。

さて、小規模の範囲で見れば、四下り目で述べられていますように、人々がだんだんとおぢばに帰るようになり、そこで教えを聞いて、欲を離れて心を澄みきらせていくようになれば、「このたびむねのうち　すみきりましたがありがたい」（四下り目十ド）と、まるで極楽にいるように、ありがたく感じられるようになるのでしょう。

しかし、おふでさきに、

せかいぢうをふくの人てあるからに
これすまするがむつかしい事　（五　75）

とありますように、親神様は、世界中には多くの人がいるから、その心をすべて澄ますことは、実際にそう簡単なことではないと仰せくださっています。

そのうえで、

いかほどにむつかし事とゆうたとて
わが心よりしんぢつをみよ
（五　76）

とありますように、どれほど難しかろうとも、私たち一人ひとりが、他人の心を変えようとするのではなく、自分自身の心を澄ます努力をして、人をたすける誠真実《まことしんじつ》の心になるようにと仰せくださっているのです。

ある先人の先生は、「おたすけ人衆が自分を中心に考えるから、こんなにしたのに先方は少しも聞かない、何という恩知らずだろうと不足をするようになるのであります。元をよく考えましたならば、皆お互い様は神様に御苦労頂いて、また先生方に血の病を出させるくらいに心配をかけて、たすけて頂いたのでありますから、そのご恩返しをしているのですから、先方がどうであろうが、こちらはそれがつとめであり、さんげであると考えて、どこまでも人様本意にさして頂くことが大切であります」（高井猶久編『教祖より聞きし話・高井猶吉』）と話されています。

私たちの普段の信仰生活を振り返ったときに、にをいがけ先や信者さんになかなか分かってもらえず落ち込んでしまったり、あるいは、長年にわたって信仰している人から不平や不満を聞いて悲しくなったり、腹立たしく思ってしまうことがあるかもしれません。しかし、そんなときには、相手の心にばかり目がいき、自らの心を澄ます努力を忘れてはいないかと振り返り、たすけの主はあくまでも親神様であり、人だすけは自分自身のご恩報じのためにさせてもらっているのだと思い起こすことが大切なのでしょう。

おふでさきに、

このみちをはやくをしへるこのつとめ
せかい一れつ心すまする　（七　99）

とありますように、親神様は世界一れつの心を澄ます元立てとして、かんろだいのおつとめを教えてくださりました。その一方で、

たん〳〵とつとめをしへるこのもよふ
むねのうちよりみなそふぢする　（七　95）

と、人々の胸の掃除をお急《せ》き込みくだされ、心勇んで、親神様にもたれて、陽気におつとめをする、つとめ人衆が揃《そろ》うのを、お待ちかねくだされているのです。

八下り目では、まさに人々が自らの胸の掃除を心がけつつ、世界一れつの心を澄ます元立てとしてのおつとめの完成を目指して、にをいがけ・おたすけに励《はげ》むことをお促しくださっているのだと拝察します。

そして、同様のことは、おぢばの理を受けた教会においても当てはまります。教会に引き寄せられた者が教えの理を聞き分け、それを実践するなかで、常に自らの胸の掃除に励み、たすけづとめを勤める人々をご守護いただけるように、にをいがけ・おたすけに励ませてもらうことを求められているのでしょう。そうした誠の心を持った人が増えることによって、その土地所における人々の胸の内が澄みきっていき、陽気づくめの暮らしが実現していくのではないでしょうか。

「お歌」

一ッ ひろいせかいやくになかに
　いしもたちきもないかいな

二ッ ふしぎなふしんをするなれど
　たれにたのみハかけんでな

三ッ みなだん〳〵とせかいから
　よりきたことならでけてくる

四ッ よくのこゝろをうちわすれ
　とくとこゝろをさだめかけ

五ッ いつまでみあわせゐたるとも
　うちからするのやないほどに

「一つの悟りとしてのまとめ」

広い世界や国の中に(ひろいせかいやくになかに)、世界たすけにおいて、「柱」になるような人材(立ち木)や、それを支える「土台」となるような人材(石)はいないだろうか(いしもたちきもないかいな)。

こうして世界たすけという不思議な普請《ふしん》をするけれども(ふしぎなふしんをするなれど)、一般の普請のように、誰かに頼んでするようなものではない(たれにたのみハかけんでな)。

それは、元治元年のつとめ場所が、みんながだんだんと寄り集まってきて出来てきたように、ご恩を感じた人々がだんだんとお道の外(世間)からお屋敷に寄り集まってきたら(みなだん〳〵とせかいから よりきたことなら)、出来てくるのである(でけてくる)。

世間のほうから人々が寄り集まってくるのに備えて、すでにお道に引き寄せられ、親神様の世界たすけの普請を手伝う立場にある者は、欲の心をすっかり忘れて(よくのこゝろをうちわすれ)、世界たすけのための人材を探される親神様のお心をわが心にできるように、念入りに心を定めかけるようにせよ(とくとこゝろをさだめかけ)。

不思議な普請をいったん止めて、しばらく様子を見守ることが続いたとしても(いつまでみあわせゐたるとも)、あくまでもお道の普請は、人々に真実の心を寄せてもらうことが目的だから、お道の内の者だけ

六ッ　むしやうやたらにせきこむな
　　むねのうちよりしあんせよ
七ッ　なにかこゝろがすんだなら
　　はやくふしんにとりかゝれ
八ッ　やまのなかへといりこんで
　　いしもたちきもみておいた
九ッ　このききらうかあのいしと
　　おもへどかみのむねしだい
十ド　このたびいちれつに
　　すみきりましたがむねのうち

で行ったりしてしまわないようにしてもらいたい（うちからするのやないほどに）。

つまり、普請を進める立場にあるお道の内の者は、むやみやたらに普請を急《せ》き込むな（むしやうやたらにせきこむな）。普請本来の目的を見失わないように、よくよく思案せよ（むねのうちよりしあんせよ）。

そして、親のお心を思案し、少しでも自らの心が澄んできたならば（なにかこゝろがすんだなら）、すぐに人だすけの普請に取りかかれ（はやくふしんにとりかゝれ）。

人々の心が澄んできて、いよいよ普請に取りかかるときには、親神様は、すでに先回りをして山の中へと入り込んで（やまのなかへといりこんで）、普請における「石」や「立ち木」のような、世界たすけのための人材をあらかじめ見ておいてある（いしもたちきもみておいた）。

この人を用木として使おうか、あの人を用石として使おうと思っても（このききらうかあのいしと　おもへど）、親神様の胸次第《しだい》（かみのむねしだい）で決まる。

こうして、だんだんと人々を引き寄せて、「このたび、世界の人々が一様に（このたびいちれつに）、胸の内が澄みきりました」（すみきりましたがむねのうち）ということが不思議な普請の目指すところである。

以上のように拝察する。

九下り目

一ッ　ひろいせかいをうちまわり　一せん二せんでたすけゆく

八下り目を振り返りますと、親神様は、「広い世界や国中《くになか》に石も立ち木もないかいな」（一ッ）と、世界たすけのための人材を探され、「山の中へと入り込んで石も立ち木も見ておいた」（八ッ）と、すでに山の中に入って人材（用木や用石）の検分をしてあると仰せくださっています。

それを受けて九下り目では、親神様が、不思議なたすけをしていきながら、世界たすけのための人材（用木や用石）を山の中から引き出していくことについて教えてくださっているように拝察します。

まず、「広い世界をうちまわり」の「うちまわり」についてですが、「うちわすれ」（八下り目四ッ）と同様に、「うち」という言葉を、「まわり」という動詞の意味を強める言葉（接頭語）と見なして、「隈《くま》なく回る、あるいは、力強く巡回する」と解釈できます。

ただし、手を二回打つことから、よふぼくが取り次ぐ「おさづけ」の柏手《かしわで》（二拍手《はくしゅ》）であるという解釈もできます。また、人ではなく、親神様が手を打っていると考えて、お座敷で手をたたいて人を

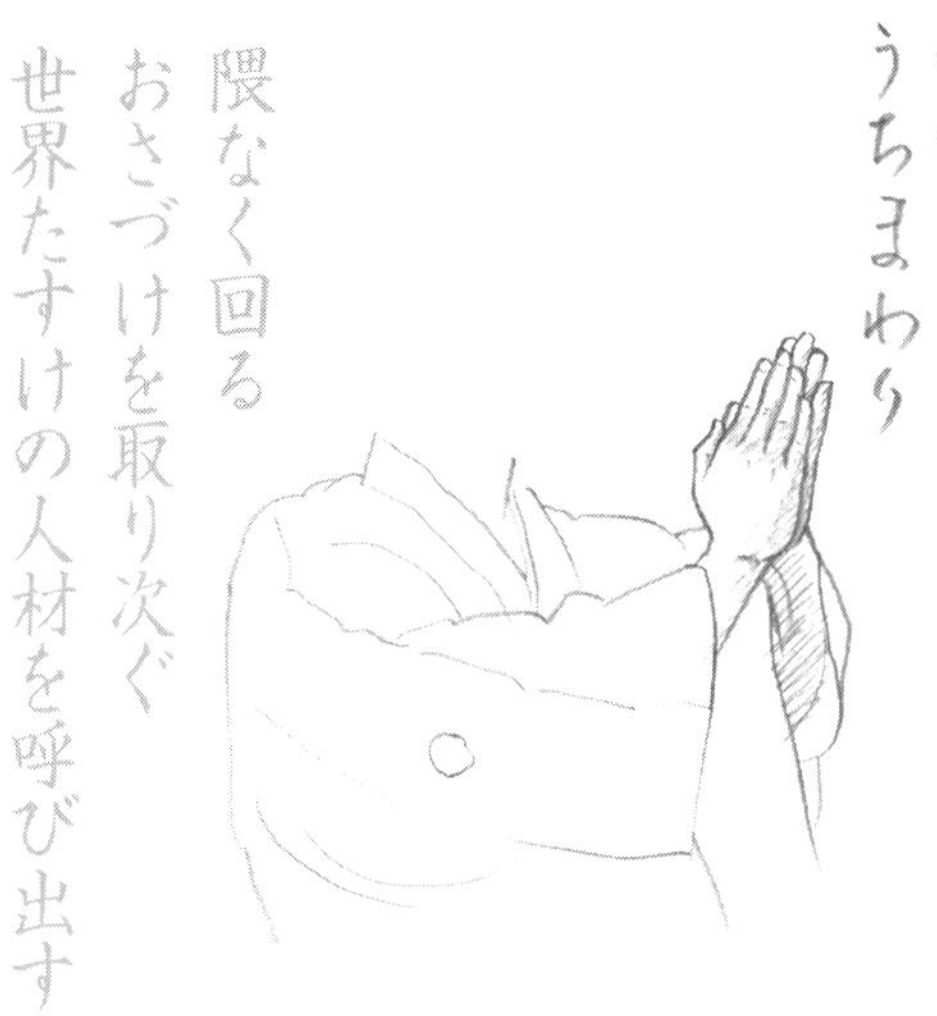
うちまわり
隈なく回る
おさづけを取り次ぐ
世界たすけの人材を呼び出す

呼び出すように、親神様が世界たすけの人材を呼び出している様子を表しているとも解釈できます。この場合、手を打つのが、胸前ではなく、「左肩先あたりで」（『おてふり概要』）と教えていただくのも納得《なっとく》がいきます。

これらの意味をすべて取り入れて、「親神様がよふぼくを使って、広い世界を隈なく回り、おさづけを取り次いでいくことを通して、世界たすけの人材を呼び出していく」というように理解できるかもしれません。

次に、「一せん二せんでたすけゆく」の「せん」については、「銭」、「洗」、「席」など、いくつかの漢字の候補があります。

「銭」であれば、「難儀《なんぎ》不自由している者が、命の次に大切なお金を、一銭二銭*と、たとえわずかであっても差し出すような心、つまり、欲を離れて親神様にすがる心になれば、たすけていく」と仰せくださっていると解釈できます。また、「布教師がおさづけを取り次いで、一銭二銭と、わずかな喜《き》

＊お金の単位が、「円」や「銭」となったのは明治四年であり、お歌が作られた慶応三年ごろのお金の単位は「文《もん》」でした。しかしながら、入浴料金のことを「湯銭《ゆせん》」といったり、ひげを剃《そ》り、髪を結《ゆ》う職人を「一銭剃り」と呼んでいたように、慶応三年ごろにも「銭」は、お金の意味で通用していたと考えられます。

一せん二せんでたすけゆく

一銭二銭で
一洗二洗で
一席二席で

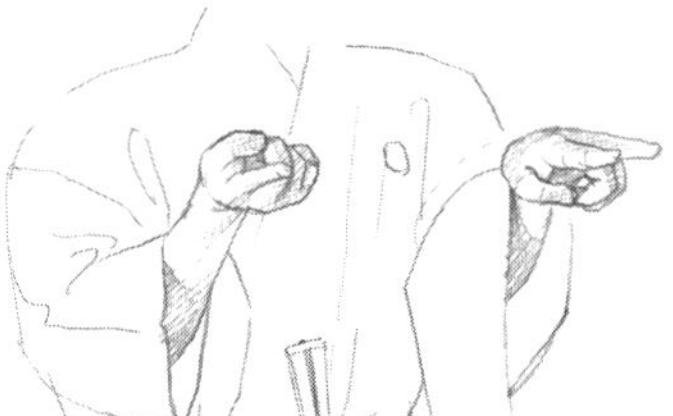

心の汚れを洗って
たすけていく

捨《しゃ》を貰《もら》って、おたすけに回る」という解釈もあります。

また、「洗」であれば、「一洗」には「悪いところを改める」という意味がありますので、「一洗二洗と人々の心を洗い清めて、たすけゆく」という解釈になります。「席」についても同様で、「親神様のお話を一席、二席と取り次いで、人々の心を洗い清めて、たすけゆく」という解釈になります。

このように当てる漢字によって、「おつくし」「おさづけ」「お話」などと、人々の心を洗う手だては異なって解釈されますが、基本的には、「一せん二せんでたすけゆく」というのは、「親神様が、人々の心の汚れを洗っていく（人々が欲を離れていく）ことによって、たすけていく」という意味で、共通して理解できるのではないかと拝察します。

ちなみに、明治十年代に先人が書き記したみかぐらうたの「写本」や、講社などが木版印刷した「私刊本」には、「銭」と漢字を当てて記したものはいくつかあるものの、「洗」や「席」など他の漢字を使ったものは、いまのところ見当たらないようです。

二ッ　ふじゆうなきやうにしてやらう　かみのこゝろにもたれつけ

さて、三下り目でも、無理な願いはせずに、「何でもこれから一すじに神にもたれてゆきまする」（七ッ）という心になるようにと教えてくださっています。

しかし、三下り目では、元の神であるとか、その思召《おぼしめし》であるとか、詳《くわ》しいことをまだ十分に理解していない段階の話として、とにかく「神」様にもたれていくことの大切さを教えてくださっていると拝察します。それに対して、この九下り目では、世界一れつをたすけていくという親神様の思召（一ッ）を聞かせていただいたうえで、その親神様のお心である「神の心」にもたれつくようにと教えてくださっているのでしょう。

それでは、人々が難儀不自由している状況のなかで、親神様のお心にもたれるとは、具体的にどういうことなのでしょうか。それを思案するうえで、次の二つの逸話が参考になります。

一つ目は、林芳松《はやしよしまつ》先生が、五、六歳のころに右手を脱臼《だっきゅう》し、祖母に連れられてお屋敷に帰ってきたときのことです。教祖は、「よう来《き》やはったなあ」とおっしゃって、入り口のところに置いてあった湯呑《ゆの》み茶碗を指さし、「その茶碗を持って来ておくれ」と仰せられたそうです。林先生は、右手が痛いから左手で持とうとすると、教祖は、「ぼん、こちらこちら」と、ご自身の右手をお上げになりました。林先生は、威厳《いげん》のある教祖のお声に、子供心の素直さから、痛む右手で茶碗を持とうとしたら、持てたというのです。そして、茶碗を持った右手は、いつしかご守護を頂いて治っていたとのことです（『稿本天理教教祖伝逸話篇』四九「素直な心」）。

この逸話から学ばせていただけるのは、難儀不自由しているなかであっても、できるとかできないとかの前に、とにかく親の声に素直に応《こた》えてみるということの大切さでしょう。それが親神様のお心にもたれるということにもつながるのでしょう。

ところが、逸話でも述べられているような「子供心の素直さ」があるうちはいいのですが、大人になるにつれて、知識や経験が増えていくと、どうしても人間思案が先に立って、素直に親の声に従えなくなりがちです。特に、自分の身上のことや、子供の事情のことなど、自分にとって触れられたくなかったり、あるいは痛みを伴ったりすることがあると、親々の前にさえ行かなくなることがあるのではないでしょうか。

しかし、よく考えますと、そうして大人になるにつれて失われていく「素直な心」を取り戻していくことこそが、信心の道を歩むということなのではないでしょうか。つまり、身上や事情は、私たちをこの道に引き寄せてくださるための「手引き」であり、また、欲深くなってきた私たちの「心」を改めさせてくれる「手入れ」でもあるのです。したがって、身上や事情に捉《とら》われることなく、私たちが一生懸命に親神様の思召を求めて教えを素直に実行していけば、身上や事情は、その務めを果《は》たして自然と解決していくはずです。

あるお道の先人の先生は、「身上は神よりの借り物。身上は心配することはいらん。神様におもたれせよ。心をしっかり改め、さんげの道を通らしてもらえ」(『教祖より聞きし話・高井猶吉』)と、何が大切なのかを簡潔《かんけつ》におっしゃっています。

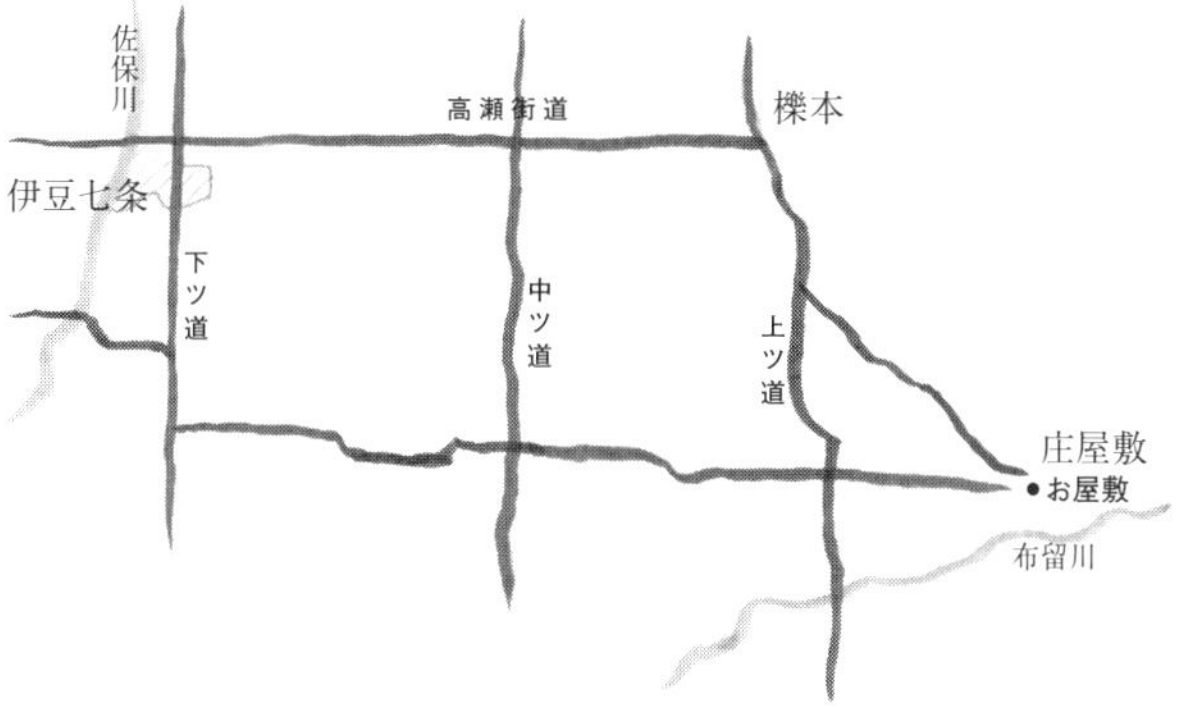

お屋敷と伊豆七条村付近

さて、親神様のお心にもたれるということを思案するうえで参考になる二つ目の逸話は、桝井伊三郎先生が十五歳のころに母親が危篤《きとく》状態になったときのことです。桝井先生は、五十町(約5・5キロ)の道のりを歩いて教祖のところへお願いに行きましたが、教祖は、

「せっかくやけれども、身上救《たす》からんで」

と仰せになりました。ほかならぬ教祖の仰せでありますから、桝井先生は家へ帰りますが、母親の苦しんでいる姿を見て再びお屋敷へお願いに行きます。しかし、教祖は重ねて、

「気の毒やけれども、救からん」

と仰せになりました。桝井先生は、そのときは得心《とくしん》して家に戻ったものの、苦しみ悩んでいる母親の姿を見て、三度、五十町の道のりを歩いてお屋敷へお願いに行ったのです。すると、教祖は、

「救からんものを、なんでもと言うて、子供が、親のために運ぶ心、これ真実やがな。真実なら神が受け取る」

と仰せくだされ、母親はご守護を頂いたというのです（『稿本天理教教祖伝逸話篇』一六「子供が親のために」）。

この逸話から学ばせていただけるのは、親を真剣に思う気持ちとともに、心を尽くしても成果が出ず、一度は諦《あきら》めてしまうようなことがあっても、そこで再び神様にすがろうと思い立ち、実行に移す心の大切さではないでしょうか。そして、実際に二度、三度と、親神様のもとに足を運ばせていただくなかに、親神様にお受け取りいただける「真実の心」が生まれてくるのだと拝察します。親神様のお心にもたれるというのは、まさに、この親神様のお心に適《かな》う「真実の心」にならせてもらうということでもあるのでしょう。

ところで、実際この逸話のように、自分や周りの人のたすかりを願って、神様に何度もお願いさせてもらったという経験のある人は結構いるのではないでしょうか。そして、お願いをさせてもらったにもかかわらず、不思議なご守護を頂けなかったという経験をして、残念に思った人もいるのではないでしょうか。

しかし、そうして何度も一生懸命にやったにもかかわらず、不思議なご守護を頂けず、一度、本当に諦めたときこそが、実は、桝井先生が一回目にお屋敷へ運んだときに、「せっかくやけれども、身上救からんで」と言われた場面に相当するのではないかと思います。すなわち、私たちが自分なりに精いっぱいやりきって、それでも結果が出なくて心が折れた、まさに、そのなかをもう一度、神様に

難儀不自由している状況のなかで
親神様を信じ、教えを実行する

すがる気持ちになれるかが重要であり、そこで初めて親神様の思召に適う「真実の心」も生まれてくるのでしょう。

さて、「もたれつけ」の手振りは、「ふじゆう」と同じ要領の手振りをしながら、上半身を後ろに反《そ》り気味にします。お手からも、難儀不自由している状況は変わらなくとも、まずは親神様を信じ、教えを実行できるかが、たすかるための重要な鍵《かぎ》になるのだと教えてくださっていると悟れましょう。

二ッのお歌は、「お道を通るうえで、どんな道中でも親神様にもたれて通りさえすれば、不自由ないようにしてやろう」と仰せくださっている、という解釈もあります。一銭二銭で苦労しながら、おたすけに回っている布教師にとっては、非常に心強いお歌として受け取れることでしょう。

三ッ　みれバせかいのこゝろにハ
よくがまじりてあるほどに
四ッ　よくがあるならやめてくれ
かみのうけとりでけんから

親神様は、「神の心にもたれつけば、不自由のないようにしてやろう」と、はっきりと約束してくださっています。ただし、そのためには、「欲があるならやめてくれ、神の受け取りでけんから」（四ッ）と仰せくださっているのです。

すなわち、人々の心に欲が混じった状態では、せっかく人々がたすけを願い出ても、あるいは、せっかく何かを尽くし運んでも、親神様としてはそれをお受け取りになることができないと、あらかじめご注意くださっているのだと拝察します。

問題は、人々の心に欲が「混じりてある」ということでしょう。つまり、完全に欲だらけの心であれば、誰もがすぐに分かるわけですが、欲が混じっているような状態の場合には、本人も周りもそれが欲であると、なかなか気づきにくいのです。

「よくがまじりてあるほどに」の「まじりて」の手振りは、物をはさんでいるような心持ちで、両平

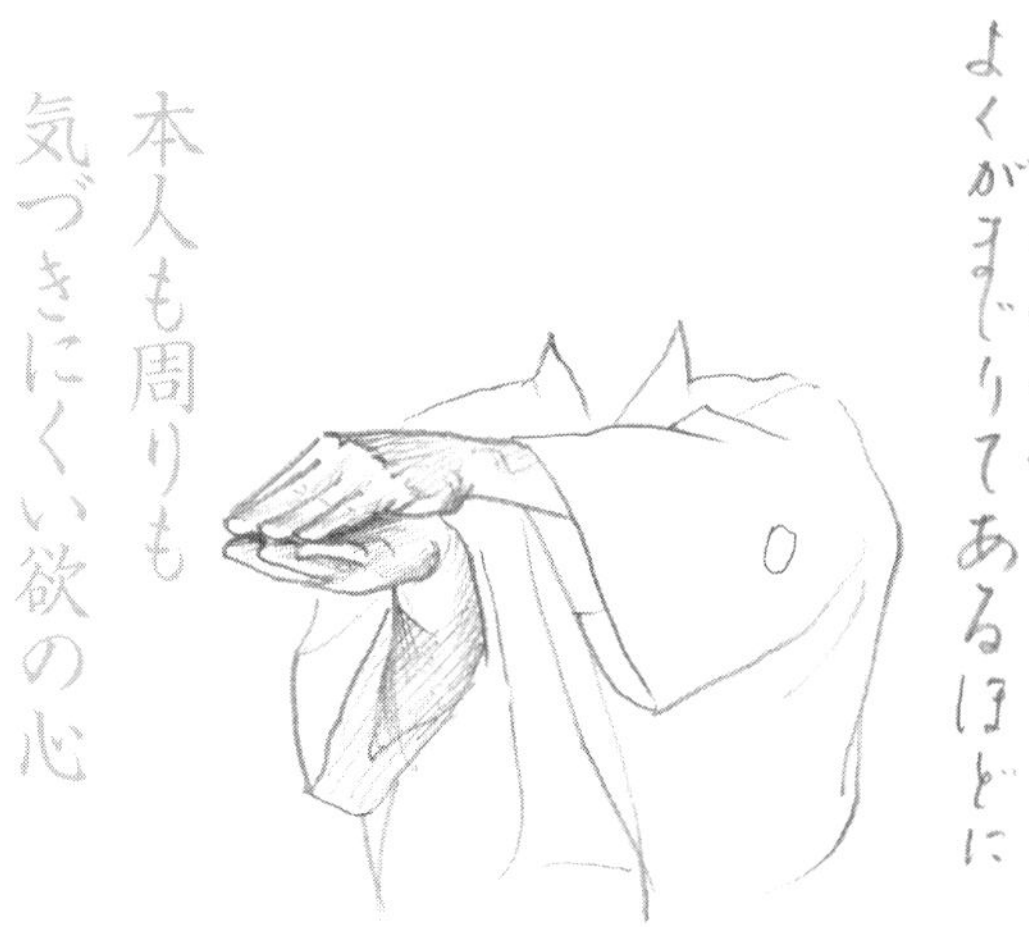
よくがまじりてあるほどに
本人も周りも気づきにくい欲の心

手の指を軽くまげて、合掌の型をすると教えられます。それはまるで、外からは何が入っているのか分からない様子を表しているようにも悟れます。

さて、それでは、心に欲が混じっているというのは、具体的にどういうことなのでしょうか。その分かりやすい例として、次の逸話があります。

あるとき、信者さんが供《そな》えたお餅《もち》を教祖にお出ししたところ、教祖が箸《はし》を持ってそれを召し上がろうとなさると、箸が激しく跳《と》び上がって、どうしても召し上がることができなかったそうです。不思議に思ったお側《そば》の人が、信者さんに、お餅を持ってくるにあたって何かあったのではないかと尋ねると、実は、このお餅を持ってくるについて「二《に》升《しょう》にしておけ」「いや、三升にしよう」と、家の中で言い争ったのちに、「惜《お》しいけど、上げよう」と言って持ってきたと、恐縮《きょうしゅく》しながら答えたというのです（『稿本天理教教祖伝逸話篇』一八〇「惜しみの餅」）。

人間には、相手がどんな心でお供えを持ってきたかは分からず、そこに欲が混じっているかどうかも見えません。しかしながら、親神様には、みな世界の胸の内が鏡の如《ごと》くに映っている（六下り目三ッ）のですから、親神様が「みれば」（三ッ）、人々の心に欲が混じっているかどうかは一目瞭然《いちもくりょうぜん》です。

おたすけ相手に、せっかくつくし・はこびをしてもらっても、そこに欲が混じっていて、肝心の親神様にお受け取りいただけなければどうしようもありません。

また、教祖が、

「心の澄んだ人の言う事は、聞こゆれども、心の澄まぬ人の言う事は、聞こえぬ」（同一七六「心の澄んだ人」）

と仰せくださっていることを踏まえると、にをいが掛かり、せっかく相手がたすけを願い出るに至っても、そこに欲が混じっていて、肝心の親神様にお聞き取りいただけなければどうしようもありません。

まずは、私たち自身から、いま一度、日々、あるいは月々、親神様、教祖にどのような心でつくし・はこびをさせてもらい、また、どのような心でお願いをしているのかを振り返らせてもらいたいものです。

そして、私たち自身が、常日ごろから形や習慣に流されずに、「真実」を尽くし運び、心を澄まして願うなかに、にをいがけ・おたすけ先で出会う人々に対しても、難儀不自由しているなかから、「一銭二銭」と欲を離れ、自分のできる精いっぱいの「真実」を尽くしてもらい、心を澄まして願ってもらえるように丹精《たんせい》していくことができるのではないでしょうか。

五ッ　いづれのかたもおなじこと
しあんさだめてついてこい
六ッ　むりにでやうといふでない
こゝろさだめのつくまでハ
七ッ　なか〳〵このたびいちれつに
しつかりしあんをせにやならん

五ッのお歌では、身分や立場に関係なくどの人も、欲がある限りは親神様のお受け取りがないので（いずれの方も同じこと）、たすかるためには何が大切であるかをよく思案して、欲を離れて親神様にもたれる心を定めてついてこい（思案定めてついてこい）と仰せくださっているのではないかと拝察します。

次に、六ッのお歌では、おたすけ相手の心が定まらないうちは（心定めのつくまでは）、「神様のところへ行こう」とか「おたすけを願い出よう」などと、無理にすすめないように（無理に出ようと言うでない）と、ご注意くださっているのではないかと拝察します。つまり、まずはしっかりと相手の心に寄り添い、教えの理をだんだんに説き聞かせ、「一銭二銭」（一ッ）であっても欲を離れて、親神

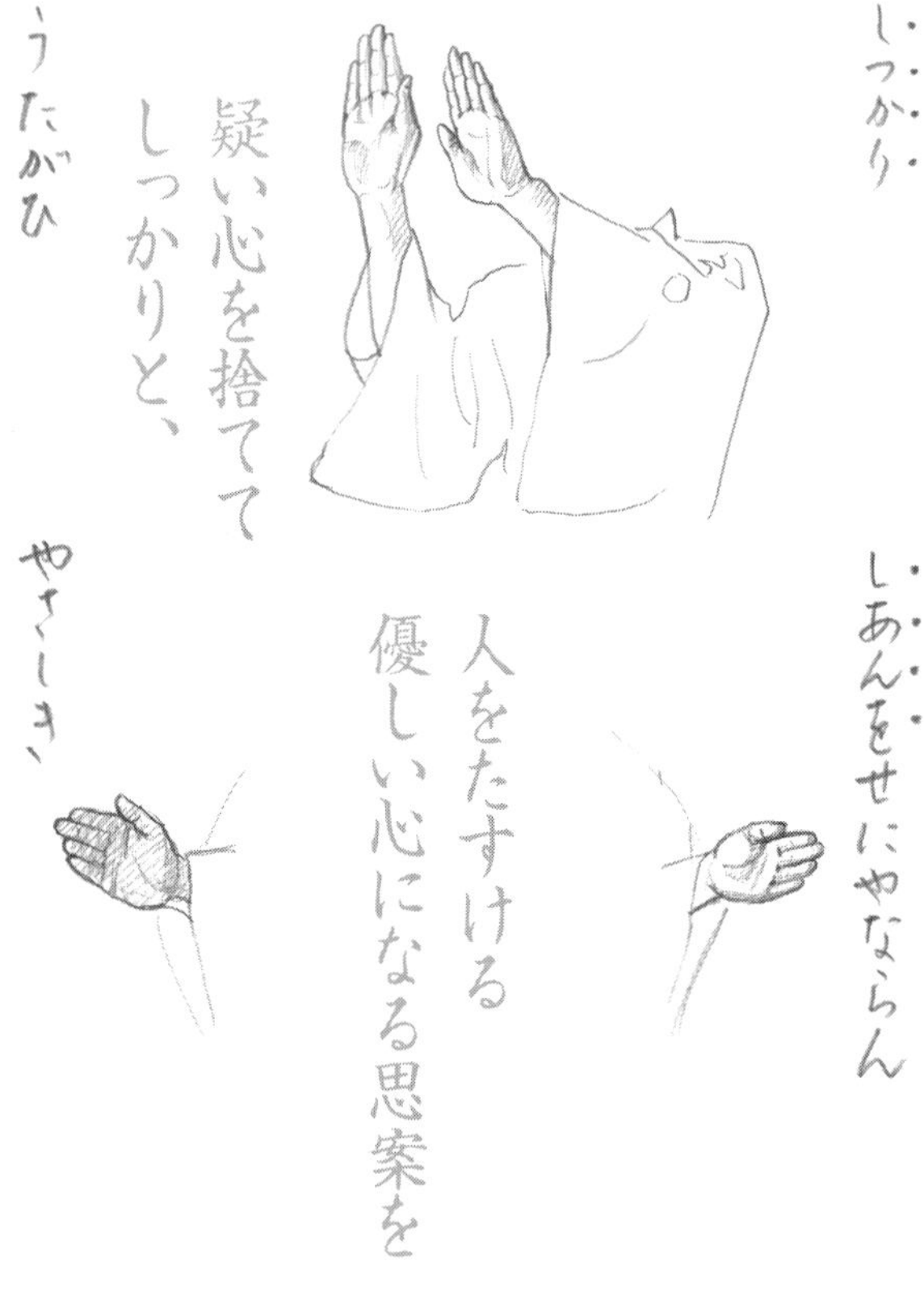

様にたすかりを願う心になってもらえるように丹精させてもらうことが大切だということでしょう。

ちなみに、六ッのお歌には、よふぼくが、にをいがけ・おたすけに出る際には、しっかり心を定めてから行くようにと教えてくださっている、という別の解釈もあります。

そして、七ッのお歌では、まず手振りに注目しますと、「しっかりしあんをせにやならん」（七ッ）の「しっかり」の手振りは、六下り目の「うたがひぶかいものなるぞ」（一ッ）の「うたがひ（疑い）」と同じ手振りをすることに気づきます。また、「しあんを」の手振りは、五下り目の「やさしきこゝろになりてこい」（六ッ）の「やさしき（優しき）」と同じ手振りをします。これらのことを踏まえて、七ッのお歌の意味を考えますと、親神様がたすけに出てくださっているこの時旬《ときしゅん》（なか〱このたび）は、みんながお互いに（いちれつに）、疑い心を捨てて、人をたすける優しい心になるように思案しなければならない（しっかりしあんをせにゃならん）と仰せくださっていると拝察することができます。

このように、五ッから七ッのお歌にかけては、誰もが、おたすけを願い出て、この道を信心しはじめるときには、「しっかりと思案して、心を定める」ことが大事であると、念を入れて教えてくださっているのだと拝察します。

これがいかに大切なことであるかというのは、五下り目でもすでに一度取り上げた、増井りん先生の入信のときのお話からよく分からせていただけます。

増井先生は、裕福な農家の一人娘として生まれました。十九歳のときに隣村から夫を迎え、二十一歳のときには、代々養子が続いてきた増井家にとって待望の男子を授かりました。その後、長女、次男と子宝にも恵まれて、何不自由のない満ち足りた生活をしていました。ところが、明治五年、三十歳のときに、突如《とつじょ》として父親と夫を相次いで亡くし、自身も「りゅういん癪《しゃく》」（胆石《たんせき》）を患《わずら》ってしまいました。医者にもかかり、易《えき》にもみてもらいましたが、少しも回復せず、ついには三年も寿命は持たないだろうと言われてしまいました。それでも、三人の子供もいるので、なんとか治そうと、あちらこちらの神仏にお願いに行きました。しかし、良くなるどころか、明治七年陰暦十月二十六日の朝、今度は両目が腫《は》れて開かなくなってしまったのです。両目はどんどん悪化していき、ついには医者から、当時、全治不能といわれた「ソコヒ」（おそらく白内障か緑内障）だと診断されたのでした。

りゅういん癪だけならば、日中はなんとか働くことができ、子供の面倒も見ることができたのですが、両目が見えなくなったら何もできません。それからの半月ほどは、親子四人で悲嘆《ひたん》の涙に暮れたといいます。

そうしたときに、長男が、「大和庄屋敷《やまとしょやしき》の天竜《てんりゅう》さんは、何《な》んでもよく救《たす》けて下さる。三日三夜《みっかみよさ》の祈祷《きとう》で救かる」という話を聞いてきたので、藁《わら》にもすがる思いで、親子そろって河内《かわち》の自宅から大和のほうを向いて三日三夜のお願いをしたのです。しかし、三日経《た》っても何の変化も現れず、一度は諦《あきら》めてしまいました。

ところが、それから数日して、雇《やと》い人が代参しておぢばへ行ってくれ、教理を書いた紙を持って戻ってきてくれたのです。そこには、かしもの・かりものの理や八つのほこりなどのご教理が非常に細かく書かれていて、三日三夜のお願いをするときには、必ずこのご教理を胸に納《おさ》めてから願い出るようにと添え書きがなされていたのです。

増井先生は、紙に書かれたことを息子が読んでくれるのを聞きながら、これまでのことを振り返り、そのときに初めて、自分の身に次から次へと起こってきたことに納得《なっとく》がいき、たすけてくれ、たすけてくれだけではご守護いただけないことが、はっきりと分かったというのです。

もちろん増井先生にとって、家族の出直しはつらく悲しいものであり、自分自身の病気は痛く苦しいものであったことでしょう。しかしそれ以上に、そもそも、なぜ自分にばかりそうしたことが起こってくるのかが分からず、何よりも心がつらかったのではないかと想像します。

それが、教えを聞かせてもらうことによって「いんねん」ということを知り、自分自身の心づかいに気づき、成ってくることにはすべて理由があることが分かったのです。そして、それまでは、ただ運命と思って諦めるしかなかったのが、いんねんを納消《なっしょう》して切り替えていく道があることを知り、状況は何一つ変わらないにもかかわらず、自分の心が変わったことにより、心に明るさと希望を取り戻すことができたのではないかと想像するのです。

こうして増井先生は、一夜の間にして失明するという自らのいんねんをよくよく思案し、

「こうして、教《おしえ》の理を聞かせて頂いた上からは、自分の身上はどうなっても結構でございます。我《わ》が家《や》のいんねん果たしのためには、暑さ寒さをいとわず、二本の杖《つえ》にすがってでも、たすけ一条のため通らせて頂きます」（『稿本天理教教祖伝逸話篇』三六「定めた心」）

と、自らの心を定めたのです。

そして、増井先生は、しっかりと思案して心を定めたうえで、再び三日三夜のお願いをしたところ、目が見えるようになるという不思議なご守護を頂戴《ちょうだい》したのでした。

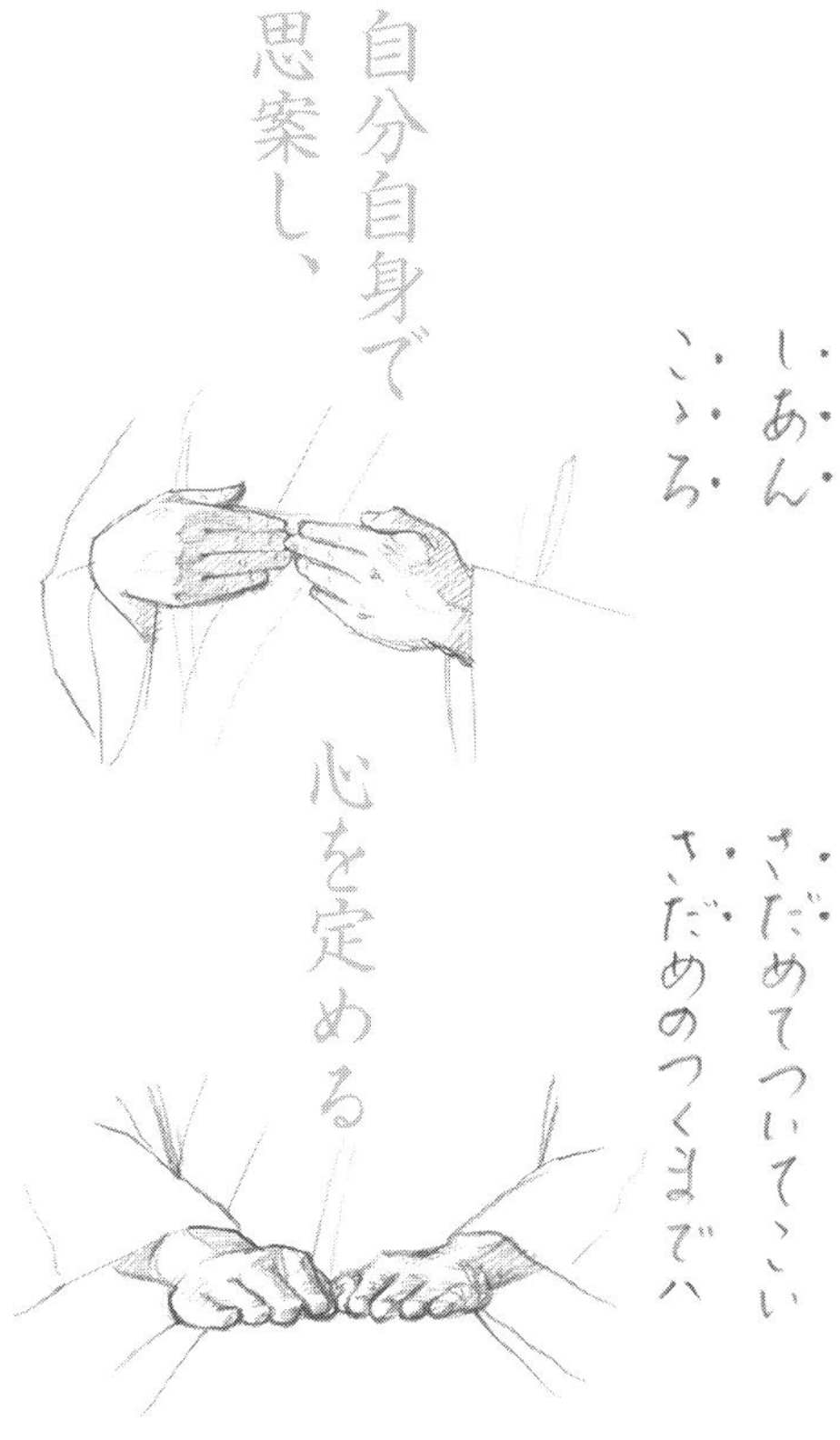
自分自身で
思案し、
しあん
心を定める
さだめてついてこい
さだめのつくまでハ

さて、このように、しっかりと自分自身で思案して心を定めてから、たすけを願い出るという順序は、もちろん現在においても重要であり、ご守護を頂くうえでは欠かせないことでしょう。

それに、そもそも何の思案もせずに、心も定めていないような人は、仮に不思議なたすけを頂戴しても、一時的に感謝することはあっても、「偶然であった」とか、「時期が来たから治ったのだ」などと、常に心のどこかで疑いの心を持ち、たすけられたご恩を十分に感じられないまま過ごしてしまいがちです。

それに対して、増井りん先生のように、自分が心を定めて願った結果としてお見せいただいたご守護に対しては、いつまでも本人にしか分からない嬉《うれ》しさとありがたさがあり、生涯《しょうがい》ご恩を忘れることはできないのでしょう。

実際に増井先生は、たすけられた後に、止《や》むに止まれない思いから、河内からおぢばに足繁《しげ》く通うようになり、また、河内を中心に諸方面へとおたすけに回るようになりました。そして、おたすけ先や自宅に、毎日のように信仰を止《と》めにくる巡査に対して、「自分は、医者に見放された目の病気（ソコヒ）をたすけていただいたのだから、そのありがたさや嬉しさから、信仰は止《や》められない」と言い、それに対して巡査から、「たすかったのは時期が来て治ったのだから、信仰しては決してならん」と言われても、まったく動じず、おたすけをし続けたのでした。

八ッ　やまのなかでもあちこちと　てんりわうのつとめする

このお歌で、まず注目すべきことは、「てんりわうのつとめする」の「てんりわう」に「みこと」がついていないということではないでしょうか。

「みこと（命）」とは、神や、天皇などの高貴な人に対して、尊敬の気持ちを表すために添える言葉であり、「〜のみこと」の形で用いられます。

ここでは、それが「てんりわう」についていないということは、「山の中でも、あちこちと、天理王のつとめする」と仰せくださっているのは親神様ご自身であることが拝察されます。

ところで、「山の中」が「いまだお道の広まっていないところ」を象徴しているとすると、そこで「あちこちと」勤められる「てんりわうのつとめ」とは、いったいどのような「つとめ」なのでしょうか。

まず、冒頭のお歌が教えられた前年に、「あしきはらひたすけたまへ　てんりわうのみこと」（第一節）の歌と手振りとが教えられたばかりですから、これを「てんりわうのつとめ」として理解する可能性が考えられます。

その一方で、「あしきはらひ」のおつとめは、それほどすぐには各地へ広まらず、特にお屋敷から離れた場所では、それが勤められるようになるまでに、かなりの時間を要したのではないかとも想像されます。

したがって、お道がまだ十分に広まっておらず、おてふりもよく知らない人々にとっては、「てんりわうのつとめ」とは、単純に、天理王命の神名を唱《とな》えて一心にお願いをすることとして理解されていたのではないかと拝察します。

次のような逸話が残っています。

昔、「種市《たねいち》」という屋号《やごう》で花の種を売って歩く前田藤助《まえだとうすけ》、タツという夫婦が大阪にいました。冒頭のお歌の二年前の慶応元年に、妻のタツさんが、不思議な手引きによって、おぢばに帰ると、教祖から「あんたは、種市さんや。あんたは、種を蒔《ま》くのやで」と仰せいただきました。そこで、タツさんが「種を蒔くとは、どうするのですか」と尋ねると、教祖は、「種を蒔くというのは、あちこち歩いて、天理王の話をして廻《ま》わるのやで」と教えてくだされました（『稿本天理教教祖伝逸話篇』一三「種を蒔くのやで」）。

そこで、夫婦ともども花の種を売り歩きながら、神様のお話を伝え歩くようになりました。そして、そのおたすけの様子としては、たとえば明治十二年に井筒梅治郎《いづつうめじろう》夫妻の長女が身上になったとき、前田氏は、水を浴び、一心に「なむてんりわうのみこと」と唱えて祈り、井筒夫妻も共に一心に祈るなかに、長女が不思議なご守護を頂戴することができたといいます。

また、明治八年には、榎本栄治郎《えのもとえいじろう》氏が娘の気の病をたすけてもらいたくて、福井県からおぢばへ帰った際に、教祖は、「なむてんりわうのみこと、と唱えて、手を合わせて神さんをしっかり拝んで廻わるのやで。人を救《たす》けたら我《わ》が身が救かるのや」と仰せくだされたといいます（同四二「人を救けたら」）。

さらに、明治十四年に、長年の歯の患いで苦しんでいた松井けいという女性が、たまたま家の前を通りかかった鋳掛屋《いかけや》夫婦に教えられたのも、茶碗《ちゃわん》に水を汲《く》んで、「なむてんりわうのみこと」と唱え、その水を頂戴するということでした（同八五「子供には重荷」）。

てんり
わうのつとめする
一すじ心になって
不思議珍しいご守護を願う
ひとすぢ
めづらし

このように、お道を知らない人がたすかりを願う際に勤めた「てんりわうのつとめ」は、基本的には、手を合わせて神名を唱えることであったと考えられます。

ただし、十二下りのてをどりがだんだんと広まり、かぐらづとめが整っていくにつれて、各地で雨乞《あまご》いづとめをしたり、あるいは、おたすけの際に十二下りのおつとめを病人の家で勤めたりするようにもなっていきました。

「てんりわうのつとめする」の手振り

は、「てんり」で、右人さし指で天を指す手振りをし、「わうの」で、両人さし指で顔前に上下に円を描く手をすると教えられます。それぞれ、「ひとすぢご丶ろに」（三下り目六ッ）の「ひとすぢ」の手振りと、「めづらしところが」（五下り目九ッ）の「めづらし」を連想させてくれます。したがって、「てんりわうのつとめする」というのは、人々が一すじ心になって、親神様に不思議珍しいご守護を願うということだと悟ることができます。

ところで、おふでさきに、

高山もたにそこまでもせかいぢう
一れつをみなあ丶ちこ丶ちと
（十六　62）

とあります。人々が「てんりわうのつとめ」を「あちこちと」勤めるようになっていったということは、親神様が、高山から谷底にかけて世界中を「あちこちと」飛び回ってお働きくださるようになっていったということでもあるのでしょう。また、おふでさきに、

この心どふしてすます事ならば
月日とびで丶あ丶ちこ丶ちと
（十　4）

とありますように、親神様があちこちと飛び回ってお働きくださるということは、親神様が人々の心を澄ましていってくださるようになった、ということでもあると拝察するのです。

九ッ　こゝでつとめをしてゐれど　むねのわかりたものハない

「こゝでつとめをしてゐれど」（九ッ）の「こゝ」については、前のお歌（八ッ）を受けて「山の中」を指しているという解釈と、「お屋敷」を指しているという解釈があります。

一つ目の「山の中」という解釈の場合には、九ッのお歌は、山の中（こゝ）で天理王のつとめをしていても、なかなか真から親神様の思召《おぼしめし》が分かった者はいないという意味になるのではないかと拝察します。

ところが、前のお歌（八ッ）をよく見ますと、「山の中であちこちと」ではなく、「山の中でもあちこちと」となっていて、「山の中」以外でも天理王のつとめをすることを想定したような言い方になっていることに気づきます。そして、それは「こゝ」（九ッ）の二つ目の解釈である、「お屋敷」のことではないかと考えられます。

そこで、以下では「こゝで」を「お屋敷で」とする二つ目の解釈に基づいて、九ッのお歌の意味について見ていきたいと思います。

まず、九ッで言われている「つとめ」とは、基本的には、手を合わせて神名を唱えることだと拝察します。

むねのわかりたものハない

自分の胸が分かって初めて胸の掃除ができる

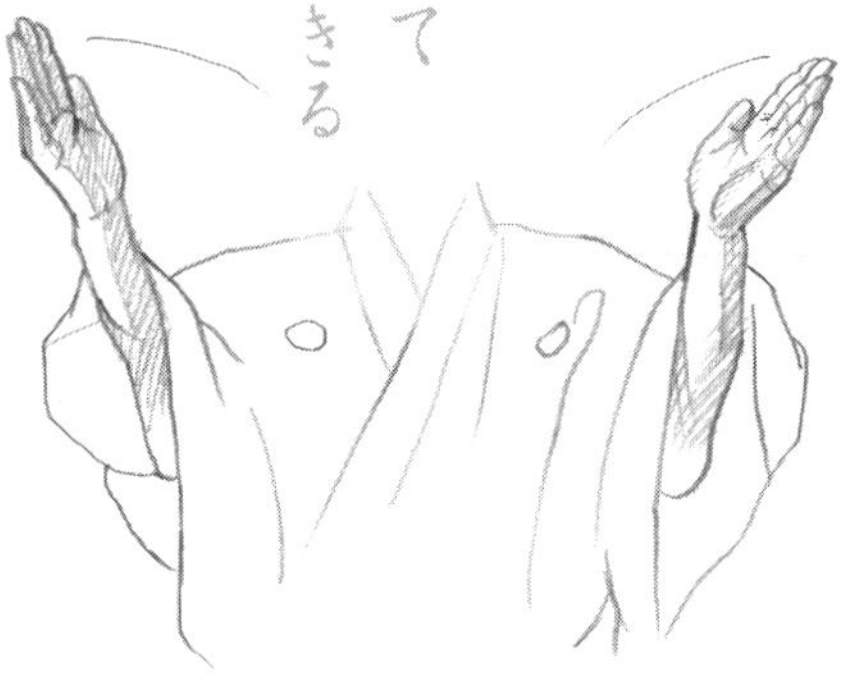

次に、「むねのわかりたものハない（胸の分かりた者はない）」については、二通りの解釈が考えられます。

一つ目は、親神様の思召（胸）が分かった者はいないという解釈です。すなわち、人々がお屋敷に来て、手を合わせて神名を唱えるようになってきた一方で（こゝでつとめをしてゐれど）、お屋敷にいる者をはじめ、信心する者が、まだ親神様の思召を十分に分かっていない（むねのわかりたものハない）ことを仰せくださっていると考えられます。

そこで思い起こされるのが、当時の人々が、慶応三年六月から手続きを進めて、京都にある吉田神《よしだじん》祇管領《ぎかんりょう》に、お屋敷で祈禱《きとう》したり、参詣人《さんけいにん》を受け入れたりすることの許可を願い出たことでしょう。これは、山伏《やまぶし》たちがお屋敷に暴れ込んできたり、付近のお寺やお宮が反対したりするなかで、お側《そば》の人たちが、教祖の御身《おんみ》を案じ、また、信者さんが安心して参拝できるようにとの必死の思いからの行動であったわけですが、教祖は「吉田家も偉《えら》いようなれども、一の枝の如《ごと》きものや。枯《か》れる時ある」と仰せられ、あまりお喜びではなかったと拝察されます。

さて、「胸の分かりた者はない」の二つ目の解釈は、自分を振り返り、自分自身の心づかい（胸）が分かっている者はいないということです。この場合には、お屋敷では人々が手を合わせて神名を唱え、たすかりを願って「つとめ」はしているけれども、ただ願うだけで、自分自身の心づかいを反省するには至っておらず、そのため自分の胸の内が分かっていないと仰せくださっていると理解できます。

そもそも教祖は、ご利益《りやく》があれば、どこへでもお願いしに行くのが一般的であった当時の風潮のなかで、人々に、すべての神様がおられる元なるぢばに参《まい》って、「なむてんりわうのみこと」と一心に親神様に願うことを教えてくださいました。

そして、人々がだんだんと親神様にもたれて、神名を唱えて「つとめ」ができるようになってくると、今度は、ただ願うだけではなく、自分の心づかいを反省し、その心づかいを改めていくことを教えてくだされたのでした。それが、慶応二年に「あしきはらひたすけたまへ　てんりわうのみこと」の歌と手振りとを教えてくだされた一つの大きな意味ではなかったかと拝察します。すなわち、それまでは、ただひたすら「てんりわうのみこと」と唱え、「たすけたまへ」と一心にたすかりを願っていた人々に対して、その前に、「あしきはらひ」と歌と手振りをつけて、自分の胸三寸をはらうことを教えてくだされたのです。

しかし実際には、普段からあまり自分の心づかいを意識したことがない人々からすれば、自らの心づかいを反省し、その心づかいを改めるのは、そう簡単なことではなかったはずです。つまり、お歌ができた慶応三年当時は、従来のように、「なむてんりわうのみこと」と一心に「つとめ」をする人々はいても、「あしきはらひ」と自分の胸を掃除する人はまだおらず、それどころか、そもそも自分の胸の内が分かっていない人が多かったのではないかと想像されるのです。まさに、そうした状態を「胸の分かりた者はない」と仰せくださっているのではないかと拝察するのです。

とてもかみなをよびだせば
はやくこもとへたづねでよ

この第十首は、「十ド」ではなくて、「とても」となっています。いわゆる、一ッ、二ッと数え歌で記される「みかぐらうた」のなかの例外の一つです。ただし、初期の写本では、「十でも、十でも、十ト　とても」などと記されていることから、「とても」に「十」の意味が含まれているとも考えられます。

ここでは、「とても」というのは、「とてもかくても」の省略で、「いずれにせよ」という意味で理解しておきたいと思います。

さて、第九首のお歌では、当時のお屋敷では、人々が親神様の思召（胸）をいまだ十分に分かっていなかったり、あるいは、自分の胸の内を振り返ることが少ない状態であったと仰せくださっていると解釈しました。それを受けて、第十首のお歌では、お屋敷がたとえそうした状況であったとしても、いずれにしても（とても）、各地で世間の人々が「なむてんりわうのみこと」と神名を唱えてつとめをするようになれば（かみなをよびだせば）、早く親神様のお鎮《しず》まりくださる元なるぢばへと帰り、

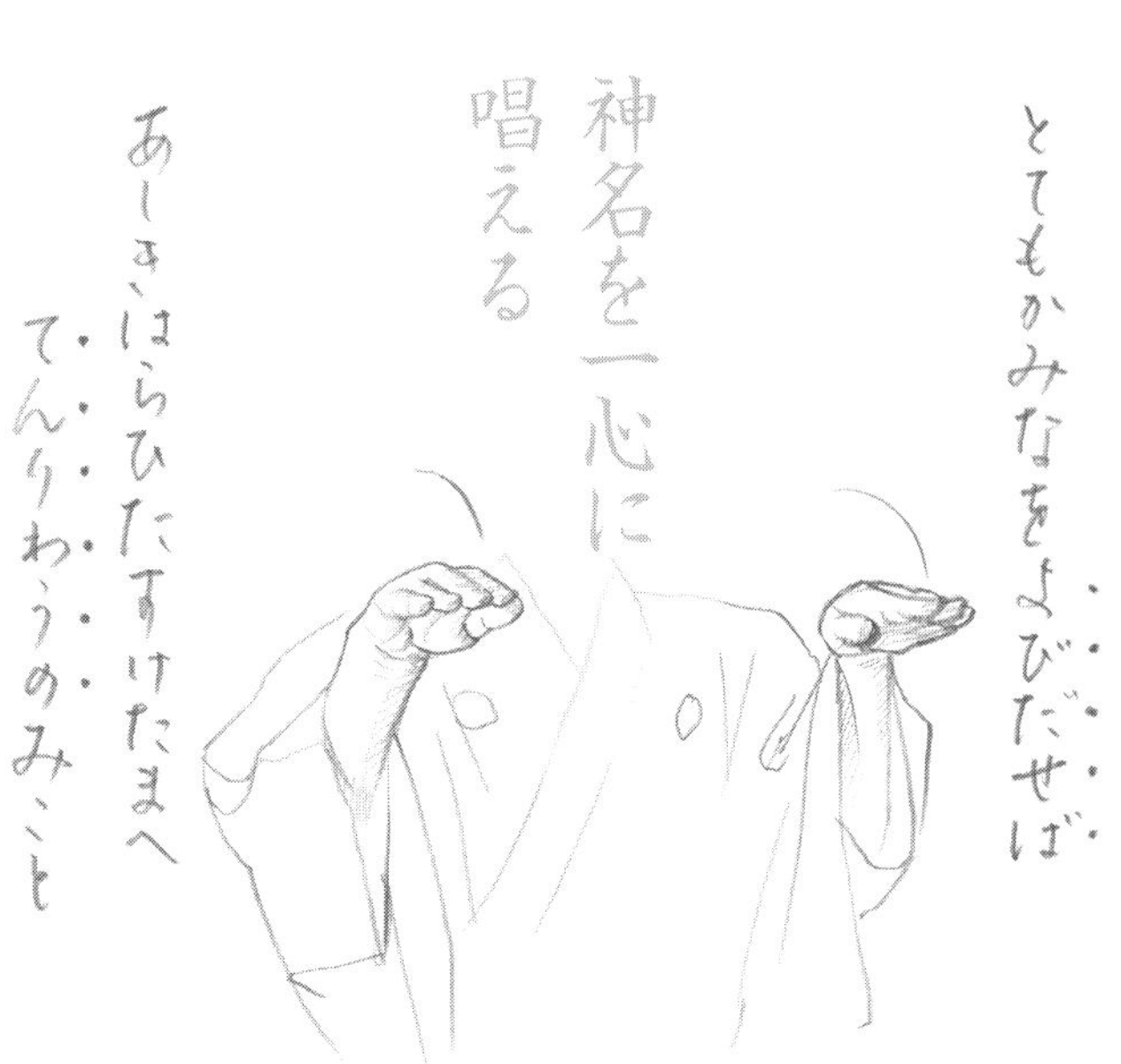
とてもかみなをよびだせば
神名を一心に唱える
あしきはらひたすけたまへ　てんりわうのみこと

親神様の思召を尋ね出るようにせよ（はやくこもとへたづねでよ）と仰せくださっているのではないかと拝察します。

ここで、「とてもかみなをよびだせば」の「よびだせば」の手振りに注目しますと、「あしきはらひたすけたまへ　てんりわうのみこと」の「てんりわうの」と同様に、右手、左手と肩の高さでさしまねく型の手振りを二回することに気づきます。

ここから思案しますと、「かみなをよびだせばはやくこもとへたづねでよ」というのは、まさに、「あしきはらひたすけたまへ　てんりわうのみこと」のうち、後半の部分の「てんりわうのみこと」という神名を唱えるようになってきたならば、早く元なるぢばに帰ってきて、親神様の思召を尋ね出て、前半の部分の「あしきはらひ」と胸の掃除をすることについて学ぶように促してくださっていると悟ることができるのです。

まさに、この胸の掃除について、十下り目で学ぶのであります。

「お歌」

一ッ　ひろいせかいをうちまわり
　　一せん二せんでたすけゆく

二ッ　ふじゆうなきやうにしてやらう
　　かみのこゝろにもたれつけ

三ッ　みれバせかいのこゝろにハ
　　よくがまじりてあるほどに

四ッ　よくがあるならやめてくれ
　　かみのうけとりでけんから

五ッ　いづれのかたもおなじこと
　　しあんさだめてついてこい

「一つの悟りとしてのまとめ」

親神様がよふぼくを使って広い世界を隈《くま》なく回り、おさづけを取り次いでいくことを通して世界たすけの人材を呼び出していき（ひろいせかいをうちまわり）、人々が命の次に大切な「お金」を、たとえわずかであっても差し出すような心、つまり欲を離れて神様にすがる心になりさえすれば（一せん二せんで）、たすけていく（たすけゆく）。「一せん二せんで」を「一洗二洗と人々の心を洗い清めて」とする解釈もある。

つまり、難儀《なんぎ》不自由がないようにしてやろう（ふじゆうなきやうにしてやらう）。そのためにも、難儀不自由している状況のなかであっても、親神様にもたれる心になれ（かみのこゝろにもたれつけ）。

親神様から見れば（みれバ）、世間の人々の心には（せかいのこゝろにハ）、欲が混じってあるので（よくがまじりてあるほどに）、欲があるならやめてくれ（よくがあるならやめてくれ）。なぜならば、欲がある人がたすけを願い出たり、あるいは、何かを尽くし運んだりしても、親神様はそれを受け取ることができないから（かみのうけとりでけんから）である。

欲がある限りは親神様のお受け取りがないことについては、身分や立場にかかわらず、どの人も同じこと（いづれのかたもおなじこと）である。だから、たすかるために何が大切であるかをしっかりと思案（しあん）して、欲を離れて親神様にもたれる心を定めて（さだめて）、こ

六ッ　むりにでやうといふでない
　　こゝろさだめのつくまでハ

七ッ　なか〳〵このたびいちれつに
　　しつかりしあんをせにやならん

八ッ　やまのなかでもあちこちと
　　てんりわうのつとめする

九ッ　こゝでつとめをしてゐれど
　　むねのわかりたものハない

とてもかみなをよびだせば
　　はやくこもとへたづねでよ

の道についてこい（ついてこい）。

　したがって、世間（せかい）の人に対して、「無理に神様のところへ行こう」とか「おたすけを願い出よう」などと言ってはならない（むりにでやうといふでない）。本人の心定めがつくまでは（こゝろさだめのつくまでハ）。

　いずれにしても、この重大な時旬《ときしゅん》に（なか〳〵このたび）、誰もが一様に（いちれつに）、しっかりと思案しなければならない（しつかりしあんをせにやならん）。

　親神様は、世界たすけの人材を求めて入り込んでいく「山」の中でも（やまのなかでも）、あちらこちらで（あちこちと）、人々に神名を唱《とな》えておつとめをする（てんりわうのつとめする）ように促していく。

　しかし、お屋敷で（こゝで）あってさえも、人々は神名を唱えておつとめをしていても（つとめをしてゐれど）、自分の胸の内を振り返る人はまだ少なく、真から親神様の思召《おぼしめし》が分かった者もいない（むねのわかりたものハない）。山の中で（こゝで）つとめをしていても、真から親神様の思召が分かった者はいないという解釈もある。

　そうはいっても（とても）、山の中のあちらこちらにおいて、世間の人が「なむてんりわうのみこと」と神名を呼び出すようになれば（かみなをよびだせば）、早く親神様のお鎮《しず》まりくださるこの元なるぢばへと帰り、親神様の深い思召を尋ね出るようにせよ（はやくこもとへたづねでよ）。以上のように拝察する。

十下り目

一ッ　ひとのこゝろといふものハ
ちよとにわからんものなるぞ

十下り目では、世界たすけのための人材（用木や用石）として山の中から引き出してきた人々を、よふぼくとして「手入れ」していくことについて教えてくだされているのではないかと拝察します。別の言い方をすれば、不思議なたすけを頂戴《ちょうだい》して信心しはじめた人々に、「本当のたすかり」について教えてくださっていると拝察します。

さて、九下り目の最後のお歌では、不思議なたすけを頂戴し、「てんりわうのみこと」の神名を唱《とな》えて一心に願うようになった人たちには、お屋敷に帰り、教祖の許《もと》へ尋ね出るように、と仰せくださっています。

そうして実際にお屋敷に帰ってきた人々に、教祖は、だんだんと身上や事情になるような「心」の入れ替えを促し、「本当のたすかり」を味わえるようにとお導きくだされたのだと拝察します。

まず、一ッのお歌では、お道を信心しはじめた人々は、これまで自分の心づかいをそれほど意識してきたわけではなく、そのため、自分自身でも自分の心の奥底はそう簡単には分からず、そもそも自分の何を替えればいいのかが分かっていないことを仰せくださっているのではないかと拝察します。

すなわち、親神様からすれば、六下り目で「皆世界の胸の内、鏡の如《ごと》くに映るなり」(三ッ)との仰せのように、人が難儀《なんぎ》するような、いわゆる「ほこり」の心づかいが人々の胸の内にあることが、よくお分かりになっておられます。ところが、肝心の人間のほうは、かしもの・かりものの話や、八つのほこりの話など、お道の教えを聞かせてもらうまでは、自分の心づかいの良し悪《あ》しなど、あまり考えたこともなく、自分の心づかいがどうであるとかを、そもそも分かっていないことを仰せくださっているのではないでしょうか。

九下り目でも取り上げましたが、昔、ある信者さんが供《そな》えたお餅《もち》を教祖にお出ししたところ、教祖は、食べようとなさると箸《はし》が跳《と》び上がって、どうしてもそれを召し上がることができませんでした。そこで、お側《そば》の人が不思議に思って、その信者さんに何かなかったかと尋ねると、お餅を供えるときに、家で「二升《にしょう》にしておけ」「いや、三升にしよう」と言い争ってから持ってきたと答えたといいます。それを聞いてお側の人は、「なるほど、親神様は人の心を見抜き見通しだ」と納得《なっとく》されたそうです。

しかし、よく考えますと、その信者さん自身も、指摘されるまでは自分の心に「惜《お》しみの心」があることに気づかなかったのではないでしょうか。つまり、私たち自身は、たとえ自分に欲の心があっても、教えに照らして自分の心を振り返ってみなければ、なかなか自分では欲に気づきにくく、なかには、それを指摘されてもなお、すぐにそれを認めることができない人もいるのではないでしょうか。

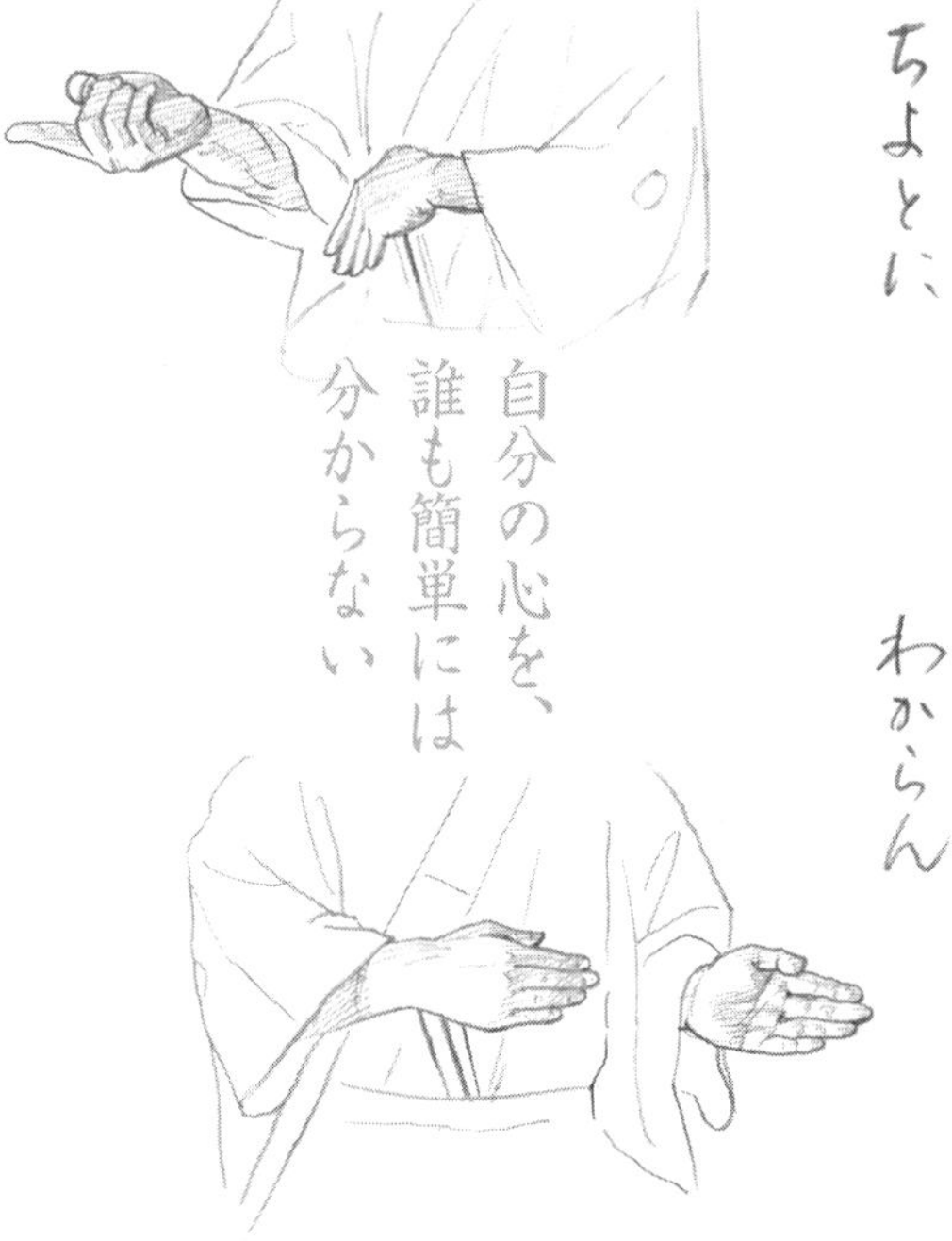
ちよとに
わからん
自分の心を、
誰も簡単には
分からない

実際に教会でも、信心して間もないころの人のなかには、「八つのほこり」のお話を聞いても、初めのうちは自分にはどれもあてはまらないという人がおられます。周りから見れば、明らかに腹を立てたり、恨《うら》みごとを口にしたりしていても、当人はなかなか自分の心が分からないということでしょう。

もちろん、長く信心している私たちも、親神様の目から見れば、まだまだ自分の心のほこりに気づけておらず、自分の心が分かっていないと、ご心配をおかけしているのでしょう。

そうしたことを含めて、一ッのお歌では、「ひとのこゝろといふものハ　ちよとにわからんものなるぞ」と仰せくださっているのではないかと拝察します。

ところで、一ッのお歌は、明治二十年までの写本や私刊本では、「ひとのこゝろといふものハ　ちよとにわからんものなりし」と過去形であったとされます。それが、明治二十年のふしを経《へ》て、明治二十一年の公刊初版本以来、「ちよとにわからんものなるぞ」と現在形に改まったとされます（永《なが》尾《お》廣《ひろ》

海《うみ》「みかぐらうた本研究の諸問題について」〈『天理教校論叢』第16～18号〉）。

これは、明治十九年ごろまでは、元の理を説くことで人の心を分からせて、「人の心というものは、ちょっとに分からないものであった」と過去形でおつとめを勤めさせようとの親神様の思惑《おもわく》が、おつとめの地歌《じうた》のなかに生きていたのが、明治二十年になっても人々の心の成人が思惑通りには捗《はかど》らなかったために、第一節の「あしきはらひ」を「あしきをはらうて」と改めてくだされたのと同様に、「人の心というものは、ちょっとに分からないものである」と現在形で勤めるようにと、模様替えをされたのではないかと解釈されています（上田嘉世《うえだよしよ》「つとめ完成への道」〈『みちのとも』立教173年4月号～174年3月号〉）。

確かに、御年《おんとし》七十歳の教祖が、慶応三年に十二下りを教えられたときに、「ちよとにわからんものなりし」と、あえて過去形をお使いになられたとするならば、きっとそこには深い思召《おぼしめし》があったに違いありません。すなわち、これまでは「人の心が分からないものであった」が、いよいよこれからは、かしもの・かりものの理を説き、病の元を教えて、人の心を分かるようにし、元なるぢばを定め、かんろだいを建てて、そこでおつとめを勤めて、世界の人々をたすけていってやりたいとの思召があったのではないかと拝察されます。

ところが、実際には人々のほうが、そうしたをやのお心をなかなか理解できず、明治七年には奈良中教院が神名を否定したり、明治十五年には二段まで出来ていたかんろだいが警察によって取り払われたりしたのです。

おふでさきには、

月日よりつけたなまいをとりはらい
このさんねんをなんとをもうぞ　（六　70）

とあり、神名を否定されたことについて非常に残念だと仰せくださっています。また、

こんな事はじめかけるとゆうのもな
せかいぢううをたすけたいから　（十七　37）
それをばななにもしらさるこ共にな
とりはらハれたこのさねんわな　（十七　38）

と、かんろだいの建設に着手したのは世界中の人々をたすけたいからなのに、それを何も知らない子供（警察）によって取り払われたのは、なんとも残念なことだと仰せになっているのです。

このように、世界中の人々の心がなかなか澄みきらず、をやは何度も残念な思いをしてくださっているわけですが、それでも教祖は、「分からん子供が分からんのやない。親の教《おしえ》が届かんのや」と、大きなお心でその後も変わらず人々をお導きくだされたのであり、さらには、人々の成人に応じておつとめの順序や歌詞を改めてくださりながら、つとめの完成をお進めくだされたのだと拝察するのです。そして、明治二十年には、人々がどんななかでもおつとめを勤めるという心を定めるまでに導かれ、そのうえで、人々が教祖の御身《おんみ》を心配しておつとめを勤められないということがないようにと、二十五年先の定命《じょうみょう》を縮めて現身《うつしみ》をおかくしくだされたのではないかと拝察するのです。

そしてその後は、教祖は、存命の理をもってお働きくださるようになり、広くおさづけの理をお渡

しくださるようになったわけですが、まさにこの明治二十年のふしとともに、「ちよとにわからんものなるぞ」と、お歌が現在形に改まっているとされるのです。これは、「人の心というものは簡単には分からないものである」と現在形で勤めることによって、私たちが心のほこりにまだまだ気づけておらず、自分の心が分かっていないことを自覚しやすいようにしてくださったのであり、おさづけの取り次ぎを通して、なお一層、胸の掃除をお急《せ》き込みくだされているのではないかと拝察するのです。

二ッ　ふしぎなたすけをしてゐれど あらはれでるのがいまはじめ

二ッのお歌では、まず「ふしぎなたすけをしてゐれど」と仰せになっています。これは当時、「をびや許し」をはじめ、不思議なたすけを数多くお見せくださっていたことを仰せになっているのだと拝察します。実際に、当時いかに多くの不思議なたすけをお見せいただき、その噂《うわさ》が各地に広まっていたかということは、たとえば慶応三年四月五日から五月十日までの参拝者を記録した「御神前名記帳《ごしんぜんめいきちょう》」に、延べ二千七五九人もの人がお屋敷を訪れたことが記されていることからも分かります。

そうしたなか、二ッのお歌では続いて「あらはれでるのがいまはじめ」と仰せくださっています。これはどういう意味なのでしょうか。

一つの解釈としては、「あらはれでるのがいまはじめ」の「あらはれでる」というのを「出現した」という意味で理解して、「親神様が直々《じきじき》にこの世の表に現れ出て、たすけをするのは今が初めてだ」というように理解できます。すなわち、これまでも不思議なたすけをお見せいただいていましたが、このたび、親神様が教祖を通して直々に不思議なたすけをお見せくださるようになったという解釈です。

その場合、「いまはじめ」は、一般には「立教」を指していると考えられますが、人々がおぢばに帰り、自らが教祖を通して親神様を知ったときこそが、その人にとっての「いまはじめ」だとも考えられます。実際に、難病をたすけられてお礼参りに来た人のなかには、教祖を前にしてもなお、親神様が入り込んでいるとは思えず、教祖との力比べに完敗して初めて、教祖を生き神様と感じた人もいたようです（『稿本天理教教祖伝逸話篇』七五「これが天理や」ほか）。

さてしかし、ここでは三ッ以降のお歌との関係で、次の別の解釈をとりたいと思います。すなわち、「あらはれでるのがいまはじめ」というのは、「心づかいが身上に現れることを教えてくださり、人々が心の入れ替えを意識できるようになったのは今が初めてだ」という解釈です。

この場合、「あらはれ」と「でるのが」の手振りが分かれていることに注目して、意味も分けて解釈しています。

まず、「あらはれ」は、十下り目の最後のお歌でもそうですが、両人さし指で腹前に「平らに円を描く手」をします。そしてその意味も、「出現した」ではなく、「明らかになった」という理解ができます。すなわち、三ッ以降のお歌で、より詳《くわ》しく説明されていきますが、人の心が身上に現れること

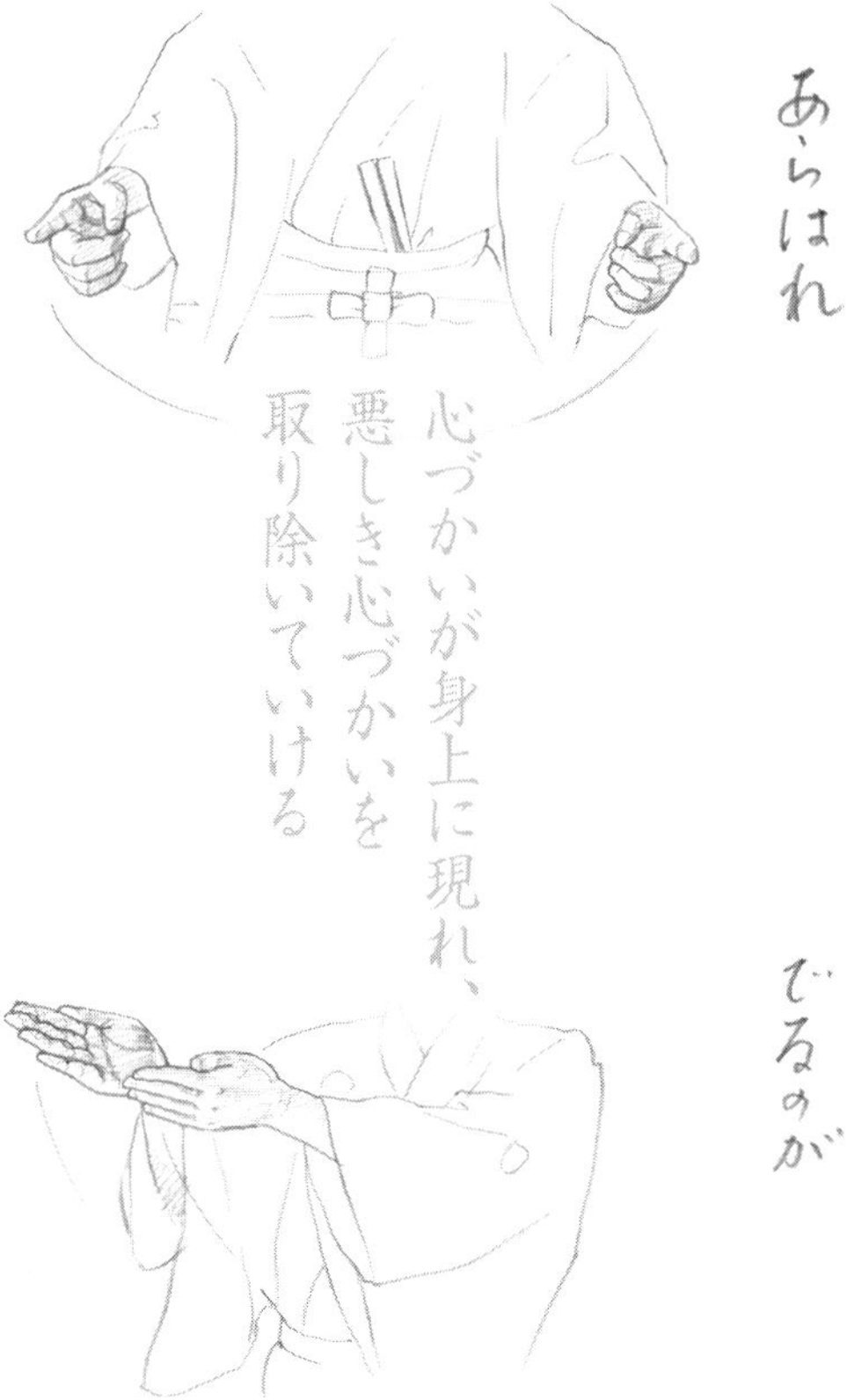
あらはれ
心づかいが身上に現れ、
悪しき心づかいを
取り除いていける
でるのが

が「明らかになった」ということだと拝察します。

次に、「でるのが」の手振りは、続く三ッのお歌の「いだして（出《いだ》して）」と同じように、両平手で左腰前あたりから斜め右前に物を放り上げる格好をします。すなわち、人々は、教えによって、難儀するもととなる悪《あ》しき心づかいを「取り除《のぞ》ける（出《いだ》せる）」ことを知ったということだと拝察します。

一ッのお歌とのつながりで言えば、自分でもなかなか気づきにくい自らの心づかいが、心づかいが身上に現れ出ることを教えていただくことによって思案しやすくなり、それによって、人々は心の入れ替えをしていけるようになったということでしょう。

三ッ　みづのなかなるこのどろう
　　　はやくいだしてもらひたい
四ッ　よくにきりないどろみづや
　　　こゝろすみきれごくらくや

さて、「人の心」が身上に現れることを明らかにすることは、人々の「本当のたすかり」のためには必要不可欠なことなのですが、このことを、初めてお屋敷に帰ってきた人にいきなり話しても、実際にはなかなかすぐに伝わらないでしょう。

なぜならば、やはりどこまでも、目に見えない「人の心」についての話は、普段あまり心を意識する習慣のない人にとっては、なかなか分かりにくいからです。

そうしたことを考えましたときに、教祖が、三ッと四ッのお歌で、誰もが目で見て分かる「水と泥」の譬《たと》えを用いて、人の心について柔らかく優しく説き諭してくださっていることは、おたすけをさせてもらううえで忘れてはならないお手本だと言えます。

その一方で、教えを聞く側としては、おふでさきに、

これからハ水にたとゑてはなしする

すむとにごりでさとりとるなり　（三　7）

とありますように、柔らかく優しい説き分けのなかに、実は深い親の思召《おぼしめし》がこもっていることを見逃さずに、親が言わんとすることを上手《じょうず》に悟り取っていくことが肝心なのでしょう。

そこで、ここでは手振りに注目しながら、「水と泥」の譬えを用いたお諭しの内容（三ッと四ッのお歌）について、少し思案してみたいと思います。

まず、「みづのなかなるこのどろう」（三ッ）の「どろう（泥）」では、右手の指先で「みぞおち」のところを三回、小さくかき回す手振りをします。これは、泥が入っている水をかき混ぜると、水が濁《にご》ることを表していると思案できます。

それに対して、「はやくいだしてもらひたい」（三ッ）の「いだして」では、両平手で、「みぞおち」あたりではなく、それより下の「左腰前」あたりから斜め右前に物を放り上げる格好をします。これは、水の中の泥を「出《いだ》す」ときには、少し時間をおいて、泥が水の底に沈《ちん》殿《でん》してから、底に溜《た》まっている泥を掬《すく》い出すことを表していると思案できます。

それでは、このような「水と泥」との話を踏まえて、

みづのなかなるこのどろう
心に「泥」が溜まっていると、
心をかき乱されると心が濁る

「人の心」について、どのようなことを教えてくださっているのかを次に見ていきたいと思います。

一つには、私たちが、何か自分の心をかき乱される（「どろう」の手振り）出来事が起こったときに、自らの心に泥のようなものが溜まっていれば、すぐに心を濁してしまうということでしょう。

たとえば、夫や妻が、相手のひと言がきっかけで、突然、火がついたように怒りだすのは、それまでに夫や妻の言動にイラつくことがあったり、あるいは別の人との間で腹が立つことなどがあったりして、自分の心の中にストレスや鬱憤《うっぷん》を溜め込んでしまっているからでしょう。

お道では、このストレスや鬱憤を「心の泥」として表現して、それが心の底に溜まっていると、ちょっとしたことが引き金となって心がかき乱されると、腹立ちや恨み心いっぱいの「濁った心」になってしまうことを、視覚的に分かりやすく教えてくださっていると拝察します。

おさしづに、
人の言う事を腹を立てる処《ところ》では、腹の立てるのは心の澄み切りたとは言わん。心澄み切りたらば、人が何事言うても腹が立たぬ。それが心の澄んだんや。今までに教えたるは腹の立たぬよう、何も心に掛けぬよう、心澄み切る教《おしえ》やで。

（明治20・3・22）

とあります。

信心していても、日々生活している限りは、周りの人から自分の心をかき乱すようなことを言われたり、自分の思惑《おもわく》とは違う行動をされて、戸惑《とまど》ったりすることは必ずあります。しかし、お道の教えがありがたいのは、そのときに自分自身の心が澄んでいれば、腹を立てたり、恨んだりせずに通れることを教えていただいているということでしょう。三ッのお歌では、まさに「心の泥」を取り除くことによって、自らの心を澄ましていけることを教えてくださっているのだと拝察します。

「心の泥」というのは、「八つのほこり」という形でも教えていただく、親神様の思召に沿わない自分勝手な心づかいのことです。

はやくいだしてもらひたい
心の底に溜まっている
心の泥を掬い出す

泥水をきれいにするには、少し時間をおいて、泥が水の底に沈殿してから泥を掬《すく》い出します。それと同じように、心を澄みきらせるためには、まずは心を落ち着かせて、しっかりと自らの心づかいを振り返り、心得違いに気づくことから始めることが肝心だと言えるのでしょう。

そして、「左腰前」あたりというのは、七下り目二ッの「深い心」でも述べましたように、「左脇腹」あたりと同様に、人（の心）にとって「ふかい」場所を象徴しているように悟ることができます。したがって、「出《いだ》して」（三ッ）の手振りが「左腰前」あたりから始めるということは、心の奥底に溜まっている「前生からの心の泥」、すなわち「前生の悪《あく》いんねん」までをも含めて、しっかりと「心の泥」を取り除く気持ちで、胸の掃除をすることを促してくださっているとも悟ることができます。

よく

自己中心的な心が心の泥を生み出す原因

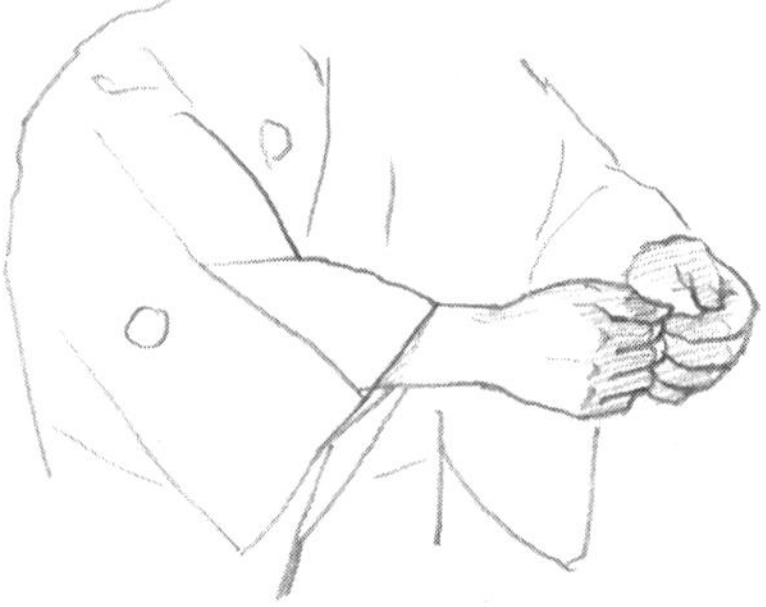

さて、このように心の泥を掬い出して、自らの胸の掃除をすることが大切なことは分かりましたが、そもそもなぜ心に泥が溜まるのでしょうか。つまり、なぜ人は、心に鬱憤が溜まったり、心にほこりを積んでしまったりするのでしょうか。

それは、ひと言で言えば、「よくにきりないどろみづや」（四ッ）と仰せいただくように、私たちに「欲の心」があるからではないかと拝察します。

「よく」（四ッ）の手振りは、五下り目でも見ましたように、両平手で斜め左前から腹のあたりへ、物をかき寄せるようにします。そこから思案して、欲の心は、私たちが自分中心に考え、人や物をすべて自分に引き寄せるような心だと言えます。そして、そうした自己中心的な心でいるからこそ、他人の言動が自分の思いに反するときには、相手を恨んでしまったり、あるいは、事が思い通り運ばないときには、腹を立ててしまったりしてしまうのでしょう。つまり、自己中心的な考え方こそが、「心の泥」を生じさせる根本の原因《もと》になっていると言えるのです。

したがって、泥を「出《いだ》す」（三ッ）手振りが左腰前あたりから始まるのは、「よく」が生み出した「心の泥」を出すとともに、そもそも欲の心に向き合うことをお促しくださっているのではないかと拝察できるのです。

五ッ　いつ〳〵までもこのことハ　はなしのたねになるほどに

さて、三ッと四ッのお歌では、「水と泥」の譬《たと》えを用いて、人間の心の欲について教えてくださっているわけですが、欲の話になると、なかには禁欲や苦行《くぎょう》を思い浮かべ、暗く苦しいイメージを持つ人もいるかもしれません。しかし、お道の教えはどこまでも陽気ぐらしの教えであり、教祖が、欲を離れて心を澄みきらせることを促してくださるのは、あくまでも、それによって私たちが「極楽」（四ッ）のような世界を味わえるからであります。

江戸時代末期の当時の人々は、お道を知るまでは、病気や事情による、つらく苦しい自分の状況を、ただやみくもに神仏に祈ったり、世の中を変えることによって逃れようとしたり、あるいは、この世での解決は諦《あきら》めてしまって、あの世での解決（極楽）を求めたりするしかなかったのではないかと想像します。そのなか教祖は、自分の心を濁らせる「欲の心」に気づき、胸の掃除をして、心を澄みきらせていくことによって、この世で「極楽」のような世界が味わえることを教えてくださったのです。

現在においては、当時よりも医療が発達し、社会福祉も充実してきたので、病気や事情でつらく苦しいときには、病院へ行ったり、薬に頼ったり、あるいは公的機関に頼ったりして、昔ほどは神仏にもすがらなくなってきたかもしれません。しかし、医療や社会福祉はどこまでも「修理《しゅうり》肥《こえ》」であって、どれほど発達したとしても、私たちに根本的な解決をもたらすものではないでしょう。
また、自殺者の数を見れば、この世に希望を見いだせない人がまだまだ数多くおられることも分かります。つまり、現在においても、私たちが本当の幸せを手に入れ、極楽のような世界を味わうためには、自らの欲の心に向き合っていくことが大切であり、むしろ、そこに必ず誰もがたすかっていく道があるのだと教えていただくのでしょう。

さて、これまでのことを簡単にまとめますと、まず、人の欲の心には際限がなく、放っておくと泥水のように心が濁り、人の言動にすぐに腹を立てるなど、身上や事情を生み出す心づかいが生じやすくなります（欲に切りない泥水や）。そこで、私たちが、欲を離れて自らの心を澄みきらせていけば、周りの人の言動や置かれている環境が変わらなくとも、自分自身の受けとめ方や感じ方が変わり、見える世界や聞こえる世界が明るく陽気になっていきます。そうなれば、それに伴って私たちの心づかいも明るく陽気に変わっていくのであって、結果的に、明るく陽気な運命へと切り替えていくことができるのです（心澄みきれ、極楽や）。

はなしのたね

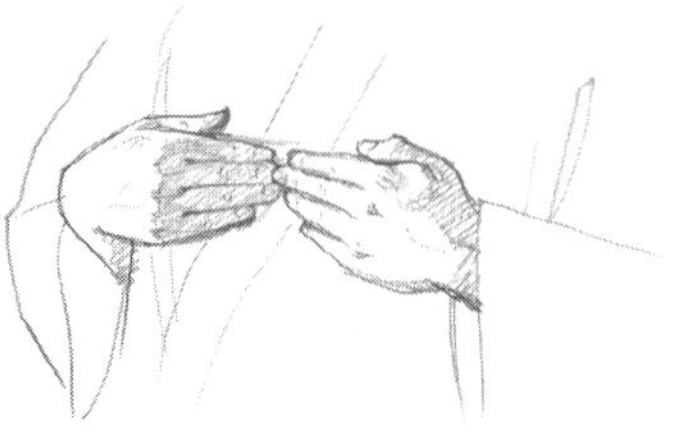

人の心が本当にたすかっていく話

これらのことが、「いつ〳〵までもこのことハ」の「このこと」にあたり、人々の心が本当にたすかっていくための「話の種」（五ッ）になるのだと拝察します。

そして、この話をどんどん広めていき（種を蒔《ま》き）、一人でも多くの人に本当のたすかりを味わってもらう（収穫を得る）ことが、私たちよふぼくの大切なつとめ（おたすけ）なのではないでしょうか。

六ッ　むごいことばをだしたるも　はやくたすけをいそぐから

教祖は、人々の「本当のたすかり」のために、人の心が身上に現れることを明らかにしてくださりましたが、このことは、現に病気を患《わずら》っている人からすれば、病気が、自分の心のありようが現れた姿だと言われていることになり、ある意味では「酷《むご》い言葉」であると言えなくもないでしょう。

そして実際に、そのように受け取られる可能性が十分にあるからこそ、「酷い言葉を出したるも」（六ッ）という言い方をわざわざして、私たちに、おたすけ現場において相手に伝えるときに、十分に配慮するよう注意を促してくださっているのではないかと拝察します。

しかし、一見すると酷い言葉のように聞こえることは、「早くたすけを急ぐから」（六ッ）と仰せくださっているように、私たちを責《せ》めるために出された言葉ではもちろんなく、私たちをたすけるために仰せくだされたことなのです。

ただし、ここでの「たすけ」というのは、病気を治すという「不思議なたすけ」ではなく、これまでも見てきましたように、そもそも病気になるような心を入れ替えていくという「本当のたすけ」であることは言うまでもありません。

つまり、病気を患っている人を含めて、相手に本当にたすかっていってもらうためには、人の心が身上に現れることを知ってもらうことは欠かせないのです。

ちなみに、身上の患いや事情のもつれを神様からの厳しい言葉（メッセージ）と理解して、それが実際に表れてくることを、「むごいことばをだしたるも」だとする解釈もあります。

七ッ　なんぎするのもこゝろから　わがみうらみであるほどに

人の心が身上に現れるということは、病気をはじめ、身上に起こってくる難儀は、自分の心に原因があるということになります。まさに、「難儀するのも心から」（七ッ）ということでしょう。

ところで、「難儀するのも心から」というと、聞きようによっては「今の困った状況にあるのは、自分自身の心づかいが悪いからだ」と、何か責められているように感じてしまう人もいるかもしれません。

しかし、七ッのお歌をよく見ますと、「難儀するのは心から」ではなく、「難儀するのも心から」と仰せくださっていることに気づきます。つまり、難儀するのも、また反対に難儀しないのも、私たちの心一つによって決まってくるということであり、「難儀するのも心から」の「心から」という部分が最も重要なのです。

わがみうらみであるほどに

常に自分自身を振り返る

おさしづに、

人間というものは、身は神のかしもの、心一つ我《わ》がもの。
たった一つの心より、日々《にちにち》どんな理も出る。
（明治22・5・10　補遺）

とあります。私たち一人ひとりの日々の心づかいが、それぞれの人生にとって非常に大切であることを教えてくださっているのです。

したがって、七ッのお歌の趣旨は、難儀なことが起こったときに、それを人のせいにして自分の心の中に余計な「ほこり」（恨み心）を積まないようにするとともに、難儀なことに直面したときには、自分に何か心得違いがないかを反省し、心を入れ替えていくようにすることだと拝察します。

ところが実際には、人は、自分に都合の良いことが起こったときには、それを自分の日々の通り方の結果だと思ったとしても、自分に都合の悪いことが起こったときに、その原因を自分に求めることは、なかなかできにくいものでしょう。

そして、自分が難儀して困るようなことが起こってきたときには、親や環境のせいにしがちであり、病気や災害が起こったときには、神様のせいにしたりもするのです。

もちろん、人が神様や親のせいにするのは、あまりにもつらい状況のなかで、自分の気持ちを治めきれなくなるからだとも言えましょう。

したがって、おたすけ現場においては、まずは相手の気持ちに寄り添い、相手のつらい気持ちを受けとめることが大切です。そのうえで、お道のおたすけにおいては、単に相手の難儀をたすけるだけではなく、その難儀を通して、相手にいかに自分自身の心を見つめ直してもらい、心を入れ替えて、本当の意味でたすかってもらえるかが重要になってくるのでしょう。

これについては、『稿本天理教教祖伝逸話篇』の一四七「本当のたすかり」という逸話が参考になります。

明治十五年に、山本いさという女性（当時40歳）が、産後の患いから五年近く寝たきりの状態であったのを、不思議なたすけを頂戴して、立ち上がって歩けるようになりました。

ところが、手の震えが少し残り、それがなかなか良くならなかったので、彼女はおぢばへ帰り、教祖に、「お息をかけて頂きとうございます」と、おたすけを願い出たのです。当時、教祖は、人々の患部に息を三度かけて、不思議なたすけをしてくださっていました。

教祖は、いささんの願い出に対して、

「息をかけるは、いと易《やす》い事やが、あんたは、足を救《たす》けて頂いたのやから、手の少しふるえるぐらいは、何も差し支《つか》えはしない。すっきり救けてもらうよりは、少しぐらい残っている方が、前生《ぜんしょう》のいんねんもよく悟れるし、いつまでも忘れなくて、それが本当のたすかりやで。人、皆、すっきり救かる事ばかり願うが、真実救かる理が大事やで」

と仰せになり、「おふでさき」を読むようにとお勧めになられたのです。

思えば、いささんは、五年もの間、寝たきりで、一生立てないと思っていたところを、不思議なたすけで立ち上がって歩けるというご守護を頂いたのです。そのときの喜びは、たとえようのないものであり、きっとそのときには、手の震えも気にならなかったことでしょう。

ところが、誰にでもあることですが、日が経《た》つにつれて、いささんのなかで、たすけられた喜びがだんだんと薄れていき、たすけていただいたこと（足）よりも、たすかっていないところ（手）に心が捉《とら》われていったのではないでしょうか。

もしそうだとすると、いささんは、仮に息をかけてもらって手の震えが治ったとしても、おそらく、しばらくするとまた違う箇所が気になって、再び心を悩ますことになる可能性が十分に考えられます。また、そもそも人の心が身上に現れるということを考えれば、産後の患いから五年近く寝たきりの状態になってしまった「いんねん」を、いささんが自覚し、それを切り替えていくことのほうが、手の震えを治すこと以上に、いささんの将来にとっては重要なことでした。

教祖は、そうしていささんにとって何が真のたすかりかをお考えくださったうえで、あえて息をおかけなさらずに、いささんに心の入れ替えを促し、本当にたすかっていく道をお示しくだされたのではないかと拝察します。

私たちも、自分自身の場合もそうですし、おたすけの場合でもそうですが、つい病気が治ることだけに心が捉われてしまいがちです。しかし、お道のおたすけは、どこまでも病気を治すことだけではなく、心をたすけていくことが大切であり、それが「本当のたすかり」だということを忘れないでいたいものです。

八ッ　やまひはつらいものなれど
　　もとをしりたるものハない
九ッ　このたびまでハいちれつに
　　やまひのもとハしれなんだ
十ド　このたびあらはれた
　　やまひのもとハこゝろから

「病はつらいものなれど」（八ッ）というのは、自分自身が病気になったときのことを思い出せば、誰もがすんなりと理解できることでしょう。

ところが、「（病の）もとを知りたる者はない」（八ッ）と言われると、「タバコを吸いすぎているのが、肺がんの原因でしょ」とか、「アルコールの飲みすぎが、肝臓が悪くなる原因でしょ」などと、「自分はちゃんと、病気になる原因を知っているよ」と反論したくなる人もいるのではないでしょうか。

しかし、ここで「病のもと」として言われていることは、そうした病気の原因についてではなく、十下り目全体を通して教えていただいている「心づかいが病として現れること」を仰せくださっていると拝察します。

ところで、次の九ッのお歌を見ますと、「病のもとは知れなんだ」（九ッ）とありますように、私たちは、そもそも病のもとを知ることができなかったのだと仰せくださっています。

確かに、タバコやアルコールが病気を引き起こす原因になることについては、人間の知恵で、ある程度は理解していくことができるでしょう。しかしながら、「心づかいが病のもとになる」ということを理解するためには、かしもの・かりものの教えについて知る必要があり、そのためには親神様のご存在を知ることが不可欠なのです。

したがって、教祖が、親神様のご存在を明かしてくださり、親神様が私たちに身体《からだ》をお貸しになって、私たちの心通りにさまざまな姿を現してくださっていることを教えてくださるまでは（このたびまでハ）、誰もが（いちれつに）、「心づかいが病として現れること」の真の意味を理解することがで

もとをしりたるものハない
このたびあらはれた
明らかになり、
知るようになる
（分かった）

きなかった（やまひのもとハしれなんだ）のです。

そして、続く十ドのお歌で、不思議なたすけによってこの道に引き寄せられ、おぢばに帰って、だんだんとお話を聞かせてもらうなかに、初めて（このたび）、人々にとって「病のもとは心から」（十ド）ということが明らかになっていき、これまで知らなかった病のもとを真に知ることができるようになっていった（あらはれた）と仰せくださっているのでしょう。

八ッのお歌の「（病の）もとをしりたるものハない」の「しりたる（知りたる）」と、十ドのお歌の「このたびあらはれた」の「あらはれた」は、ともに両人さし指で腹前に「平らに円を描く手」をして、「しりたる」と「あらはれた」が対応しているように悟ることができます。したがって、「あらはれた」（十ド）は、「出現した」という意味ではなく、「明らかになって、分かった」という意味だと理解して、八ッと十ドのお歌全体の意味では、病のもとを「しりたる（知りたる）」（八ッ）者はなかったのが、病のもとが心からだということが「明らかになって、分かった」というように解釈できるのではないかと拝察します。

ところで、病のもとを知ることは、人によっては、やはりつらいことであり、特に、現に病気で苦しんでいる人からすると、それを聞けば「むごい」（六ッ）と感じることさえあるのではないでしょうか。

みかぐらうたでは、そうした人々の気持ちに配慮してくださってか、二下り目で「なんじふをすくひあぐれバ」（七ッ）「やまひのねをきらふ」（八ッ）、三下り目で「やむほどつらいことハない　わしもこれからひのきしん」（八ッ）と、まずは病にならなくなるため（病の根を切るため）の具体的な方法（おたすけやひのきしん）をお説きくださっています。そのうえで、十下り目のお歌で初めて「病のもとは心から」（十ド）と、はっきりと病のもとを明らかにしてくださっているのです。

教祖は、ご自身やご家族が明日食べるお米さえないといった極貧《ごくひん》の状況にあっても、「世界には、枕もとに食物《たべもの》を山ほど積んでも、食べるに食べられず、水も喉《のど》を越さんと言うて苦しんでいる人もある」（『稿本天理教教祖伝』第三章「みちすがら」）と、世界中で病気に悩み苦しんでいる人々のことをご心配くださっています。

人々のつらい気持ちを誰よりもご理解くださっている教祖がお教えくだされた、みかぐらうたの「説き方の順序」のなかにも、教祖の深く温かな親心を感じずにはいられません。

「お歌」

一ッ　ひとのこゝろといふものハ
　　ちよとにわからんものなるぞ
二ッ　ふしぎなたすけをしてゐれど
　　あらはれでるのがいまはじめ
三ッ　みづのなかなるこのどろう
　　はやくいだしてもらひたい
四ッ　よくにきりないどろみづや
　　こゝろすみきれごくらくや
五ッ　いつ〳〵までもこのことハ
　　はなしのたねになるほどに

「一つの悟りとしてのまとめ」

「人の心」というものは（ひとのこゝろといふものハ）、教祖のお心をなかなか理解しなかったり、また、自分の心づかいを意識したりせず、自分の心が分かっていないものである（ちよとにわからんものなるぞ）。

親神様は、これまで「をびや許し」をはじめ、不思議なたすけをしているけれども（ふしぎなたすけをしてゐれど）、人の心が身上に現れることを明らかにし（あらはれ）、心の入れ替えを促すのは（でるのが）、今が初めてのことだ（いまはじめ）。

それは、水の中のこの泥（みづのなかなるこのどろう）を早く外へ出してもらいたい（はやくいだしてもらひたい）ように、心の中の欲を早くとってほしいということである。

つまり、心を濁《にご》らす欲には切りがなく、欲だらけの心は泥水のようなものである（よくにきりないどろみづや）。水の中から泥を外へ出すように、欲を離れて心が澄みきれば、まさに極楽を味わえるであろう（こゝろすみきれごくらくや）。

いついつまでも、このことは（いつ〳〵までもこのことハ）、世界中の人々を真にたすけていくための話の種になる（はなしのたねになるほどに）。

六ッ　むごいことばをだしたるも
　　はやくたすけをいそぐから
七ッ　なんぎするのもこゝろから
　　わがみうらみであるほどに
八ッ　やまひはつらいものなれど
　　もとをしりたるものハない
九ッ　このたびまでハいちれつに
　　やまひのもとハしれなんだ
十ド　このたびあらはれた
　　やまひのもとハこゝろから

病人にとっては酷《むご》く感じるかもしれないが、人の心が身上に現れることを明らかにしたのは（むごいことばをだしたるも）、早く本当のたすけを急ぐからである（はやくたすけをいそぐから）。

難儀《なんぎ》するのも、しないのも、私たちの心一つによって決まってくるのだから（なんぎするのもこゝろから）、難儀なことに直面したときには、周りの人や神様を恨《うら》んだりせずに、自分自身の心を振り返るようにせよ（わがみうらみであるほどに）。

病んだ日のことを思い出せば誰もが分かるように、病はつらいものだと知っているけれども（やまひはつらいものなれど）、病になるもとというのを知っている者はいない（もとをしりたるものハない）。

というのも教祖が、親神様のご存在を明かしてくださり、親神様が私たちに身体《からだ》をお貸しになって、私たちの心通りにさまざまな姿を現してくださっていることを教えてくださるまでは（このたびまでハ）、誰もが（いちれつに）、心づかいが病として現れるということを真に理解することができなかった（やまひのもとハしれなんだ）からである。

このたび、親神様のご存在を知り、かしもの・かりものの教えが明らかになった（このたびあらはれた）ことで初めて、人々は、病のもとは心からであることを真に分かるようになったのである（やまひのもとハこゝろから）。以上のように拝察する。

十一下り目

一ッ　ひのもとしよやしきの
かみのやかたのぢばさだめ

十一下り目では、世界たすけの普請《ふしん》の基礎（土台）づくりに欠かせない「（土持ち）ひのきしん」について教えてくださされているのではないかと拝察します。別の言い方をすれば、不思議なたすけを頂《ちょう》戴《だい》して信心しはじめた人々が、かしもの・かりものの教えを聞き、「ひのきしん」を通して信仰信念を固めていく様子を仰せくださっているとも拝察できます。

さて、三下り目では、

一ッ　ひのもとしよやしきの
　　つとめのばしよハよのもとや

と、「ひのもとしよやしき」にある、世界たすけのおつとめをする「つとめのばしよ」について仰せくださっています。それに対して、ここ十一下り目では、月日親神様のお住まいである「かみのやかた（神の屋形・館）」（一ッ）について仰せくださっているのです。

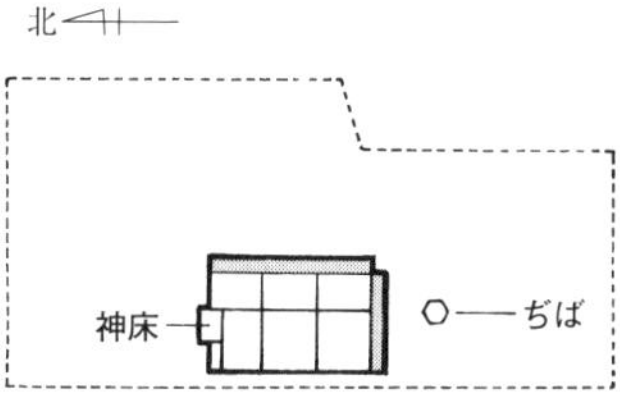

元治元年、つとめ場所建築
明治８年、ぢば定め

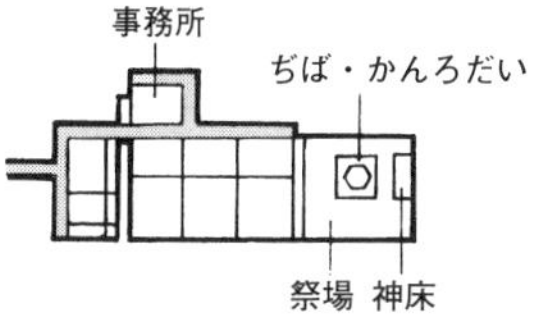

明治21年、つとめ場所増築

二下り目でも見ましたように、お歌ができた慶応三年当時、お屋敷には、お道の建物としては、元治元年に普請が始まった、いわゆる「つとめ場所」と呼ばれる建物があるのみで、その北の上段の間に神床《かんどこ》が設けられていました。

そうした状況のなか、「神のやかたのぢば定め」（一ッ）と聞いた当時の人々は、いよいよ本格的な神殿普請が行われることを想像したかもしれません。

ところが、明治八年に、人間創造の元なる「ぢば」（場所）が定められ、そののちに、そこに天理王命の神名が授けられたのです。このことによって、おぢばこそが親神様の坐《おわ》すところという意味での「神のやかた」であることが示されたと解釈されるのです。

また、おつとめも、それまでは「つとめ場所」の中で、北の上段の神床に向かって勤められていたのが、ぢば定めののちは、おぢばで勤められるようになっていったのです。すなわち、教祖は、おぢばにかんろだいを据《す》え、かんろだいを芯《しん》に、かぐらづとめとてをどりを勤めるように教えていってくだされたのです。

こうして、ぢば定めと、そこに神名が授けられた以降は、おつとめを

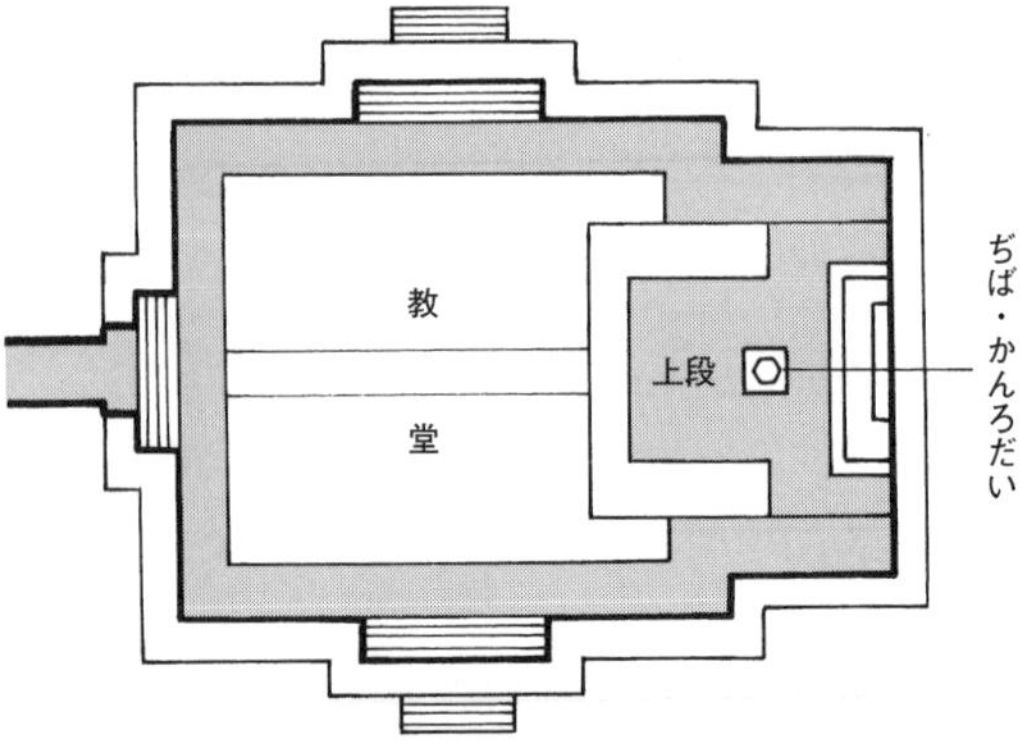

大正２年、神殿新築（現北礼拝場）

する場所（つとめのばしよ）と親神様がお鎮《しず》まりくださる場所（かみのやかた）とは、「おぢば」のことを意味するようになったと言えるのでしょう。

そして、建物のほうも、おつとめをする場所を兼ね備えた神殿が、おぢばを芯に、少しずつ普請されていくことになります。

まず、明治二十一年の教会本部設置に際して、元治元年の「つとめ場所」の南側にあった「おぢば」に板張り二段のかんろだいを据え、それを取り入れる形で新たな神殿が増築されました。そして、かんろだいの南側には神床が設けられました。

その後、大正二年には、元治元年の「つとめ場所」の建物を取り除いて（現在は、記念建物として教祖殿北側に保存されています）、新たに一から本格的な神殿が「かんろだい」を芯に建設されたのです。このときに出来たのが、現在の北礼拝場でした。ただし、この時点でも、おぢばには木製二段の「かんろだい」が据えられ、その南側にはお社《やしろ》があり、北礼拝場から南へと拝をしていました。

それが、昭和九年に南礼拝場が完成し、おぢばに木製十三段の「ひながたかんろだい」が据えられるとともに、お社も取り払われて、ここに、かんろだいを芯として南北から拝み合う形の神殿が姿を

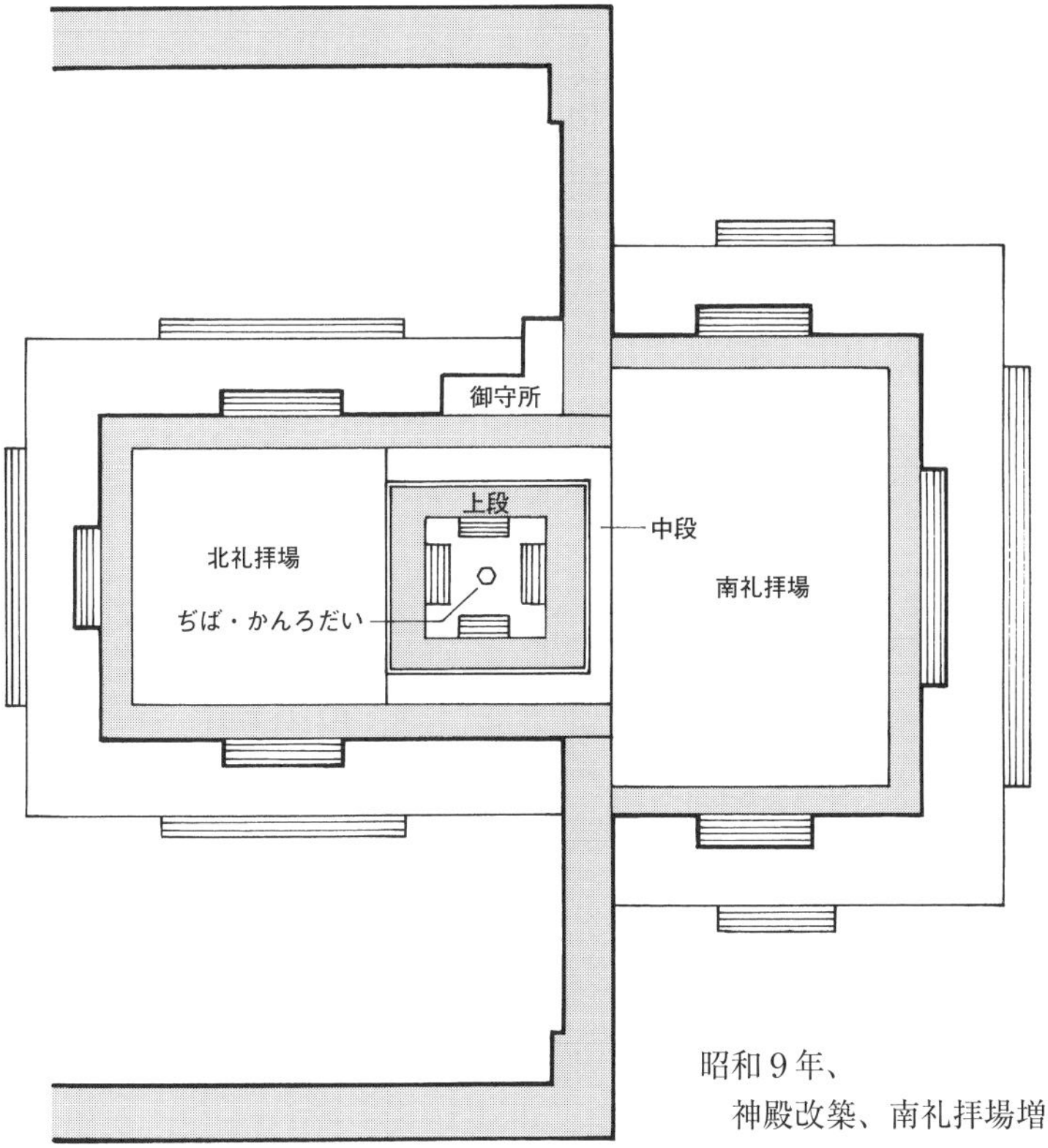

昭和9年、
神殿改築、南礼拝場増築

現したのです。

そして、昭和五十九年には、東西礼拝場普請とともに、神殿上段の改修が行われ、現在のように、四方正面からかんろだいを拝し、「かぐらづとめ」をも参拝者が拝せるようになったのです。

このように、一ッのお歌で仰せくださっている「神のやかたのぢば定め」が行われたことによって、おぢばに人々の真実が結集してゆき、「神のやかた」としての「ぢば」を芯とし、おつとめをする場所を含めた「神殿」と、それを四方から拝する礼拝場が出来上がっていったのです。

ところで、「かみのやかたのぢ

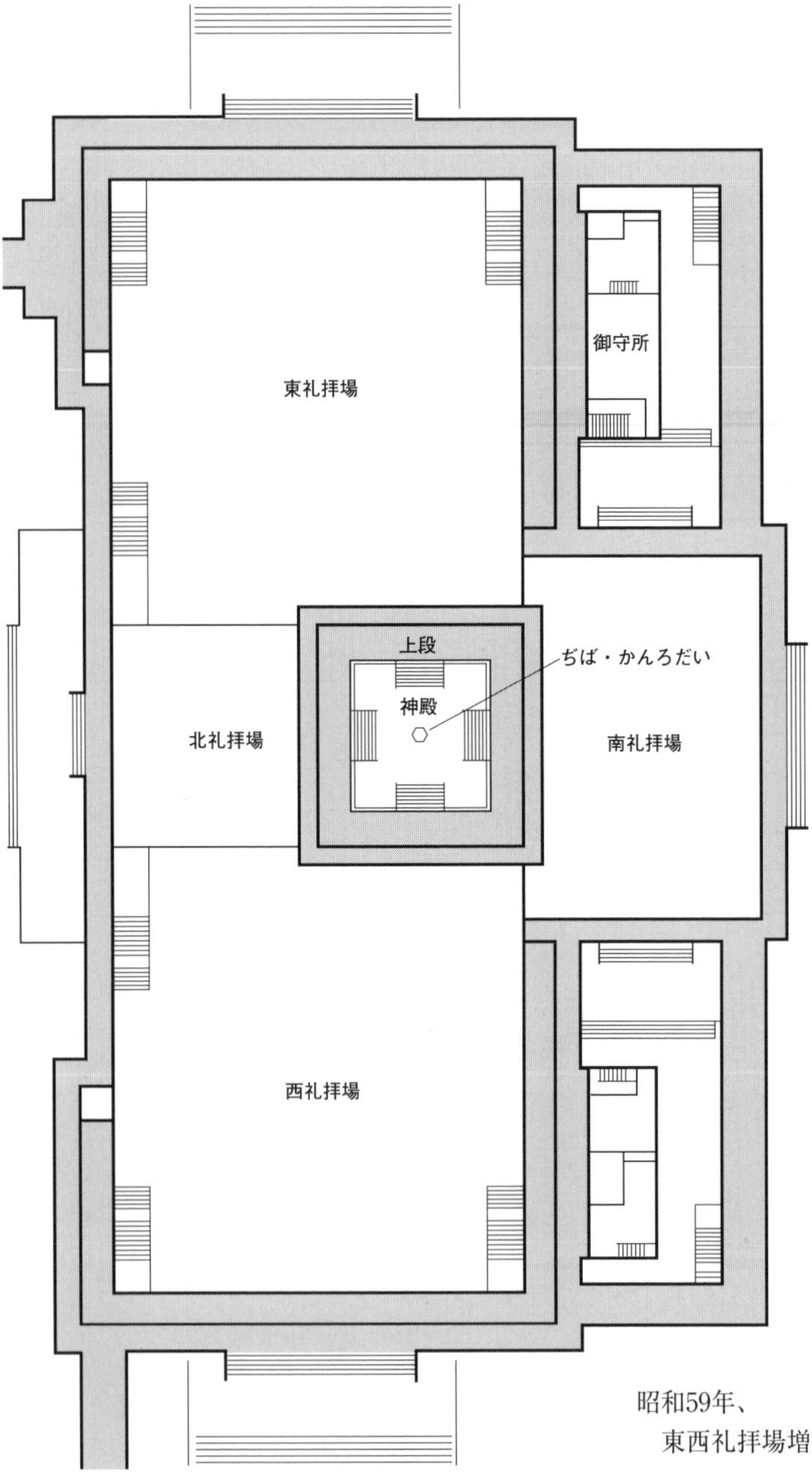

昭和59年、
東西礼拝場増築

ばさだめ」の「やかたの」の手振りは、「や」で、両平手は甲を上向きに、指先を向かい合わせに左をほんの少し重ねて、額の前あたりに上げ、「か」で、前の両平手の指先を上向きに、掌《てのひら》を向かい合わせに左右に開いて、顔の両脇前あたりに立て、「たの」で、さらに、その両平手は掌を向かい合わせにしたまま、指先を正面向きにして、腹の両脇前あたりまで下げると教えられています。これは、神のやかたの天井が開いていて、天に突き抜けていることを表していると悟ることができます。

かみのやかたの
かんろだいは
すっかり雨打たしのもの

実際に、明治二十一年に、「おぢば」に板張り二段のかんろだいを据え、それを取り入れる形で新たな神殿を増築するに際して、「一間四方《いっけん》天窓にして」（明治21・7・24）というおさしづを頂戴しています。このおさしづを受けて、このときには、天井は寒冷紗《かんれいしゃ》（目の粗い麻布《あさぬの》）の幕で開閉式にされました。

また、大正二年に、新たに一から本格的な神殿を建築した際にも、「かんろだいはすっかり雨打《あまう》たしのもの」（明治40・5・30）、「地《じ》から上へ抜けてあるもの」（明治40・5・31）というおさしづを頂戴しています。そのときも、天井は開閉式にされたといいます。

そして、昭和九年に南礼拝場が完成し、おぢばに木製十三段の「ひながたかんろだい」が据えられるとともに、「かんろだいはすっかり雨打たしのもの」というおさしづ通りに、かんろだいの上には、六尺四方の天窓が設けられることになったのです。

さて、「神のやかた」というのは、親神様がお鎮まりくださるところであるとともに、そこに子供である人間が帰り集い、親の思召《おぼしめし》を聞かせてもらって、兄弟姉妹として仲良くたすけ合っていくところでもあると拝察します。つまり、「神のやかた」というのは、「神人和楽の世界」を象徴しているとも悟ることができるのです。

先人のお話のなかに、「かみの子、いちにん、ふそくなもの、まんぞくにしてくれたなら、かみのやかたを、つくりたもおなじこと。神は、それほどに、うけとるといふ」（諸井政一『改訂正文遺韻』）とあります。

つまり、どの人も親神様にとっては大切な子供（かみの子）ですので、私たちが、困ったり難儀《なんぎ》したりしている人を一人でも（いちにん、ふそくなもの）たすけて満足させることは（まんぞくにしてくれたなら）、親神様が造ろうとなされている親子団欒《だんらん》の世界に一歩でも近づくこと（かみのやかたを、つくりたもおなじこと）になるということでしょう。

したがって、「神のやかたのぢば定め」（一ッ）と仰せくださるのは、神人和楽の世界を実現していく場所、すなわち、親神様がお鎮まりくださる場所を定め、その場所に人々が寄り来るように、いよいよ本格的に世界たすけの普請を推し進めることを仰せくださっていると悟ることができるのです。

そこで、まずは、信心する人々に対しては、揺るぎない神一条の信仰信念を培《つちか》うために、しっかりとおぢばに心をつなぎ、伏せ込みをし、ひのきしんをすることを、次の二ッ以降のお歌で仰せくださっていると拝察します。

二ッ　ふうふそろうてひのきしん
これがだい、ちものだねや

ひのきしんは、一人ひとりが、かしもの・かりもののご恩を知り、報恩《ほうおん》感謝の心を行いや態度に表すことです。したがって、ひのきしんは、心さえあれば自分一人でも行えますし、また、家族の誰かに頼んでやってもらうようなものではなく、どこまでも自分自身が行わないと意味がないものなのです。

その一方で、神のやかたの「ぢば」を定め、神人和楽の世界（神のやかた）の建設を打ち出してくだされたのは（一ッ）、一人でも多くの人々に、ひのきしんを通してたすかっていってもらいたいという親心からだと拝察します。

したがって、お道を先に聞き分けた者が、自らひのきしんをするだけではなく、「元の親」をまだ知らない周りの人々にも声を掛け、同じ親を持つ「兄弟姉妹」として共にひのきしんに励《はげ》むようになれば、きっと親神様もお喜びくださり、頼もしく思召《おぼしめ》しくださるに違いないでしょう。

そのなかでも、「兄弟の中の兄弟」（おさしづ　明治28・7・23）とも聞かせていただく夫婦が、一緒におぢばに帰り、揃《そろ》ってひのきしんにいそしむ姿は、何よりも親を喜ばせ、親を安心させることになるのではないでしょうか。

さて、夫婦揃ってのひのきしんを「第一の物種」だと仰せくださっています。「ものだね（物種）」とは「物事のもととなるもの」を意味し、特に夫婦揃ってのひのきしんは、お道を歩むうえで、物に不自由したいと思っても不自由できなくなるご守護を頂戴できる、一番の元になるのだと拝察します。

しかし、「物種」はどこまでも「種」ですから、それを蒔《ま》かないことには始まりません。おさしづに、

蒔いた種さえ、よう〳〵の事で生えんのもある。蒔かぬ種が、生えそうな事があるか。

（明治24・2・8）

とあります。蒔いた種でさえも、いろいろな事情で生えないことがあるのに、蒔いていない種からは何も生えるわけがないということでしょう。したがって、信心の道においても、教えを知っているだけでは仕方がないのであり、実際にひのきしんをして神の田地《でんじ》に真実の種を蒔かないことには、ご守護の姿をお見せいただくことはできないということでしょう。

もちろん、

にち〳〵に心つくしたものだねを
神がたしかにうけとりている

（おふでさき号外）

とありますように、必ずしも夫婦でなくとも、人々が日々、おぢばや教会に心を尽くしていることを、親神様は真実としてお受け取りくださり、信仰生活のさまざまな場面で、その芽生えをお見せくださ

っていると拝察します。

それでも、夫婦揃ってのひのきしんを「第一、物種や」と仰せくださるのは、実際にそれを実行に移すことは、一人でひのきしんを行う以上に、より多くの心の真実を尽くす必要があるからではないでしょうか。

おふでさきに、

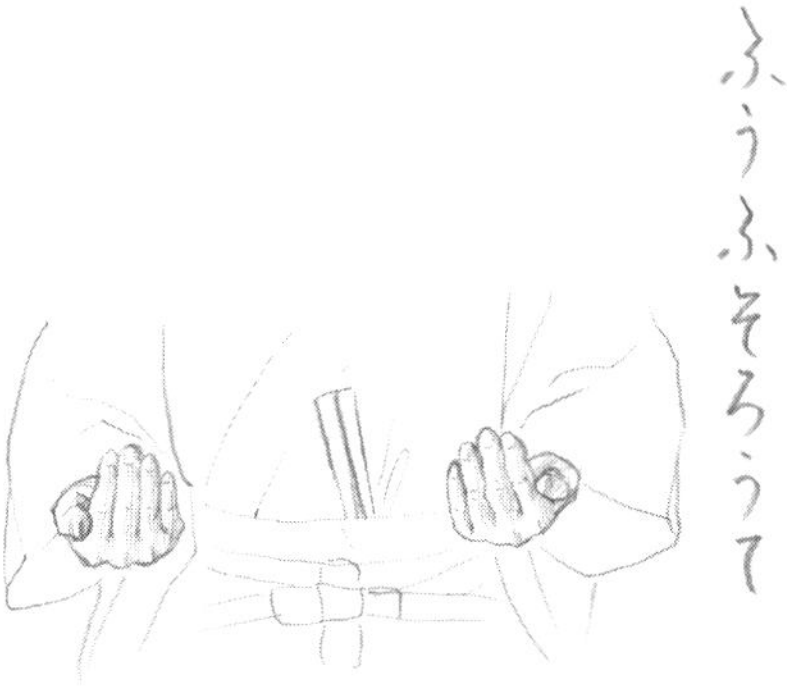

兄弟の中の兄弟 相手に合わせ、心を揃えて

　をやこでもふうふ〳〵のなかもきよたいも
　みなめへ〳〵に心ちがうで　（五　8）

とありますように、夫婦であっても、それぞれに心があり、それぞれの考え方や感じ方があります。そのなかを相手に合わせ、相手と心を揃えていくためには、それなりの覚悟と根気が要《い》ります。

つまり、夫婦揃ってのひのきしんは、実行していくのが容易でない分、それができたときには、将来の結構な姿をお見せいただく「物種」となるのでしょう。

そのためにも、できれば夫婦二人とも信心の道を歩み、お互いにその努力をすることが望ましいと言えます。

これまで見てきましたように、文久元年ごろより熱心に信心しはじめる人々が出てきたのですが、その当初から、教祖は、人々が夫婦揃って信心していけるようにお導きくださり、ご丹精《たんせい》くださっておられるのです。

たとえば、七下り目でも取り上げた西田コトさんは、文久元年に、歯の患《わずら》いをきっかけにこの道に引き寄せられ、信心の道を歩みはじめました。そのときに、教祖から「旦那《だんな》さんも連れておいで」と言われ、夫も参拝するようになったといいます。

また、山中忠七先生が妻そのさんの身上をたすけてもらって信心しはじめたころ、教祖は、「(前略)主人に手入れしても家内《かない》は聞き分け出来ようまい、それ故《ゆえ》家内に手入れしたのや」(『山田こいそ伝』)と仰せになったといいます。つまり、夫婦のどちらに身上を見せれば、二人ともが神様の話に耳を傾けられるようになるのかをご考慮くださって、お手入れして(身上を見せて)くださるということでしょう。実際に、奥さんの身上がきっかけで、夫婦ともども信心しはじめた先人としては、先ほどの西田夫妻や山中夫妻以外にも、仲田儀三郎・かじ夫妻、飯降伊蔵・おさと夫妻、前川喜三郎・たけ夫妻、松尾市兵衛・はる夫妻がいます。

また、兄の身上がきっかけでこの道に引き寄せられた梅谷四郎兵衛先生は、四下り目でも触れましたように、入信して間もないころ、「夫婦揃うて信心しなされや」と聞かせてもらい、早速《さっそく》、奥さんに「この道というものは、一人だけではいかぬのだそうであるから、おまえも、ともども信心してくれねばならぬ」と話をしたといいます(『稿本天理教教祖伝逸話篇』九二「夫婦揃うて」)。

もちろん現実には、夫婦の一方が、夫婦揃っての信仰を願っても、もう一方の相手が、すぐに理解を示して一緒に信心の道を歩んでくれるとは限らないでしょう。それどころか、なかには、自分には勧めてくれるなと忠告してきたり、信心することを止めたりする場合もあるかもしれません。しかし、お道を先に聞き分けた者が、心を低くして通り、「夫婦揃って信心したい」という気持ちを持ち続け、それに向けて、親神様に対しても、また相手に対しても真実を尽くしていけば、たとえ自分の代では実現しなくとも、必ずその理が残り、子供や孫の代で「夫婦揃って」という喜びの姿をお見せいただくのだと信じます。

すでに夫婦として信心の道を歩んでいる者は、常にとはいかないまでも、少なくとも冒頭のお歌を口にし、お手を振らせていただくときには、日々、夫婦として心を揃えて、ひのきしんの態度で信心の道を歩めているかを振り返りたいものです。

ところで、「夫婦揃ってひのきしん」というのは、外に向けては、二人が心を合わせて、にをいがけ・おたすけに励むということではないでしょうか。

郡山大教会初代会長の平野楢蔵《ひらのならぞう》先生は、入信して間もないころ、「教祖のことを思えば、我々、三日や五日食べずにいるとも、いとわぬ」と、奥さんと二人で決心して布教道中を歩んでいました。そのときに、教祖にお目にかかると、「この道は、夫婦の心が台や。夫婦の心の真実見定めた」と、お言葉を下されたのです（『稿本天理教教祖伝逸話篇』一八九「夫婦の心」）。

ひのきしんにしろ、にをいがけ・おたすけにしろ、夫婦の心が台となって、親神様にお働きいただけるのだと拝察します。

三ッ　みれバせかいがだん〳〵と　もつこになうてひのきしん

江戸時代において普請が行われるときには、その規模に応じて人足《にんそく》（労働者）が募集され、人々は、鋤《すき》や畚《もっこ》を各自で持参して手伝いをし、対価として銭《ぜに》や米などの報酬《ほうしゅう》を得ていました。

したがって、当時の人々が「見れば世界がだんだんと畚担《もっこにの》うて」（三ッ）と聞いたときには、すぐに普請現場で畚を担《にな》って土持ちをしている様子を思い浮かべたとしても不思議ではないでしょう。

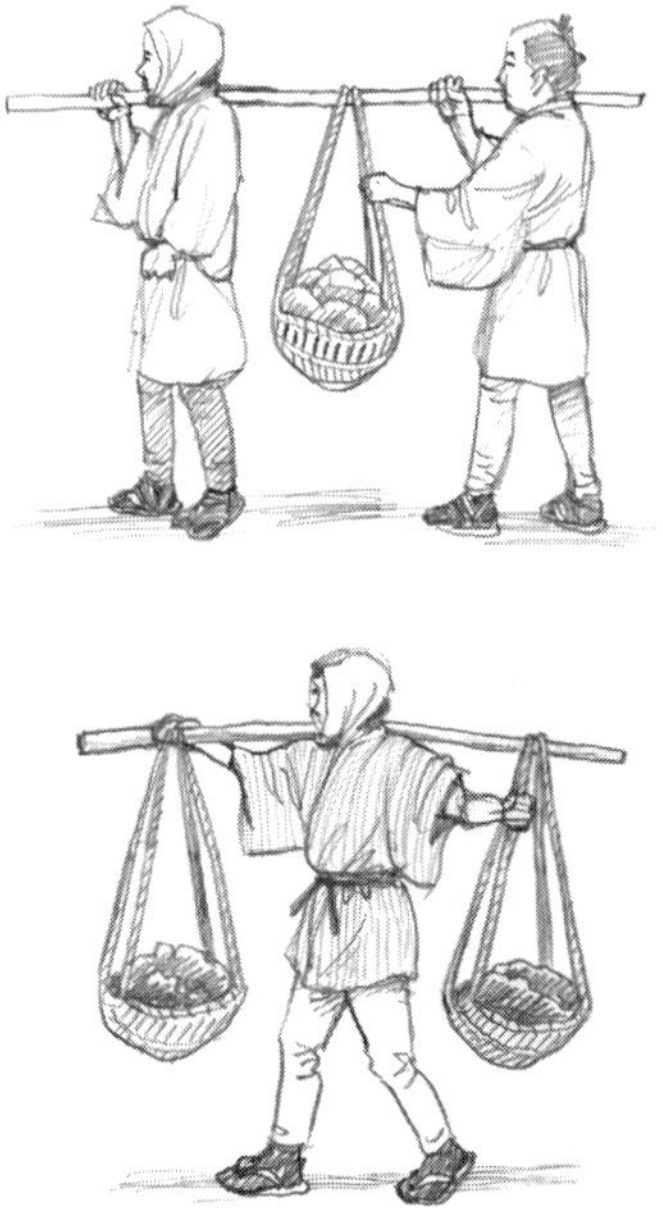

畚を担っての土持ちの様子

そして、そうしたなかで人々は、畚を担っての土持ちを、銭や米などの対価を得るためではなく、自らのお礼としてさせてもらうことが「ひのきしん」（三ッ）なのだと教えてもらったわけです。きっと当時の人々にとっては、これ以上ないくらい、分かりやすく具体的な「ひのきしん」についての説明だったことでしょう。

さて、ひのきしんは、まさに土持ちがそうであるように、一般には、地道な作業であったり、

もっこになうてひのきしん
人生の土台づくり

すぐには成果の見えない内容のものが多いと言えます。しかし、土持ちが普請において何よりも大事な土台づくりであるように、ひのきしんは、「神のやかた」のみならず、一人ひとりの人生にとっても、かけがえのない土台づくりになると言えるのです。

だからこそ、若いころからのおぢばへの伏せ込みが大切なのであり、子供のころから教会へ足繁《しげ》く通うことが重要になってくるのです。

だんだんとお道の教えが広まり、人々が親神様のご恩が分かるようになってくれば、世界中から人々がおぢばに帰ってきて、畚を担うて土持ちひのきしんをするようになっていくのでしょう。「見れば世界がだんだんと畚担うて」（三ッ）というのは、そうした姿が親神様には見えておられることを仰せくださっているのだと拝察します。

四ッ　よくをわすれてひのきしん
これがだい、ちこえとなる

さて、四ッのお歌では、わざわざ「欲を忘れてひのきしん」と教えてくださっています。

最初の一日や二日は、誰もが対価を求めず、お礼の気持ちでひのきしんをすることができましょう。しかし、それが明日《あす》も明後日《あさって》もとなると、やはり自分の予定や都合が気になりだし、だんだんと欲の心も出てきます。そこをさらに、もう一日と、欲を忘れてひのきしんをするところに、「これが第一肥《こえ》となる」（四ッ）と聞かせていただく、真実の伏せ込みの姿となってくるのでしょう。

もともと「寄進《きしん》」は、一般には神社や寺院の修繕《しゅうぜん》などの特別なときに、裕福な人や地位の高い人など、一部の人が金銭や物品を寄付することでした。それに対して「ひのきしん（日の寄進）」は、報恩感謝の心さえあれば、老若男女《ろうにゃくなんにょ》を問わず、誰もがいつでもさせてもらえることとして教えていただきます。そこで初めは、あまり大層に考えずに、一荷《いっか》の土でも運ばせてもらいたいと、たとえ一日だけでも、ひのきしんに取りかからせてもらうことが肝心なのでしょう。それをだんだんと重ねていくうちに、胸の掃除も進み、気がつけば「欲を忘れてひのきしん」の態度を身につけさせてもらうことになるのではないでしょうか。

二ッのお歌では、夫婦揃ってのひのきしんが第一の物種《ものだね》だと仰せくださり、今度は、欲を忘れてのひのきしんが第一の肥となると仰せくださっているのです。

それは現実には、夫婦で心を揃えてひのきしんをすることが難しいように、欲を忘れることもなかなかできにくいからではないでしょうか。特に、夫婦になって家庭を持つようになると、余計に自分たちの予定や都合をおいて、欲を忘れてひのきしんをすることが、一人のとき以上に難しくなるでしょう。しかし、だからこそ、夫婦揃ってひのきしんをし、それでいて自分たちの難儀不自由を顧《かえり》みずに、欲を忘れてひのきしんをするところに、親神様の「第一、肥となる」と仰せいただくお受け取りがあるのだと拝察します。

五ッ　いつ〳〵までもつちもちや　まだあるならバわしもゆこ

さて、「いついつまでも土持ちや」（五ッ）と仰せいただくように、ひのきしんは、お道を通らせてもらう者が、生涯《しょうがい》にわたってさせていただくことです。したがって、どれだけ信仰の年限を重ねようとも、どれだけ地位や立場ができようとも、常に「まだあるならば、わしも行こ」（五ッ）の精神で日々ひのきしんをさせてもらいたいものです。

教祖は、お屋敷で、春や秋に農作物の収穫で忙しくしていると、「私も手伝いましょう」と仰せになって、よくお手伝いくだされたそうです。暑い初夏の日に、八十歳を超えた教祖が、手拭《てぬぐい》を姉《あね》さん冠《かぶ》りにして、若い青年に交じって一緒に農作業されたという逸話も残っています（『稿本天理教教祖伝逸話篇』七〇「麦かち」）。

私たちは、教祖の日々のお姿やご行動のなかに、ひのきしんのあるべき姿を学ばせていただけるのです。

ところで、「まだあるならバ」の「ま」で、鳴物《なりもの》の重ね打ちをし、お手は「平らに揃える手」をし

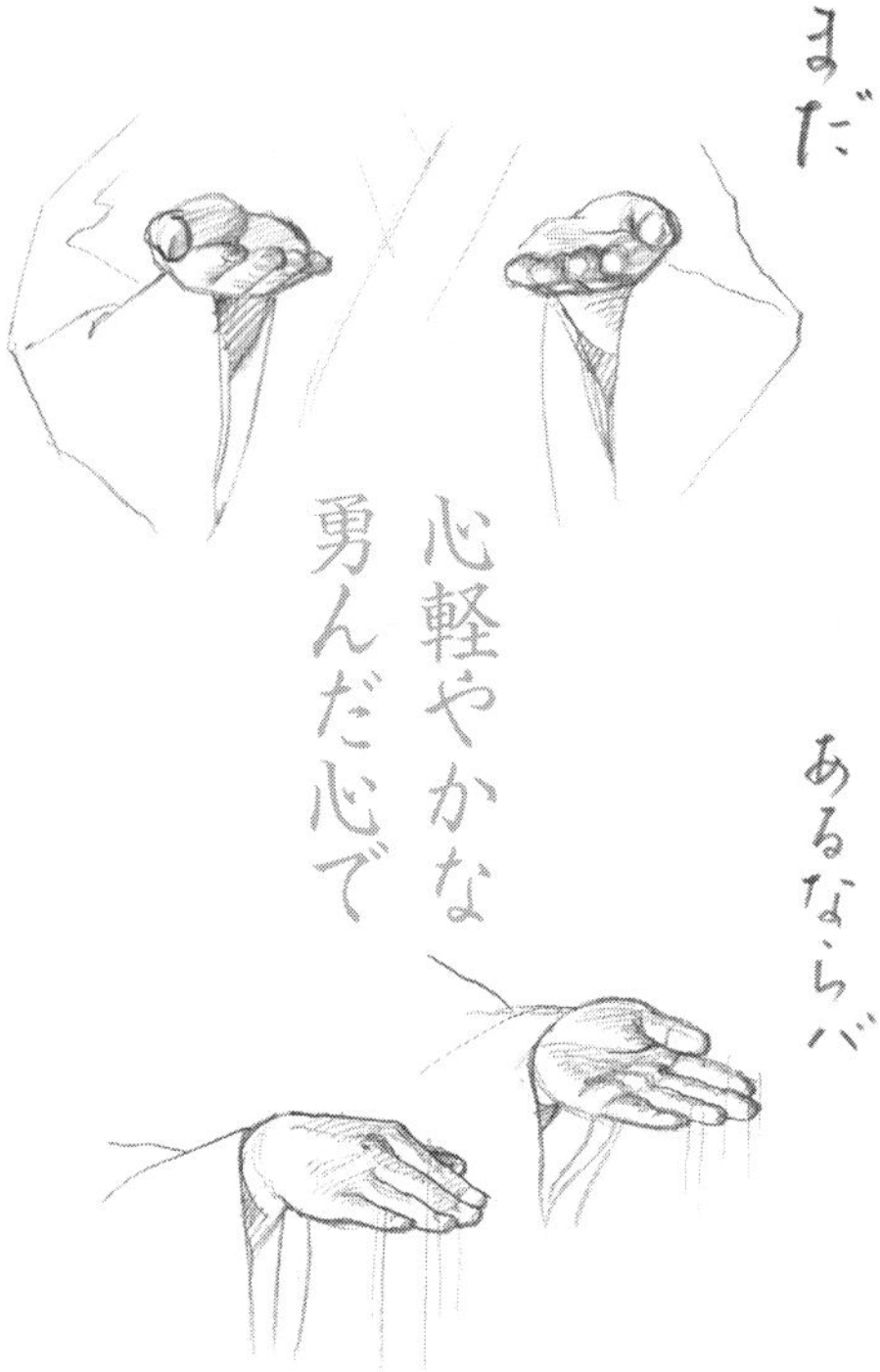

ます。そして続いて、「あるならバ」で、後ろを向きながら「イサミの手」をします。さらに、「わしもゆこ」の「わ」で、両平手の指先を同時に胸にとり、「しも、ゆこ」で、いわゆる「ひのきしんの手」をします。ここは、非常にテンポがよく、何歳《いくつ》になっても心軽《かろ》やかに勇んだ心で、ひのきしんに取り組ませてもらおうという様子がよく伝わってくるのではないでしょうか。

六ッ　むりにとめるやないほどに　こゝろあるならたれなりと

ひのきしんとしての「土持ち」は、人間のほうからすれば、親神様に対するお礼、すなわち「寄進」としてさせてもらうものです。それに対して、親神様のほうからすれば、可愛《かわい》い子供である人間に「こうのう（功能・効能）」を積ませてやりたいとの思召から、「土持ち」を促しておられるのでしょう。

おさしづに、

一荷《いっか》の土どういう事に成るとも、何《なん》ぼのこうのうに成るとも分からん。（明治40・3・13）

とあります。つまり、私たちが、たとえ一荷の土を運ぶだけでも、どれだけ大きな「こうのう」（よい結果を生じさせる働き）を頂戴できるか分からないと仰せくださっているのです。

だからこそ、誰かが「いついつまでも土持ちや　まだあるならば私も行こう」（五ッ）という思いになったときには、周りの者は、当人のせっかくの徳積みの機会を「無理に止めるようなことはしないでもらいたい」（六ッ）と仰せくださっているのではないかと拝察します。

ところで、かつて桝井伊三郎先生が、貧のどん底の道や反対攻撃のなかをお通りくだされている教祖に対して、「教祖はなかなかご苦労でございますなあ。いつもいつも子供のために、ご苦労ばかりをかけまして、何と申し訳ないことでございますなあ」と、頭を下げて申し上げると、教祖はしんみりと、「伊三郎さん、わたしゃ苦労でもなんでもないのやで。（中略）人に頼まれてしていることやないもの、やめるにやめられんがな。通らずにはおられんがな。また苦労でも何でもないのやで」と仰せられたそうです（桝井孝四郎『おさしづ語り草（上）』）。

道の先人たちは、この教祖の親心にふれ、自分たちも「教祖のためならば」と、お屋敷に尽くし運び、どんな苦労のなかも、にをいがけ・おたすけに奔走《ほんそう》したのでしょう。まさに、この「親を思う心」こそが、六ッのお歌で言われている「心あるなら」の一番の内容ではないでしょうか。

私たちも、親神様のご恩に少しでも報《むく》いたい、教祖の親心に少しでも応《こた》えたい、そうしたやむにやまれぬ「心」をもって、「ひのきしん」に取り組みたいものです。

七ッ　なにかめづらしつちもちや
これがきしんとなるならバ

なにかめづらしつちもちや・・・・
精いっぱいの心を運ぶ

当時、「寄進」といえば、一般には、神仏に金銭や物品を奉《ほう》納《のう》することでした。そのことを思えば、畚《もっこ》を担《にな》って一荷の土を運ぶ「土持ち」が、親神様にお受け取りいただける「寄進」となると教えられたことは、当時の人々にとっては、まさに「何か珍し土持ちや」（七ッ）ということだったでしょう。

しかし、その分、一荷の土を運ぶ人々の「心」が重要であったとも言えます。

「一荷」というのは、天秤《てんびん》の棒の両端に付けて、一人の肩に担える分量のことだとされます。したがって、運ぶ土の量は人によって違うのであり、肝心なのは、自分が担《かつ》げるだけの精いっぱいの量を運ばせてもらおうという「心」なのでしょう。

おさしづに、

さあ頼もしい〳〵心供《そな》えば受け取る〳〵。泣く〳〵するようでは神が受け取れん。百万の物持って来るよりも、一厘《いちりん》*の心受け取る。これだけ聞きたら、どんな事も分かる。（明治35・7・20）

とあります。

おつくしに限らず、ひのきしんにおいても、親からすれば、子供が泣く泣く大きな仕事をしてくれるよりも、たとえ一荷の土であってもいいから「これがきしんとなるならバ」（七ッ）と、親のために一生懸命に運んでくれる、その心が嬉《うれ》しいということだと拝察します。

八ッ　やしきのつちをほりとりて
　　ところかへるばかりやで

九ッ　このたびまではいちれつに
　　むねがわからんざんねんな

「寄進」は一般に、神社や寺院に対して「自分の財産」の一部を献納《けんのう》することと理解されます。

＊明治時代の通貨としては、「円」のほかに「銭《せん》」（円の百分の一）と「厘《りん》」（円の千分の一）とがあり、「一厘」は当時のお金の最小単位でした。

ところが、お道では「この世は神のからだ」であると聞かせていただくわけですから、そもそも「自分（私たち）の財産」というものはなく、すべて親神様のものであり、親神様からすれば、人間から何かを献納してもらう必要はないのです。

したがって、ひのきしんを教えてくださるのは、親神様が何かを献納してもらうためではなく、むしろ可愛い子供である人間が、欲を忘れてひのきしんをすることによって、「物種」（二ッ）であったり、「肥」（四ッ）であったり、「こうのう」を頂戴できるようにしてやりたいという親心からなのだと拝察します。

心さえあれば誰でもできる

ところで、ひのきしんといっても、「やしきの土を掘りとりて、所かえるばかりやで」（八ッ）と仰せいただきます。つまり、その内容は大層なことではなく、お屋敷の中の土を掘って、一つの場所から別の場所へと移し替えるぐらいのことだと仰せになるのです。しかし、それを「させていただこう」という心が大切なのであって、心さえあれば誰でもできるようなことだと教えてくださっているのです。

ところが、肝心の人々のほうが、こうした親神様の深い思召を理解しようとはせずに、「このたびまでは一れつに、胸が分からん残念な」（九ッ）と、親にもどかしく、残念な思いをお掛けしているのです。

たとえば、『稿本天理教教祖伝』を見ましても、お歌が作られた慶応三年当時までにお屋敷にやって来た人というのは、物やお金を貰《もら》いに来たり、「をびや許し」を願い出たり、病気や事情をたすけてもらいに来たりする人がほとんどでした。

それだけならまだしも、物を施《ほどこ》しているときには、親戚《しんせき》や知人が止め立てに来たり、不思議なたすけが現れると、今度は医者や僧侶《そうりょ》が病人を取られたと言いがかりをつけに来たりしました。まさに、「ひのきしん」をしに来るのとは、およそかけ離れた人々がお屋敷にやって来ていたのです。

それでも、立教から二十年が経《た》とうとするころには、米四合《ごう》を持ち寄るような人も出てくるなど、少しずつではありますが、何かをしてもらいに来るのではなく、たすけていただいたお礼をしにやって来る人が現れるようになり、そのなかから信心する人も出てきたのです。

そして、ついに元治元年には、山中忠七先生のように、たすけてもらったお礼に、一升《いっしょう》のお米を持参して日参するような人が出てきたのです。また、たすけていただいたお礼にと、人々が普請に取りかかるようにもなりました。そして、さらには、飯降伊蔵先生のように、困難な事情が起こっても、お屋敷へ足を運ぶことをやめずに、御用をし続けるような人も出てきたのです。ここに、私たちは、親神様、教祖への報恩の心に根差した「ひのきしん」の姿を見てとることができるのです。

「このたびまでは」（九ッ）は、教祖が「ひのきしん」ということを教えてくださるまではという意味とともに、人々が実際に教えを知り、「ひのきしん」をするようになるまではと考えられます。

ちなみに、「お屋敷の土を掘りとって、別の場所へと移し替える」（八ッ）というとき、その別の場所とは、お屋敷内の別の場所というよりも、それぞれの地域のことを指しているという解釈もあります。その場合は、次のお歌（十ド）にも見られますように、お屋敷で土持ちなどの「ひのきしん」をさせてもらうことは、それぞれの地域で結構な姿をお見せいただくことにつながるのだという意味として理解できます。

十ド　ことしハこえおかず
じふぶんものをつくりとり
やれたのもしやありがたや

さて、「肥のさづけ」は、みかぐらうた全体を通して一つのキーワードとなっています。まず一下り目では、「にっこり（肥の）さづけ貰《もら》ったら、やれ頼もしや」（二ニ）と、人々が喜び勇んで「にっこり」と肥のさづけを頂戴してくれたら、親神様もどれほど頼もしく感じるか分からないし、また、人々にとっても頼もしいことであると仰せくださっています。ただし、この段階では、人々のほうは肥のさづけを頂戴しただけで、その頼もしさやありがたさまでは実感できていないのでしょう。続いて七下り目では、「種を蒔《ま》いたるその方は、肥を置かずに作り取り」（十ド）と、肥のさづけを頂戴したうえで、お屋敷でしっかりと伏せ込んで真実の種を蒔けば、自分の田畑に一般的な肥料を置かなくても収穫が得られると教えてくださっています。ただし、ここでも、直前に「このたびいちれつに、ようこそ種を蒔きに来た」（十ド）とありますように、人々がようやくおぢばへ通うようになった段階であって、実際には、肥を置かずに収穫を得るという不思議なご守護は、まだ経験していないのでしょう。

そしてついに、この十一下り目で、「今年は肥を置かず、十分物を作り取り、やれ頼もしや、ありがたや」（十ド）と、人々が実際に、肥のさづけの頼もしさやありがたさを味わう段階になってきたことを仰せくださっているのだと拝察できます。

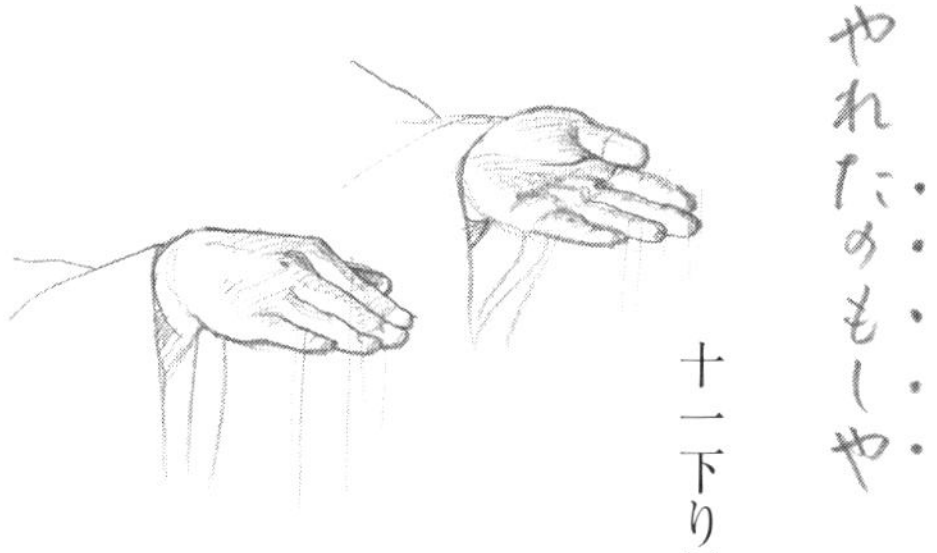

十一下り目

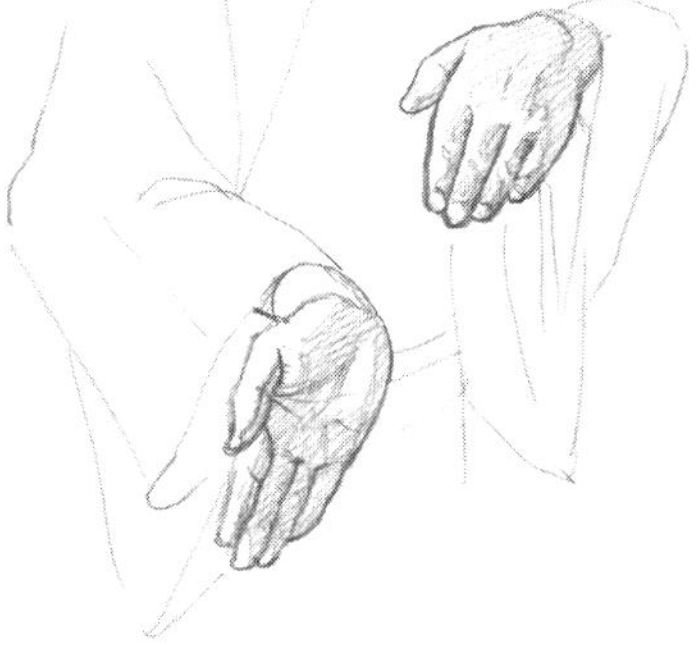
一下り目

　一下り目では、「やれたのもしや」は、神様の述懐を表すとされる「ナゲの手」をします。それに対して、ここ十一下り目の「やれたのもしや」では、まず「やれ」で、鳴物の重ね打ちをし、平らに揃える手をしたのちに、「たのもしや」で、まるで人々の勇んだ心を表すような「イサミの手」をします。そしてさらに、その後に続く「ありがたや」の歌と手振りで、肥を置かずに収穫できた感動が表されているように悟ることができます。

このように、肥のさづけは、をびや許しと同様に、人々が教えの実践を通して親神様のご守護を体感し、信心の道を深めていけるようにお渡しくだされたものだと言えます。つまり、をびや許しは、腹帯《はらおび》や毒忌《どくい》みなど従来の習慣をせずとも安産できるという不思議なご守護を通して、一すじ心になって親神様にもたれることの大切さ、すなわち、神一条の心の大切さを教えてくださっていると拝察します。それに対して、肥のさづけでは、金肥《きんぴ》を置かずとも十分な収穫を得られるという不思議なご守護を通して、おぢばへつくし・はこびをすることの大切さ、すなわち、ひのきしんの大切さを教えてくださっていると拝察するのです。

さて、おふでさきには「ひのきしん」という言葉が一度も出てこず、おさしづにも一カ所だけ出てくるのみです。それに対して、みかぐらうたには「ひのきしん」という言葉が五回も出てきます。このことからも、「ひのきしん」ということが、みかぐらうたにおいていかに重要な話題であり、みかぐらうたにおいてこそ、「ひのきしん」という教えが明らかにされていることが分かります。

ここで最後にもう一度、「ひのきしん」という言葉が出てくる箇所を振り返っておきたいと思います。まず、三下り目の八ッで「やむほどつらいことハない　わしもこれからひのきしん」と出てきます。これは当時、道の先人たちが、自分や自分の家族が病んで苦しいなかを、たすけられて信心しはじめたことを念頭において、人々に「ひのきしん」という教えを、病んだ日のことを思って、報恩感謝の心からする行いとして教えてくださっているのだと拝察します。

次に、七下り目の冒頭で「ひとことはなしハひのきしん　にほひばかりをかけておく」と出てきます。これは、続く二ッ以降のお歌で、「ひのきしん」について、ひと言話をすると仰せくださっているのだと拝察します。すなわち、七下り目では、農業をしていた信者さんが「ひのきしん」というものを直感的に分かるようにと、田地《でんじ》と種の譬《たと》えを用いて話を展開し、おぢばへの伏せ込みの大切さを分かりやすく教えてくださっているのです。

そして、ここ十一下り目では、「みれバせかいがだん〳〵と　もつこになうてひのきしん」（三ッ）と、世界たすけの普請のために、人々がだんだんとおぢばに、ひのきしんをしに帰ってくる様子が親神様には見えていると仰せくださっているのだと拝察します。すなわち、江戸時代の普請では、土台づくりのために人々は畚を担って土持ちをしていました。そうした当時の状況のなかで、人々に、ひのきしんとは、世界たすけの普請のために、対価を求めずに、たとえ一荷の土でも運ばせてもらいたいという心で、お屋敷に真実を伏せ込むことであると教えてくださったのです。そして、いついつまでも土持ちをさせてもらおうという心で日々通ることが、お道の者の基本姿勢だと教えてくださったのだと拝察します。

そのうえで、できることならば、「ふうふそろうてひのきしん　これがだい、ちものだねや」（二ッ）、「よくをわすれてひのきしん　これがだい、ちこえとなる」（四ッ）との仰せのように、夫婦が心を揃えてひのきしんをし、欲を忘れてひのきしんをすることを促してくださっているのだと拝察します。

「お歌」

一ッ　ひのもとしよやしきの
　かみのやかたのぢばさだめ
二ッ　ふうふそろうてひのきしん
　これがだいゝちものだねや
三ッ　みれバせかいがだん〳〵と
　もつこになうてひのきしん
四ッ　よくをわすれてひのきしん
　これがだいゝちこえとなる
五ッ　いつ〳〵までもつちもちや
　まだあるならバ　わしもゆこ

「一つの悟りとしてのまとめ」

日《ひ》の本《もと》の、人間創造の元の屋敷に（ひのもとしよやしきの）、親神様の坐《おわ》す「ぢば」を定める（かみのやかたのぢばさだめ）。また、神人和楽の世界を実現していく場所として、親神様がおられる場所を定める（かみのやかたのぢばさだめ）という解釈もある。

神様のおられるところが定まれば、そこへ夫婦揃《そろ》って、ひのきしん（ふうふそろうてひのきしん）をするようにせよ。そうすれば、これが第一、神の田地《でんじ》に蒔《ま》く「物種《ものだね》」になり（これがだいゝちものだねや）、お道を通るうえで、物に不自由したいと思っても少しも不自由できなくなる。

親神様が見れば（みれバ）、世界の人々がだんだんと（せかいがだん〳〵と）、畚《もつこ》を担《にな》ってひのきしん（もつこになうてひのきしん）をしに来る姿が見えてある。

ひのきしんをしていると、だんだんと自分の予定や都合が気になり、欲の心が出てくることがある。そこをさらに、欲を忘れて、ひのきしん（よくをわすれてひのきしん）をするところに、蒔いた真実の種がよりよく育ち、不思議なご守護をお見せいただく、何よりの肥《こ》やしとなる（これがだいゝちこえとなる）。

ひのきしんは、どこまでも「畚を担って土持ちや」（いつ〳〵までもつちもちや）という、誰でも心さえあればできるものと考えて、「まだある

六ッ　むりにとめるやないほどに
　　　こゝろあるならたれなりと
七ッ　なにかめづらしつちもちや
　　　これがきしんとなるならバ
八ッ　やしきのつちをほりとりて
　　　ところかへるばかりやで
九ッ　このたびまではいちれつに
　　　むねがわからんざんねんな
十ド　ことしハこえおかず
　　　じふぶんものをつくりとり
　　　やれたのもしやありがたや

ならば私も行こう」（まだあるならバわしもゆこ）と、どれほど長く信心しても、し続けることが大切である。

だから、ひのきしんをしようという者を、周りは無理に止めるようなことはしないでもらいたい（むりにとめるやないほどに）。心があるならば、誰なりと（こゝろあるならたれなりと）ひのきしんをしてもらいたい。

それにしても本当に珍しい土持ちであろう（なにかめづらしつちもちや）。金銭や物品の献納《けんのう》ではなく、土持ちが寄進《きしん》となるのだから（これがきしんとなるならバ）。

土持ちといっても、お屋敷の土を掘りとって（やしきのつちをほりとりて）、それを畚で運んで、別の場所へと移し替えるだけのことである（ところかへるばかりやで）。

このたびまでは、皆一様に（このたびまではいちれつに）、そこにこもる親神様の深いお心が分からなかった。それが残念であった（むねがわからんざんねんな）。

しかし、このたびは皆が揃って、お屋敷にひのきしんをしに来て、神の田地に真実の種を蒔きに来たので（七下り目十ド）、今年は、それぞれの田地で、金肥《きんぴ》を置かずに（ことしハこえおかず）、十分に作物を収穫でき（じふぶんものをつくりとり）、やれ頼もしや（一下り目二ッ）、やれありがたや（やれたのもしやありがたや）となる。

以上のように拝察する。

十二下り目

一ッ　いちにだいくのうかゞひに　なにかのこともまかせおく

十二下り目では、親神様が世界たすけの普請《ふしん》の人材を引き出し、「よふぼく」へと手入れなされるのを手伝い、また、親神様の思召《おぼしめし》に沿って「よふぼく」を適材適所に配置して、普請の陣頭指揮《じんとうしき》をとっていく「大工・棟梁《とうりょう》」のような人材を揃《そろ》えていくことについて仰せくださっているのだと拝察します。

別の言い方をすれば、十一下り目までは、不思議なたすけを頂戴《ちょうだい》して信心しはじめた人々が、教えを聞き分けて「よふぼく」へと成人し、ひのきしんに励《はげ》んで信仰信念を固めていくことを仰せくださっています。この十二下り目では、そうして「よふぼく」になった人々が、にをいがけ・おたすけをはじめ、内々を治めていくなど、世界たすけの御用のうえに、よふぼくの先頭に立って働ける「おたすけ人」（大工・棟梁）へと成人していくことについて仰せくださっているのでしょう。

さて、江戸時代においては、「大工」は、現場で材料を加工し、組み上げていく作業だけではなく、建築の依頼人である「施主《せしゅ》」と仕事の契約交渉をしたり、施主の要望などを聞いて間取りを決め、それを図面にする作業もしていたとされます。現在では工務店や建築士などが行う仕事もしていたということです。

「一に大工の伺いに、何かのことも任せおく」と仰せいただくのは、当時のそうした状況を踏まえて、大工の第一の務めは施主の意向《いこう》を伺うということであり、そうした大工の姿勢があってこそ、施主も信頼して大工に何かのことも任せおくのだということでしょう。

さて、「世界たすけ」というお道の普請の施主は、言うまでもなく親神様です。ところが、信仰年限を重ね、周りの人々の成人を促す立場になると、いつしか自分が人をたすけていると勘違《かんちが》いしてしまったり、これはこういうものだと決めつけて、親神様の思召を求める努力をしなくなったりして、教えと自分の心のズレに気づけなくなってしまうことがあります。

こうした親の思召を伺うことを忘れ、いつの間にか、我流《がりゅう》の信心に陥《おちい》ってしまうことをご注意くださっている逸話として、次のものがあります。

大工を職業としていた飯降伊蔵先生が、おそらく信心しはじめたころの話だと思います。

ある日、飯降先生は、教祖から真っすぐな柱を作ってみるようにと言われました。そこで早速《さっそく》、山から一本の木を伐《き》ってきて、真っすぐな柱ができたと思って教祖にお見せしますと、教祖は、「伊蔵さん、一度定規《じょうぎ》にあててみて下され」と仰せられ、さらに続いて、「隙《すき》がありませんか」と仰せられたとのことです。飯降先生が定規にあててみると、本当に隙がありました。そこで、「少し隙がござ

います」とお答えすると、教祖は、
「その通り、世界の人が皆、真っ直《す》ぐやと思うている事でも、天の定規にあてたら、皆、狂いがありますのやで」（『稿本天理教教祖伝逸話篇』三一「天の定規」）
とお教えくだされたのです。

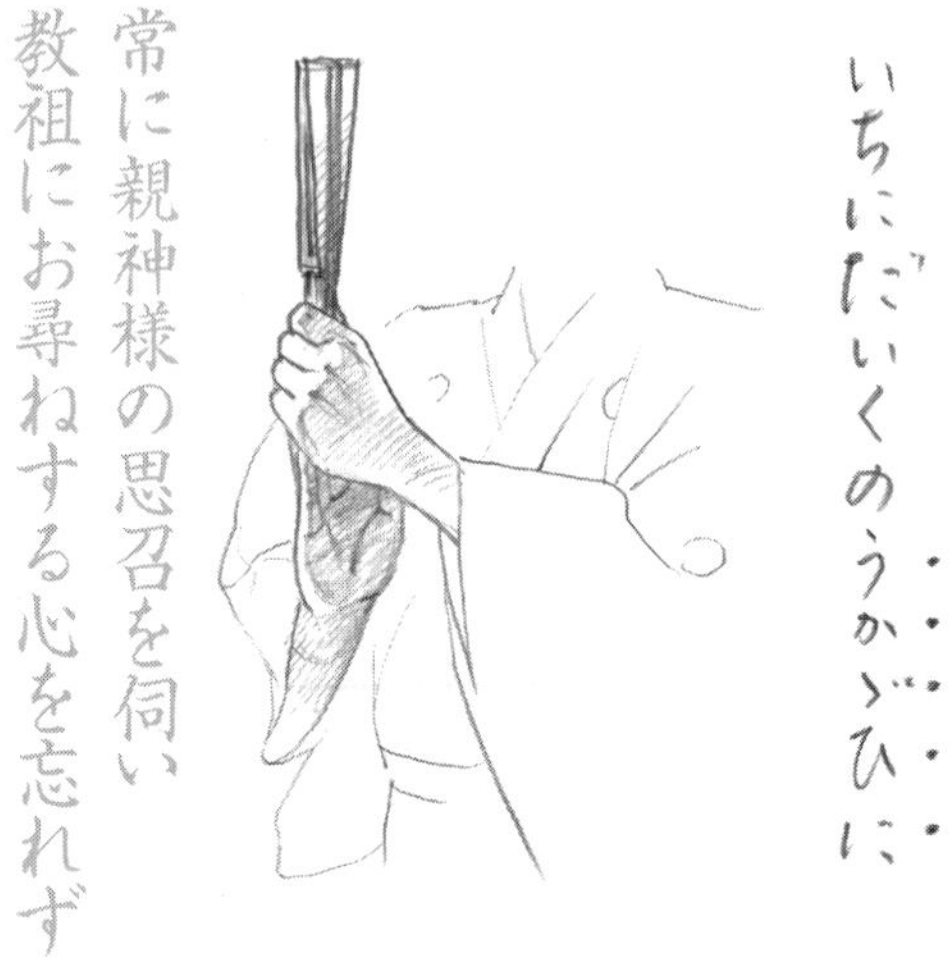
いちにだいくのうかゞひに
常に親神様の思召を伺い
教祖にお尋ねする心を忘れず

これは、飯降先生に限らず、大工の棟梁のように経験や腕に自信を持つようになると、立派な仕事ができるようになる半面、自分は定規をあてなくとも真っすぐな柱が作れると過信し、最後に定規をあてて確認しなかったり、わずかな狂い（隙）に気づきにくくなったりする恐れがあるということではないでしょうか。

ところで、飯降先生が優れておられたのは、このときの経験と教祖のお言葉を貴重な教訓とされたことでしょう。すなわち、飯降先生は、その後の信心の歩みにおいて、常に親神様の思召を伺い、教祖にお尋ねする心を忘れずに通られたのです。

この、いわゆる「神一条の心」が、親神様、教祖から信用され、大役を任されるもとになったのだと拝察します。すなわち、「一に大工の伺いに何かのことも任せおく」（一ッ）と仰せいただくように、飯降先生は、親神様の思召を伺う御用を賜《たまわ》ることになっていったのです。
具体的には、まず、元治元年に、ほかの熱心に信心する人々とともに、飯降先生は「扇のさづけ」を頂戴しました。「扇のさづけ」とは、「扇の伺い」とも呼ばれ、このおさづけの理によって、親神様にいろいろなことをお伺いし、扇の動きによってその神意を悟らせていただけたのです。

ところが、「扇のさづけ」を頂戴した人々が、いつしか「高慢《こうまん》な心」を持つようになり、「扇のさづけ」を悪用したり、自分の考えをあたかも神様の言葉のように語る人が出てきてしまったのです。そこで教祖は、「扇のさづけ」の「理」をお抜きになられたといいます。

墨付け（イメージ図）

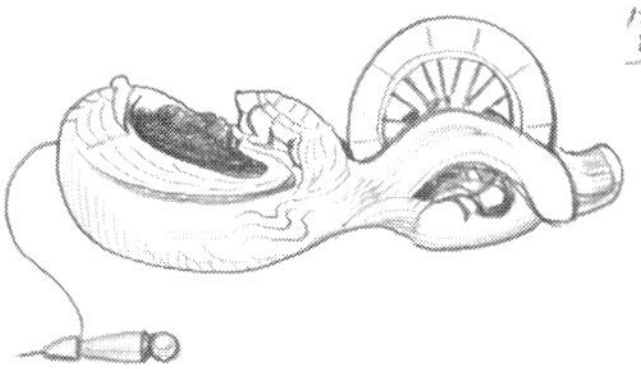

墨壺

しかしながら教祖は、飯降先生には、そのまま「扇のさづけ」を使うことを許されているのです。そして明治八年ごろには、教祖は、飯降先生に「言上《ごんじょう》の許し」を与えられ、扇の動きだけでなく、言葉でも親神様の指図《さしず》を伝えられるようにされたのです。

そして、明治二十年に、教祖は現身《うつしみ》をおかくしになられるとともに、飯降先生に、教祖存命の理を受けて、「さづけ」を渡し、「さしづ」を伝える「本席」の立場を与えておられるのです。

ところで、「だいく（大工）」の手振りは、鋸《のこぎり》で木を切ったり鉋《かんな》をかけたりする格好ではなく、腰を下ろして「墨付け《すみつ》＊」と呼ばれる作業の格好をすると教えられています。それはおそらく、墨付けが大工仕事のなかでも最高の技術が要求され、これを任されることは、大工として一人前になった証《あか》しだともいわれるからではないでしょうか。

二ッ　ふしぎなふしんをするならバ　うかゞひたてゝいひつけよ

「不思議な普請をするならば、伺い立てて言いつけよ」（二ッ）とありますように、お道の普請においては、親神様の思召を尋ねる（伺いを立てて）だけではなく、そこで聞かせていただいたことを踏まえて、しっかりと周りの人々にも打ち出しや具体的な指示をするように（言いつけよ）と教えていただきます。

それは、おさしづに、

たすけふしぎふしん、真実の心を受け取るためのふしぎふしん。（明治23・6・15）

とありますように、お道の普請は、親神様に真実を受け取ってもらう絶好の機会であり、できるだけ多くの人に関《かか》わってもらって、徳積みをしてもらうことに意味があるからだと拝察します。しかし、さまざまな立場の人に普請に関わってもらうためには、しっかりと計画を立てて、段取りをつけることが必要となります。そして、よふぼくのなかでも、そうした役割を担《にな》う人々が「大工」と呼ばれるのです。

実際に、江戸時代における大工は、施主に要望などを伺うだけではなく、その要望を踏まえたうえで、「指図《さしず》」（建物の平面図）や「建地割図《たてじわりず》」（建物の立面図《りつめんず》）と呼ばれる設計図を作成したとされます。そして、「指図」に基づいて柱の位置や間取りが決められ、「建地割図」に基づいて建物の外形や屋根の形状が決められたといいます。

そして、いざ普請に取りかかったならば、大工は、石や立ち木の性質を見極めながら、設計図に基づいて適材適所にそれらを配置したのです。だからこそ、切り出された石や立ち木も、その値打ちを失うことなく、普請に役立つことができたのでしょう。

そう考えましたとき、教会長など「大工」のような役割を与えていただいた者は、原典に親しみ、ひながたを見つめるなどして、常に誰よりも親神様の思召を求める努力を惜《お》しまないだけではなく、預かる教会のよふぼく一人ひとりが徳分を生かして世界たすけに参画《さんかく》できるように、教会から打ち出しをしたり、一人ひとりに御用を振り分けたりすることが大切なのでしょう。

＊墨付《すみつ》けとは、木材を加工する前に、切断したり削《けず》ったりする箇所に墨で線を付けておく作業です。その仕方としては、墨壺《すみつぼ》と呼ばれる大工道具を使い、糸巻き車に巻いてある、墨糸《すみいと》（墨縄《すみなわ》）と呼ばれる麻糸《あさいと》に墨汁《ぼくじゅう》を含ませ、その墨が付いた糸を、線を付けたい箇所の上でぴんと張り、手ではじいて真っすぐな線を付けます。

うかゞひたてゝいひつけよ

自分に言い聞かせて
得心したうえで
人々にひのきしんを促す

ところで、「うかゞひたてゝいひつけよ」の「いひつけよ」の手振りは、七下り目の「ひとことはなしハひのきしん」（一ッ）の「ひとことはなしハ」と同様の手振りをします。ここから思案しますと、親神様に伺いを立てて、人々に伝える（言いつける）ことは、具体的な内容はその時々によってさまざまであっても、基本的には「ひのきしん」についてだと悟ることができます。つまり、不思議な普請をするならば、神意を伺い、人々にひのきしんを促すように仰せくださっているのではないでしょうか。ただし、「いひつけよ」と「ひとことはなしハ」とでは、右人さし指の出し方が反対です。それは、親神様からのひと言話を、まずは、自分自身に言い聞かせて得心したうえで、人に伝えるようにと、教えてくださっていると悟ることができるかもしれません。

三ッ　みなせかいからだん／＼と
きたるだいくににほいかけ

「不思議な普請」（二ッ）については、これまで「みかぐらうた」のなかで、すでに二度、述べられてきました。

まず、二下り目では「ふしぎなふしんかゝれバ　やれにぎはしや」（二ッ）と、お道では、「建物の普請」にしろ、普請にたとえられる「世界たすけの普請」にしろ、親が普請に取りかかれば、子供たちが自ら進んで「われも、われも」と、寄進《きしん》をしようと集まってきて賑《にぎ》やかになってくるのだと、お道の普請のあり方について教えてくださっています。

次に、八下り目では、「ふしぎなふしんをするなれど　たれにたのみハかけんでな」（二ッ）と、あらためて、お道の普請は人に頼んでしてもらうのではなく、人々がご恩を感じ、寄り来ることが肝心だと仰せくださっています。そして、それとともに、「なにかこゝろがすんだなら　はやくふしんにとりかゝれ」（七ッ）と、親に代わって普請を推し進める者は、心を澄まして取りかかることが大切だと教えてくださっています。また、「石も立ち木もないかいな」（一ッ）と、建物を普請する際に石や木が必要なように、世界たすけの普請においても、道の土台や柱となるような人材、すなわち「よふぼく」が必要になることを仰せくださっているのです。

そして、この十二下り目では、普請においては石や木などの材料だけではなく、施主に伺いを立て、施主の要望に沿って図面を引き、それに基づいて材料を構造材へと加工し、それを適材適所に配置して、一つの構造物へと造り上げていくような「大工」が必要になると仰せくださっています。そこから、世界たすけの普請を進めるうえでも、親神様の思召を常に求め、教えに基づいて、「よふぼく」

きたるだいくににほいかけ

を導き育て、一人ひとりの徳分を生かしながら皆を取りまとめていく、「大工」のような役割を果《は》たす人材、いわゆる「おたすけ人」が必要になることを教えてくださっていると拝察します。

さて、三ッのお歌では、不思議な普請にかかれば、「大工」になるような人材が、みな世界からだんだんと寄り来《きた》るようになる（みなせかいからだん〳〵とき たる）ので、しっかりとお道の教えを伝え、大工の役割を促していく（にほいかけ）ようにと仰せくださっているのではないかと拝察します。

別の言い方をすれば、世の人に先んじて、この道に

「おたすけ人」になるよう促す

早くから引き寄せられた人には、いんねんの自覚を促し、「よふぼく」を生み育てる「おたすけ人」にまで成人するよう促していくことを仰せくださっているのではないかと拝察します。

そのお手本を教祖がお示しくださっています。

たとえば、教祖は、山中忠七先生が妻の患《わずら》いをたすけてもらいたくて、初めてお屋敷へ帰ってきたときに、

「おまえは、神に深きいんねんあるを以《もっ》て、神が引き寄せたのである程《ほど》に。病気は案じる事は要《い》らん。

直《す》ぐ救《たす》けてやる程に。その代わり、おまえは、神の御用を聞かんならんで」（『稿本天理教教祖伝逸話篇』一一「神が引き寄せた」）

と、初めから、将来、神様の御用（大工の役割）をするようにと促しておられます。そして、ただ促すだけではなく、実際に懇切丁寧《こんせつていねい》に導いておられるのです。

まず、教祖は、妻をたすけてもらうために三日間の日参をするようにと仰せになり、その間、山中先生の心を見定めておられます（六下り目を参照）。

そして、不思議なたすけをお見せいただいて山中先生が参詣《さんけい》するようになると、そのたびに、十柱《と はしら》の神様のご守護の理や、いんねんの理をお説きになられ、教理を仕込んでおられます。また、山中先生が、日参し続け、おぢばへのつくし・はこびをするようにも導いておられます。

そうしたなか、信心しはじめて一年が過ぎようとするころに、教祖は、「扇のさづけ」を山中先生に渡され、山中先生が日々お屋敷に帰ってきたら、ほかの参詣人や祈願に来る人々の願いの筋について、扇を持って伺いをする御用（おたすけ）をさせておられるのです。

このように教祖は、少しずつ山中先生を、大工の役割を担えるおたすけ人へと導き、育てておられるのです。

さて、教祖がお示しくだされた「大工」への導き方、すなわち、おたすけ人を育てていくやり方は、現在においても、未信者の人をおたすけ人へと導く際のお手本になります。

たとえば、誰かが身上や事情でお手引きを頂いた際には、「三日」と日を仕切って相手のたすかりを真剣に願うとともに、当人にも、神様にもたれる心を定めてもらうよう促します。次に、不思議なたすけをお見せいただいたなら、別席を運んで、教えの理について学んでいってもらいます。同時に、日参をしてもらい、談じ合いを通して、教えをより心に治めてもらえるようにし、ひのきしんの実践を促していきます。そうして十月《とつき》が経《た》って満席となり、おさづけの理を拝戴《はいたい》すれば、初めは一緒におたすけ先を回るなどして、おさづけの理をどんどん取り次いで、おたすけの実践をしていけるように導かせてもらいます。

こうした懇切丁寧な丹精《たんせい》があってこそ、おたすけ人（大工）が生まれていくのでしょう。

四ッ　よきとうりやうかあるならバ　はやくこもとへよせておけ

これまでも見てきましたように、お歌ができた当時の「大工」は、まず施主とやりとりをし、その要望を聞いて図面にする作業をしていました。そして、図面をもとに、柱や梁《はり》などの構造材を加工していき、それらを現場で組み上げていきました。さらに、必要に応じて、壁塗りをする左官《さかん》職人など、他の業者を手配し、図面通りに普請が進んでいくように調整・管理する仕事もしていました。

このように、大工は、普請の初めから仕上げまで、すべてに関与することから、普請全体を統括《とうかつ》する立場にあったと言えます。そのため、職人仲間の指導者の意味に多く用いられる「棟梁」という言葉は、特に、「大工」の頭《かしら》についてよく使われていたとされます。

さて、江戸時代においては、村で普請をする相談がまとまると、どこの棟梁に頼むかという話になり、品定めがあったのちに、確かな実績のある棟梁（大工の頭）が選ばれたといわれます。つまり、当時の大工の棟梁は、施主との打ち合わせから設計・施工《せこう》・現場監督まで行っていたので、普請の出来はまさに大工の棟梁次第《しだい》というところがあり、当然、良い棟梁を探したのです。

それでは、どういう棟梁が「よきとうりやう（良き棟梁）」なのでしょうか。

まず、何はさておき、勝手に物事を進めずに、その都度《つど》、施主にしっかりと伺いを立てながら仕事を進められる人が求められたことでしょう。すなわち、施主の意向に基づいて設計図を描き、具体的な指示が出せる大工が、良い棟梁の最初の条件だと言えましょう。

次に、石や木は設計図に則《のっと》って配置されるのですが、良い棟梁は、その際に木の癖《くせ》を考えて墨付けをし、加工をし、組み上げるといわれます。木の癖とは、木材が山から伐《き》り出された後に、立ち木のときの性質が出てきて、曲がったり、ねじれたりすることです。

そして第三には、良き棟梁というのは、弟子の大工をはじめ、他の業種の人や、普請を手伝ってくれる人など、現場に関わるすべての人を取りまとめ、みんなに気持ちよく仕事をしてもらえる環境づくりができる人のことでしょう。

特に、一番身近にいる弟子の大工は、大工棟梁の日々の言動を通して育っていくことを考えれば、良き棟梁というのは、良き大工を育てられる人のことだと言えましょう。

さて、天理教の歴史のなかで、「良き棟梁」といえば、飯降伊蔵先生がすぐに思い浮かびます。

飯降先生は、実際の職業としても大工棟梁であり、飯降先生が引き寄せられる以前から教祖は、「大工が出て来る、出て来る」(『稿本天理教教祖伝』第三章「みちすがら」)と仰せられていたそうです。

しかし、教祖が飯降先生にご期待くだされたのは、もちろん「大工棟梁という職人としての腕前」ではなく、「お道のうえでの大工の棟梁になる資質」だったことでしょう。すなわち、元治元年のつとめ場所の普請において、飯降先生は、大工として手間を引き受け、普請を最後まで仕上げました。

しかし、その際に教祖にお喜びいただき、親神様にお受け取りいただいたのは、つとめ場所を建てたという大工としての仕事内容よりも、飯降先生の揺るぎない「報恩《ほうおん》の心」だったと拝察します。飯降先生は、大和神社事件という困難に直面したときでも、ひとり報恩の心を失わず、お屋敷に足を運び続け、まさに「ひのきしん」の模範《もはん》を示したのです。そして、その後も、報恩感謝の心から、一人黙々とお屋敷の御用を、わが事として勤めていったのです。

このときのことを、後に、おさしづでは、

頼りになる者無かった。九年の間というものは大工が出て、何も万事取り締まりて、よう〳〵随《つ》いて来てくれたと喜んだ日ある。(中略)そこで、大工に委《まか》せると言うたる。(明治34・5・25)

と仰せいただいていています。

そしてもう一つ、飯降先生が「お道の大工の棟梁」として見いだされた大きな要因は、一ッのお歌のところでも述べましたように、常に親神様の思召を伺い、教祖にお尋ねする心(神一条の心)を忘

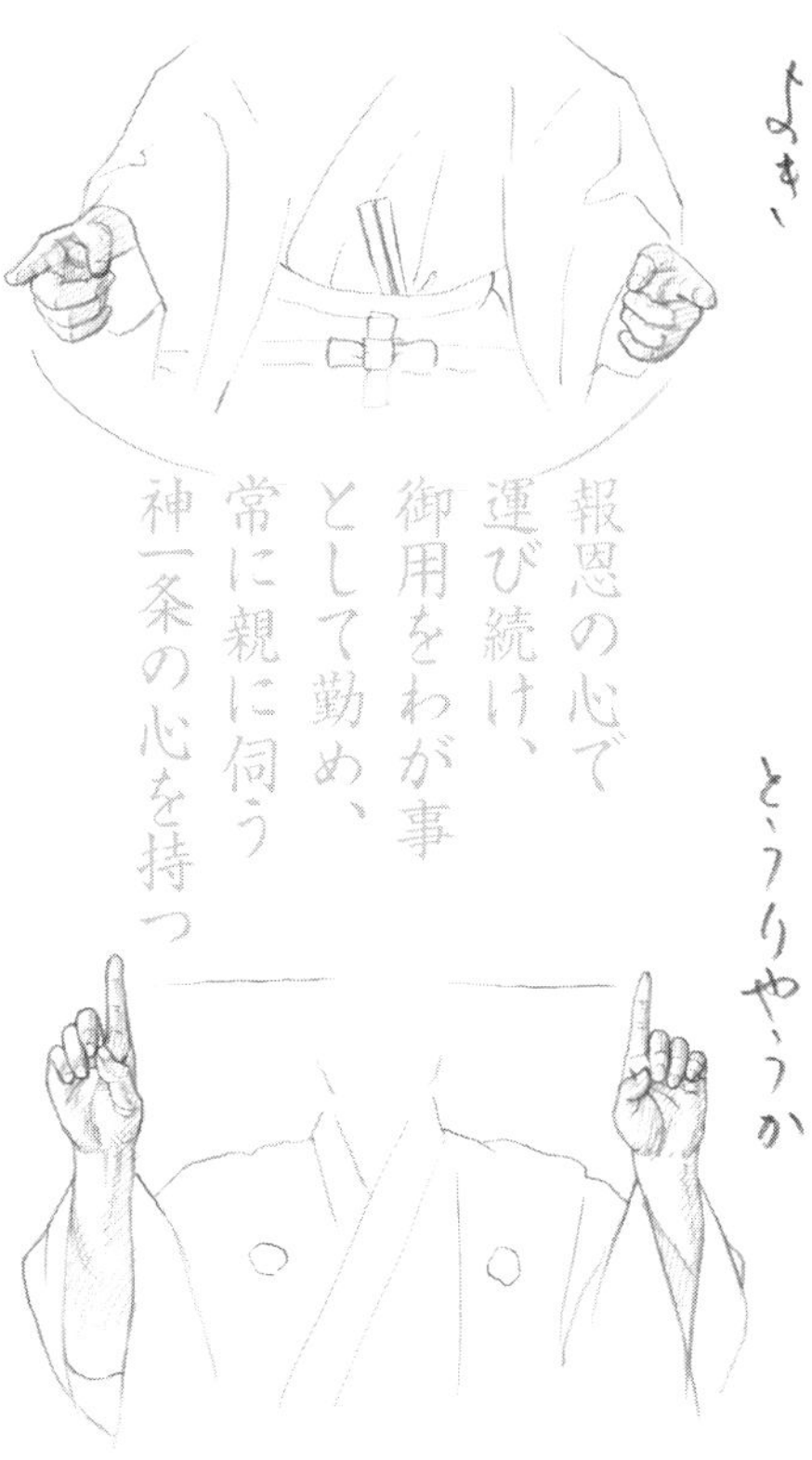
よき、
とうりやうか
報恩の心で
運び続け、
御用をわが事
として勤め、
常に親に伺う
神一条の心を持つ

れずに通ったことでしょう。そして、飯降先生は、ただ親の思いを尋ねるだけではなく、教祖から聞かせていただいた教えを誰よりも固く守り、素直に実行するなかに、周りの人々の心も育てていったのです。

たとえば、飯降先生は教祖から、

「理を立てて身が立つ。人を立てた理によって身が立つ。必ず人様を立てるようにして、自分は上らぬようにせよ。よしや人々より立てられる身となっても、高い心を使わぬようにすることが肝要である。その位置は高くなっても、その心は低くもつようにせよ。十人の上に立てられたならば、十人の上に立って、十人の上の仕事はしていても、その心は十人の一番下に置くように。（中略）千人万人の上に立てられた場合も同様、その心は千人万人の一番下に置くようにせよ」（道友社編『天の定規』）

と諭されたそうですが、このことを、自分は身の守りとして通らせていただいているのだと、人々に折々に話されていたといいます。

そして実際に、飯降先生が本席というお立場になられてからも、その信仰姿勢は変わらず、常に低い心で通られていたことを多くの人が目撃し、心に焼きつけているのです。

教祖は、飯降先生に対して、早くから家族揃《そろ》ってお屋敷に住み込むようにと促しておられます。まさに、四ッのお歌で「よきとうりやうかあるならバ　はやくこもとへよせておけ」との仰せのように、良き棟梁になる飯降先生の資質を見込まれて、早くお屋敷に引き寄せようとされたのではないかと拝察します。

さて、「よきとうりやう」の「よき」は、「良き（善き）」以外にも、「陽気《ようき》」という言葉が約《つづ》まった（短くなった）ものであるとか、大工道具の「斧《よき》」（オノとも読む）のことではないかという説もあります。

特に、昔から木を伐《き》るには、「斧」が使用されていました。したがって、四ッのお歌は、「斧を使って木を伐り出す職人（杣人《そまびと》とも呼ばれる）たちを取りまとめる、斧棟梁が在るならば、早く寄せておけ」と仰せくださっているという可能性は考えられなくはないでしょう。

しかしながら、「よき」の手振りが、七下り目の「よきぢがあらバ一れつに」（四ッ）の「よきぢが」と同じ手振りをすることからも、ここでは、「良き」という解釈をとっておきたいと思います。

五ッ　いづれとうりやうよにんいる　はやくうかゞいたてゝみよ

「いずれ棟梁（が）四人要《い》る」（五ッ）と仰せのように、そう遠くない将来に、棟梁が四人必要になると仰せくださっています。

一般には、普請現場に棟梁は一人であることを思えば、「世界たすけ」という普請がいかに大きなものであり、また特別なものであるかを感じさせていただけます。すなわち、大工の棟梁は、基本は普請全体を統括する立場ですが、大きな普請ともなれば、それぞれの分野の統括責任者としての棟梁が必要になってくるということではないでしょうか。

さて、「早く伺い立ててみよ」（五ッ）と仰せくださっているのは、一つの解釈としては、棟梁の決定という、普請を左右するような重要な人事については、しっかりと施主である親神様の神意を伺い、お許しを得てから、事を進めるようにと教えてくださっているのではないかと拝察します。

実際に、現在でも、両統領《とうりょう》（表統領《おもて》と内統領《うち》）をはじめ、教会長や教区長など、主だった立場の御用に就《つ》くときには、必ずお運びをして教祖に願い出て、理のお許しを頂戴しています。

ところが、「早く伺い立ててみよ」（五ッ）には、もう一つ解釈の可能性があります。三ッのお歌のところでも見ましたように、教祖は、この道に引き寄せられた人々が大工の役割を果たしていけるようにと、「扇のさづけ」をお渡しになり、それを使って、おたすけをするように促していかれました。

そのことを考えましたときに、五ッのお歌で、「早く伺い立ててみよ」と仰せくださっているのは、いずれ四人の棟梁が必要になるから、早く頂戴している「扇のさづけ」を使って神意を伺い、おたすけをするようにと促してくださっているのであり、そうして神一条の信念を培《つちか》い、良い棟梁を目指し

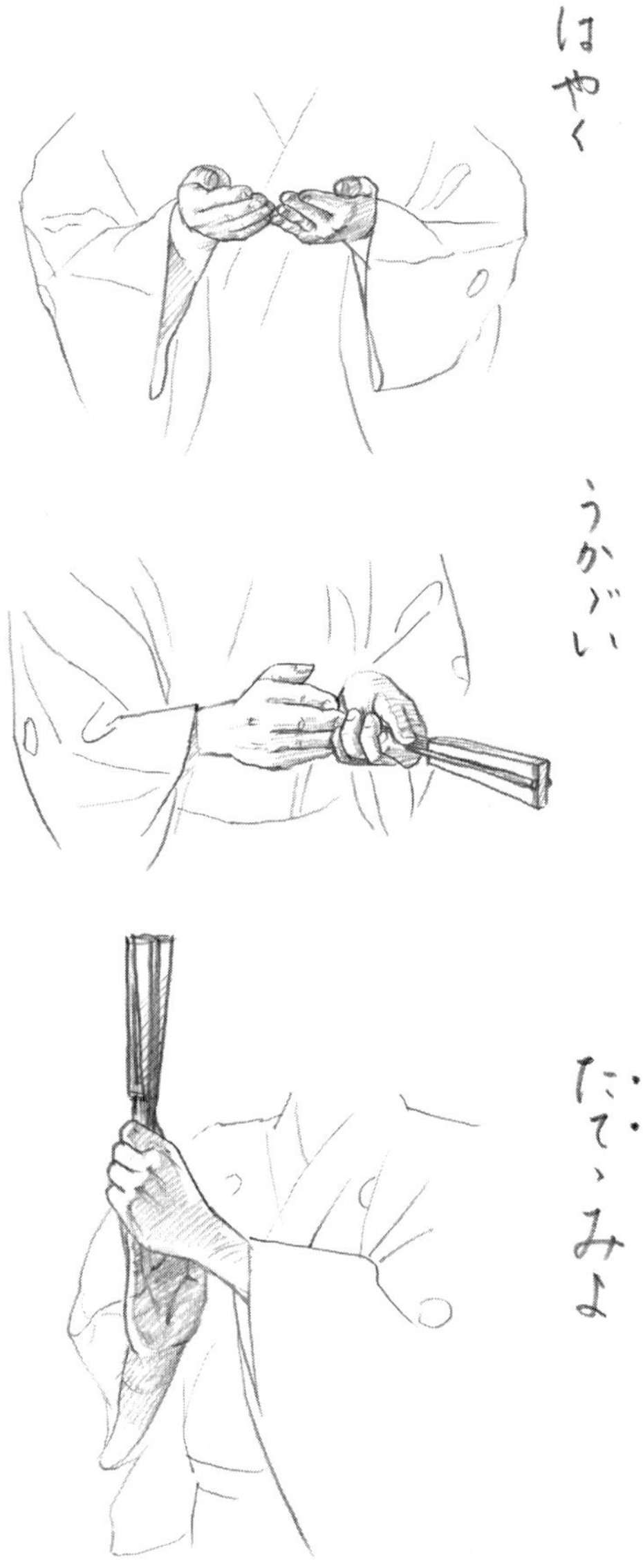

早く親の思いを伺い、おたすけをし、信仰信念を培う

て成人することを、ご期待くださっていると解釈することができるのです。

さて、四人の棟梁については、「荒木《あらき》棟梁、小細工《こざいく》棟梁、建前《たてまえ》棟梁、鉋《かんな》棟梁」という組み合わせと、「伺い棟梁、荒木棟梁、小細工棟梁、建前棟梁」という組み合わせとが考えられてきました。しかし、もし先ほどの「斧《よき》棟梁」を認めるならば、「斧棟梁、荒木棟梁、小細工棟梁、建前棟梁」という組み合わせも新たに考えられるのかもしれません。

六ッ　むりにこいとハいはんでな　いづれだん〴〵つきくるで

これまでのお歌では、世界たすけという普請には、親神様に伺いを立てながら、よふぼくを取りまとめる「大工の棟梁」のような人材が必要だと教えてくださっています。

ところが、ここで「無理に来いとは言わんでな」（六ッ）と仰せいただいていますように、たとえ大工の棟梁にふさわしい人がいたとしても、こちらから頼んでまで無理に来てもらう必要はないと仰せくださっているのです。それは、みかぐらうたのなかで何度も述べられていますように、不思議な普請は誰かに頼んでするようなものではなく、ご恩を感じた人々の、ひのきしんによって行われることが大前提だからでしょう。

それでは親神様は、何もしないで大工が出てくるのを待っておられるのかといえば、決してそうではありません。すなわち、人々の身上にしるしをつけ、不思議なたすけを通してお屋敷にお引き寄せになったうえで、人々がいんねんを自覚して寄り来るようになることをお待ちくだされているのです。

そのことをよく表しているのが、たとえば、増井りん先生が不思議なたすけを頂戴して、初めてお屋敷に帰ってきたときに、教祖が、

「さあ〳〵いんねん、いんねんの魂、神が用に使おうと思召《おぼしめ》す者は、どうしてなりと引き寄せるから、結構と思

うて、これからどんな道もあるから、楽しんで通るよう。用に使わねばならんという道具は、痛めてでも引き寄せる」（『稿本天理教教祖伝逸話篇』三六「定めた心」）

と仰せになっていることです。

　ところで、引き寄せられた人々が、この道に「つきくる」（六ッ）ようになるというのは、決して人間の知恵や力で、ついていくようになるということではなく、「なんでもこれからひとすぢに　かみにもたれてゆきまする」（三下り目七ッ）と、むしろ人間思案を捨てて、親神様にもたれていく心になるということでしょう。教祖は、冒頭のお歌をお作りくだされた慶応三年ごろ、

「この道は、人間心でいける道やない。天然自然に成り立つ道や」（同一七「天然自然」）

と、いつもお話しになっていたそうです。

　実際に、お歌が作られた慶応三年ごろには、すでに何千人もの人々が、この道にお手引きいただいていまし

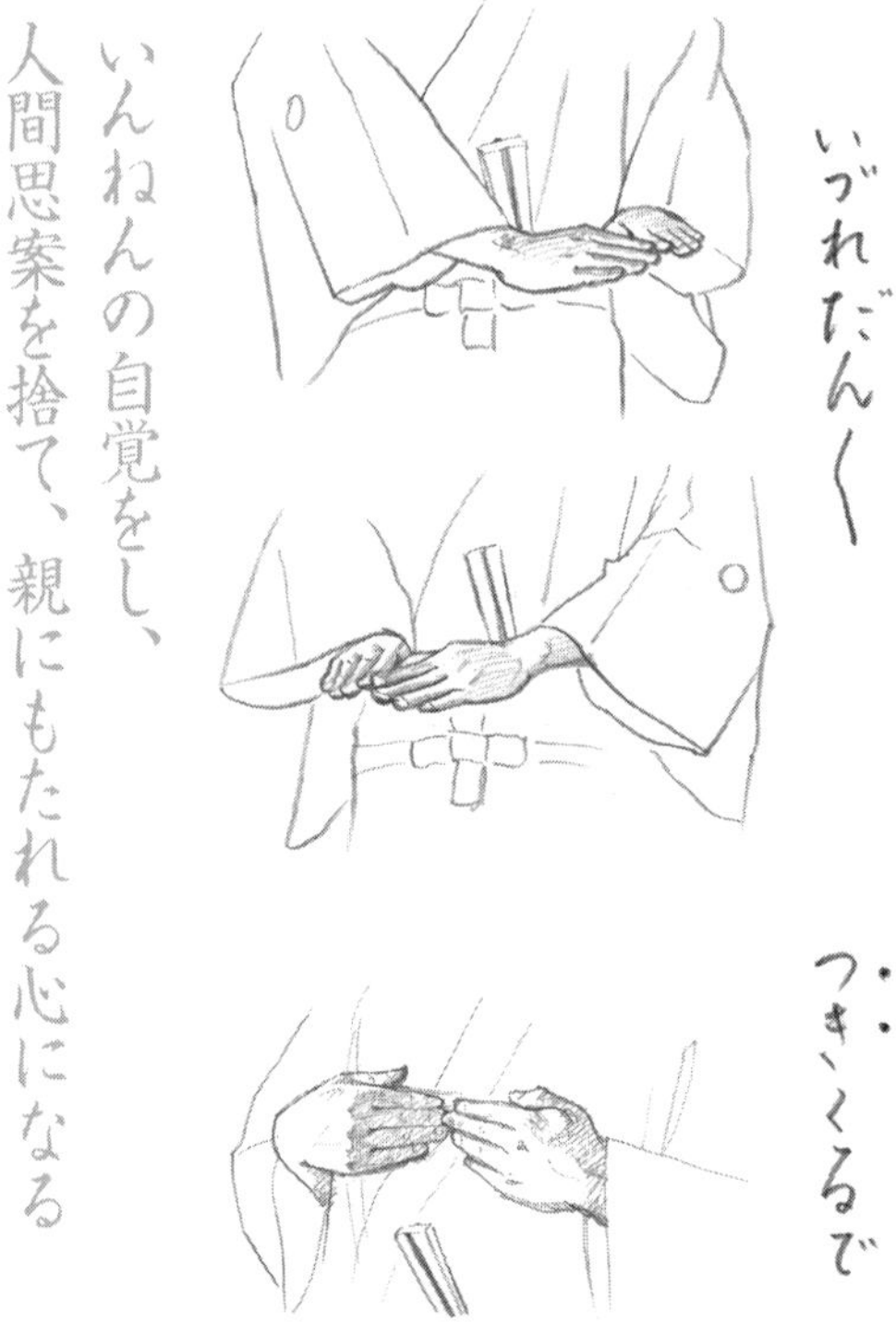

いづれだん／＼
つきくるで
いんねんの自覚をし、
人間思案を捨て、親にもたれる心になる

た。それにもかかわらず、その後、よふぼくとして名が残り、さらには大工の棟梁のような役割を担った人は、ほんの一握りです。

それは、多くの人々が、せっかく信仰を始めても、官憲の取り締まりや家族の反対に遭《あ》って途中で道を通ることをやめ、また、信者同士の人間関係などで挫折《ざせつ》してしまったからです。さらに、信仰年限を重ねるにつれて、知らずしらず欲や高慢が出てきて、お道から離れざるを得なかったからです。

つまり、人間心があると、せっかく信仰していても、日々の暮らしのなかで、喜びよりも不足のほうが多くなり、だんだんとお道を通ることができなくなっていくのです。

信仰初代の人にしろ、信仰家庭に生まれて代を重ねた人にしろ、せっかく早くこの道に引き寄せられたのですから、しっかりといんねんを自覚して、人間思案を捨て、親神様、教祖にもたれて、素直に信心の道を歩んでいきたいものです。

七ッ　なにかめづらしこのふしん しかけたことならきりハない

お道の普請は、普請に関わる人の心が成人し、わが身思案を離れ、人をたすける心になっていくことが大きな特徴だと言えます。そのような普請は、世界中のどこを探してもないのであり、「なんとも（なにか）珍しい（めづらし）、この普請」（七ッ）と言われるのも、もっともでしょう。

また実際に、普請に取りかかるなかで、いろいろと珍しいたすけをお見せくださるという意味でも、「何彼《なにか》と（なにか）珍しい、この普請」と仰せいただくのではないでしょうか。

さて、人々が親神様の思召を受けて世界たすけの普請をしはじめ、いざ実際におたすけに取りかかるようになると、世の中に悩み苦しんでいる人がいかに多いかということに気づくことでしょう。

現在においても、ガンや心臓疾患《しっかん》などの身体《からだ》の患いはもちろんのこと、うつ病や発達障害など精神的な病で苦しんでいる人も多く、また、離婚や未婚、虐待《ぎゃくたい》やDVなど、夫婦や親子に関する問題で悩んでいる人も大勢います。そうした人々のたすかりを願って真剣に取り組めば取り組むほど、次から次へとやることができてきて、まさに世界たすけの普請は、「仕掛けたことなら、限《き》りがない」ということを実感するでしょう。

そこで、際限がない「世界たすけ」の普請に取りかかろうとする者は、今生だけではなく、代を重ねて信心していくという自覚を持つことが欠かせないでしょう。

おさしづに、

一代と思たら頼り無い。何したんやらと思わにゃならん。これまで道の無い所道付け、所に理を治めるは容易ならん。この理は十分受け取ったる〳〵。さあ生まれ更《か》わりの理、これを思い〳〵、末代の理は容易で残さらせん〳〵。一代と思たら頼り無い。なれど、末代というはなか〳〵の理。（明治32・5・11）

とあります。これは、村八分《むらはちぶ》にされるなど、筆舌に尽くせない厳しい反対攻撃のなかを、まさしく命

しかけたことならきりハない

世界たすけの普請は国々までへもたすけに行くので際限はない

くにくーまでへもたすけゆく

懸けで教会を設立したものの、その後、いま一つ他の教会と比べてご守護を頂けず、会長が身上になってしまったときに頂戴したおさしづです。

　おそらく人々は、激しい反対攻撃のなかを、ご守護も頂けないうえに、会長までもが身上になって、これでは何のために頑張ってきたのかと自問自答してしまい、心が倒れそうになっていたのではないかと想像します。それに対して親神様は、人間は一代限りの人生だと思うから心もとなく感じるのであり、また、自分は何をしてきたのかと思ってしまうのだろうと仰せになっているのです。そして、未信の土地にお道の布教をし、名称の理を戴《いただ》くのは容易なことではなく、それを成し遂げたのであるから、その理は十分に受け取っているから安心するようにと仰せくださっているのでしょう。だから、あとは、人間は生まれかわるということをしっかりと心に治めて、末代の理を残せた喜びを持つようにと仰せくださっているのだと拝察します。

　また、別のおさしづに、

この道の掛かりは、先《ま》ず一代という、どうでもこうでも不自由難儀《なんぎ》の道通らにゃならん。不自由の道通るは天然の道という。神の望む処《ところ》である。

（明治35・7・13）

とありますように、最初の一代（初代）というのは、どうでも不自由、難儀の道を通らなければならないのであり、それが「天然（自然）の道」であるから、神様にもたれて、勇んで通るようにと仰せくださっているのだと拝察します。

ところで、「しかけたことならきりハない」の「きりハない」は、五下り目八ッのお歌の「くに〳〵までへもたすけゆく」の「たすけゆく」と同じ手振りをします。ここから思案して、世界たすけの普請を仕掛けたら限《き》りがないのは、まさに、国々隅々《すみずみ》までもたすけに行くからだと悟ることもできましょう。

八ッ　やまのなかへとゆくならバ　あらきとうりやうつれてゆけ

江戸時代において、村で普請を行うときには、親戚《しんせき》や村内の協力を取りつけ、棟梁など職人が確保される（三ッと四ッ）と、次に、具体的な準備として、建築資材の調達が行われたとされます。すなわち、町方《まちかた》（町人が住む繁華《はんか》な場所）と違って村方《むらかた》（農村や漁村など）では、材木屋が近くにないことが一般的であり、建築主（施主）は自分の持ち山か、共同の山から木材を伐《き》り出したのです。そして、山の中に、必要な材を得るための立ち木が不足していたり、大黒柱になる欅《けやき》がなかったりしたときには、購入するか、親戚に分けてもらう必要があったのです。

そこで建築主は、自ら山の中に入って立ち木の検分を行うとともに、伐採《ばっさい》した材木を挽《ひ》き割って角材や板に製材する「木挽《こび》き」という職人や、普請にどんな木が必要かという一覧表が頭の中にある「大工の棟梁」にも、山の中へ見に行ってもらったようです。

そうした当時の普請の状況を踏まえますと、八ッのお歌で、「山の中へと行くならば、あらき（荒木）*棟梁連れてゆけ」と仰せくださっていることも、理解しやすくなるのではないでしょうか。

さて、八下り目に、

八ッ　やまのなかへといりこんで
　　いしもたちきもみておいた

九ッ　このききらうかあのいしと
　　おもへどかみのむねしだい

とありますように、親神様は、世界たすけの普請に引き寄せようとする人材は、世間（山）の中へと入り込んで、あらかじめ見定めてあり、最終的にどの人材を引き寄せるかもご自身がお決めになると仰せくださっています。

＊「あらき（荒木・新木）」とは、伐《き》り出したままで、皮を剝《は》がしていない木、加工していない木材のことをいいます。

そのうえで、八ッのお歌では、親神様が「よふぼく」として使おうと見定めておられる人材を世間から引き寄せる手伝いをし（山から立ち木を伐り出し）、初参拝者として連れ帰る役割を担《にな》う（荒木として運び出す）、「あらき棟梁」について仰せくださっているのです。

すなわち、世界中の人をたすけたいという親神様の思召を受けて、少しでもその手だすけをさせてもらおうと、この道をまだ知らない人（立ち木）に教えを伝え、元なるぢばへと帰る人（荒木）をご守護いただこうと真実を尽くす人（布教師）を、「あらきとうりよう」と呼んでおられるのだと拝察します。

冒頭のお歌が作られてから六年後の明治六年に、河内国柏原村《かわちのくにかしわら》（大阪府柏原市）の山本利八・利三郎親子が、この道に引き寄せられました。当時、利三郎先生（24歳）は三年もの間、病に伏せ、いよいよ死が迫っていました。奇《く》しくも木挽屋《こびきや》に働きに来ていた人からにをいを掛けられた山本親子は、命懸けでおぢばへ帰り、教祖にお目通りしたのでした。すると教祖は、

「案じる事はない。この屋敷に生涯《しょうがい》伏せ込むなら、必ず救《たす》かるのや」

と仰せになり、続いて、

「国の掛け橋、丸太橋、橋がなければ渡られん。差し上げるか、差し上げんか。荒木棟梁 々々々々」

とお言葉を下されたといいます（『稿本天理教教祖伝逸話篇』三三「国の掛け橋」）。

その後、不思議なたすけを頂戴して元気になった利三郎先生は、地元の柏原村をはじめ、河内国の村々を布教して回って多くの人をこの道に導き、まさしくお言葉通りに、おぢばのある「大和国」と、

当時まだお道が広まっていなかった「河内国」との架《か》け橋の役割を果たしたのです。

ところで、利三郎先生は、布教活動に励む一方で、足繁《しげ》く教祖の許《もと》へ帰り、お話を聞き、お仕込みを受けていたことも見逃せません。そして、のちに教祖から、おぢばへ帰ってくる人に親神様の思召を伝える「取次《とりつぎ》」の役割を頂戴しているのです。

「あらきとうりよう」は、まさにおぢばと世界をつなぐ架け橋の役割を果たすのですから、積極的に世界へと歩み出すのはもちろんのこと、常におぢばに心をつなぐことを忘れてはならないのでしょう。

さて、現在においては、天理青年が「あらきとうりよう」を自負して、この道をまだ知らない人々のところへ積極的に教えを伝え広めに行き、元なるぢばへと人を連れ帰ろうと真実を尽くしています。

しかし、もちろん、「あらきとうりよう」は若き男性に限らず、老若男女《ろうにゃくなんにょ》を問わず、誰もがおぢばと世界をつなぐ架け橋の役割を果たすことができます。実際に、数多くの素晴らしい女性布教師もいれば、定年を迎えてから一念発起《いちねんほっき》して海外布教を志す人もいます。

あらきとうりやうつれてゆけ

親神様に一すじにもたれて
世界の人とおぢばをつなぐ
架け橋に

なんでもこれからひとすぢに

おふでさきに、

たん／＼とをふくたちきもあるけれど
どれがよふほくなるしれまい　（三　129）

とあります。世間には、まだまだお道のことを知らない人が大勢いて、これからどの人が引き寄せられ、「よふぼく」になるのか分かりません。

お道を信心する者は、人間思案であれこれ考えずに、誰もが日々、「あらきとうりよう」の精神を持って、職場や地域の人など身近な人と、おぢばや教会をつなぐ架け橋にならせてもらいたいものです。

「あらきとうりやうつれてゆけ」の「あらき」は、三下り目七ッの「なんでもこれからひとすぢに」の「ひとすぢに」と同じ手振りをします。そこから、「あらきとうりよう」には、親神様に一すじにもたれて通ることが何よりも求められていると悟ることができましょう。

九ッ　これハこざいくとうりやうや
たてまへとうりやうこれかんな
十ド　このたびいちれつに
だいくのにんもそろひきた

棟梁については「いずれ棟梁四人要《い》る」（五ッ）と仰せになり、九ッのお歌では、八ッのお歌の「あらき棟梁」に続いて、「こざいく棟梁」と「たてまえ棟梁」が挙げられています。そして「棟梁四人要る」（五ッ）ということで、数ではなく種類（役割）が強調されているのだとすれば、「これかんな」は、「これ（八）かんな（棟梁）」と仰せくださっていると解釈できます。

さて、「あらき棟梁」の役割は、すでに述べましたように、親神様が「よふぼく」として使おうと見定めておられる「立ち木」を山から伐《き》り出し、「荒木」として運び出すことにあります。いわゆる「布教師」と呼ばれる人たちが果たす役割でしょう。

しかし、一般の普請においては、立ち木が伐られて荒木となって運び出されても、そのまますぐに建物の用材になるわけではありません。その後、皮を削《けず》り、適度な大きさに切り、木材が組み立てられるように継《つ》ぎ目（凸のほぞと凹のほぞ穴）を刻《きざ》んでいって、初めて建物の構造材《こうぞうざい》になるのです。

こうした作業は、荒木を伐り出し、山から運び出す勢いのある作業とは違って、細やかな心配りをもって行う必要があります。その役割を担う人を、「こざいく（小細工）棟梁」と仰せくださっているのではないかと拝察します。

おさしづに、

何から何まで一寸《ちょっと》の中には、どんな者こんな者も、荒木で見れば見難《みに》くいようなもの、作り上げたら十分柱に成る者もある。心に手入れ、手入れは柱と成るもの。

（明治39・10・10）

とあります。

この道に引き寄せられる人も、初めは身上や事情に苦しみ、心が荒れ、手のつけようのない状態のことがあります。しかし、それはまだ伐り出されたばかりの「荒木」の状態なのであり、そこから泥を落とし、皮を剝《は》がし、丹精《たんせい》していくことによって、驚くような働きをする「よふぼく」へと生まれかわっていくのです。その丹精を引き受け、人材育成をするのが、お道の「こざいく棟梁」なのだと拝察します。

お道の人材育成については、教祖が五十年にわたってお手本をお示しくださっています。もちろん、「教祖のひながた」から、私たちは人材育成の「知識や技術」ではなく、教祖の「親心」を学ばせてもらうことが肝心なのでしょう。

たとえば教祖は、どんな人がどんな状況のときに訪れてきても、「よう帰って来たな。待っていたで」と、温かく迎えてくださいました。人々はきっとそれだけで、凝《こ》り固まった心がほぐれ、荒れた心が癒《い》やされる思いをしたことでしょう。したがって「こざいく棟梁」には、何よりも教祖の温かく優しい心を受け継いで、この道に引き寄せられた一人ひとりに対して、親の心になって、相手の心の成人を促し、よふぼくへと「育てる」ことを期待されているのだと拝察します。

そう考えますと、現在では、特にお道の女性が、「ぬくみ」と「つなぎ」の徳分を生かしながら、「こざいく棟梁」として活躍しているのではないでしょうか。たとえば、教会内の婦人さん方が、教会に参拝に来た人を隔《へだ》てなく温かい心で迎え入れ、悩みに耳を傾けて共感することによって、初めての人でも「また教会に来よう」と思えるのでしょう。つまり、婦人さん方の温かくこまやかな心づかいがあってこそ、人々は教会に足繁く参拝するようになるのであり、そこで少しずつ教えを聞き、おさづけの取り次ぎを受けるなどして、目には見えない神様ともつながっていけるのでしょう。

さて、一般の普請においては、構造材が出来上がると、今度はいよいよ柱や棟《むね》や梁《はり》などの主な骨組みを立ち上げる段取りとなります。これを「建前《たてまえ》」や「棟上《むねあ》げ」と呼び、ここでようやく建物の姿が現れ、普請の一つの区切りとなります。この段取りを取り仕切るのが「たてまえ棟梁」なのでしょう。

八下り目の八ッでも見ましたように、「木」は、日当たりや土壌《どじょう》など、育った環境の影響を強く受け、それが木の「癖」として、伐り出されて材木になった後にも出てくるとされます。したがって、山の中での立ち木の生育《せいいく》状況をよく見て、山の南側斜面に育った木は建物の南側に使ったり、右ねじれと左ねじれの木を上手《じょうず》に組み合わせたりするなど、一本一本の木の性質をよく見極めて組み立てることが大切だとされます。

それと同様に、世界たすけという壮大な普請においても、さまざまないんねんを持った人がたすけ合い、一手一つに心を結び合うことが求められますから、親神様は、「山の中へと入り込んで」（八下

たてまへとうりやう、これかんな

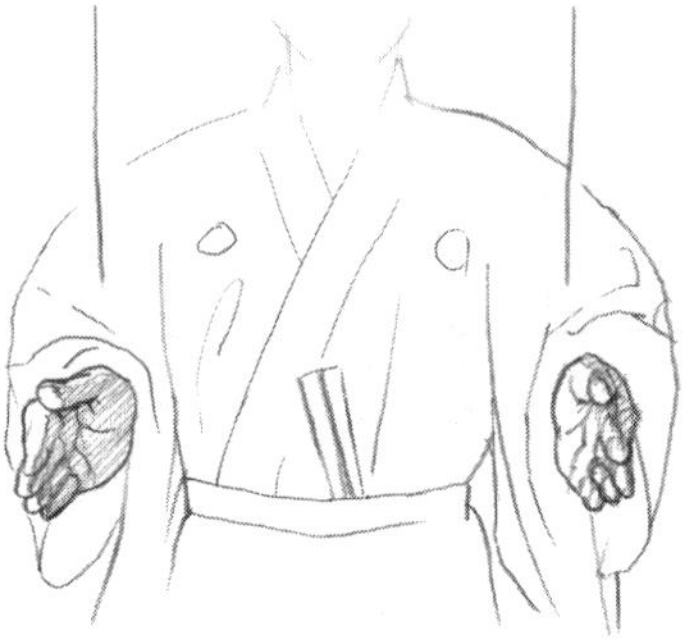

人々のいんねんを踏まえて一人ひとりを適材適所に

り目八ッ）、わざわざ人々の生まれ育った環境をご覧になり、一人ひとりの現在の心だけではなく、その人のいんねんをも見定めて、「この木を切ろう」（八下り目九ッ）と、その人を御用に使うことをお決めくださるのでしょう。「たてまえ棟梁」は、そのことを踏まえて、引き寄せられた人々のいんねんをよく知ったうえで、その人の徳分が生きるように、一人ひとりを適材適所に配置して、世界たすけの御用のうえに活躍してもらえるように段取りを進めることが求められるのでしょう。

　教祖は、熱心に信心する者が出てきた文久、元治のころから、「講を結べ」とお急《せ》き込みくだされたそうです。これは、お道は一人で勝手に通るものではなく、お互いにたすけ合いながら、心を結んで陽気ぐらしすることが大切だからだと拝察します。そして、そのときに、講を取りまとめて、「たてまえ棟梁」の役割を担ったのが講元だったのでしょう。

　現在では、教会長をはじめ、各会の長の立場にいる人が「たてまえ棟梁」の役割を担っていると言えるかもしれません。したがって、たとえば教会長は、一よふぼくとしての勤めを果たすとともに、他のよふぼくが、それぞれの徳分を発揮して御用に励めるように、一人ひとりに役割を与え、皆が一手一つに歩んでいけるように心を配っていくことが求められます。

そして、ここでもう一つ見逃せないのが、建築が進むにつれて材木に鉋《かんな》をかけて仕上げていくように、世界たすけの普請が進み、熱心なよふぼくが出てくれば、そのよふぼくに対して身上や事情の「お手入れ」をお見せくださり、心を磨いてくださるようになるということです。そのときに、当人やその家族が心を倒さず、より心が磨かれて成人していけるように丹精するのが「かんな棟梁」の役割なのではないでしょうか。

さて、お歌ができた慶応三年当時、信心しはじめた人々のなかから、ようやくにをいがけ・おたすけができるような人々が出てきました。それを教祖は、「大工の人《にん》も揃《そろ》ってきた」（十ド）と仰せくださっているのではないかと拝察します。

そして、これから、そうした「おたすけ人」が積極的に布教に出て、誰かをこの道へと導き、よふぼくへと育て、一手一つに取りまとめ、必要に応じて丹精もしていける、「棟梁」のような人材へと成人していくことを、ご期待くださっているのではないかと拝察します。

立教から三十年。いよいよここから、ぢばを定め、かんろだいを据《す》え、真柱様を迎えて、人々が「かんろだいのつとめ」を勤めることを通して、世界たすけの普請を本格的にお進めくださるのです。

「お歌」

一ッ　いちにだいくのうかゞひに
　　なにかのこともまかせおく
二ッ　ふしぎなふしんをするならバ
　　うかゞひたてゝいひつけよ
三ッ　みなせかいからだん〳〵と
　　きたるだいくににほいかけ
四ッ　よきとうりやうかあるならバ
　　はやくこもとへよせておけ
五ッ　いづれとうりやうよにんいる
　　はやくうかゞいたてゝみよ
六ッ　むりにこいとハいはんでな
　　いづれだん〳〵つきくるで

「一つの悟りとしてのまとめ」

普請《ふしん》において、大工の棟梁《とうりょう》の第一の務めは施主《せしゅ》の意向《いこう》を伺うということであり、そうした大工の棟梁の姿勢があってこそ（いちにだいくのうかゞひに）施主も信頼して、大工に何かのことも任せるのであろう（なにかのこともまかせおく）。

世界たすけというお道の不思議な普請をするならば（ふしぎなふしんをするならバ）、施主である親神様の思召《おぼしめし》を尋ねて（うかゞひたてゝ）、親神様の指図《さしず》通りに皆に促すようにせよ（いひつけよ）。

みな世界からだんだんと寄り来た大工に（みなせかいからだん〳〵ときたるだいくに）、しっかりとお道の教えを伝え、大工としての役割を促していく（にほいかけ）。

寄り来た大工のなかに、良い棟梁になりそうな者がいるならば（よきとうりやうかあるならバ）、早くこの元のお屋敷へ引き寄せておけ（はやくこもとへよせておけ）。

いずれは、棟梁が四人必要となる（いづれとうりやうよにんいる）。棟梁になる適任者がいれば、早く親神様のご神意を伺ってみよ（はやくうかゞいたてゝみよ）。

しかし、棟梁が必要だとしても、無理に来いとは言わない（むりにこいとハいはんでな）。いずれ、いんねんを自覚し、人間思案を捨て、

七ッ　なにかめづらしこのふしん
しかけたことならきりハない
八ッ　やまのなかへとゆくならバ
あらきとうりやうつれてゆけ
九ッ　これハこざいくとうりやうや
たてまへとうりやうこれかんな
十ド　このたびいちれつに
だいくのにんもそろひきた

親にもたれる心になるようになる（いづれだん〳〵つきくるで）。

本当に珍しいたすけを頂戴《ちょうだい》する世界たすけの普請（なにかめづらしこのふしん）に、親神様が取りかかったなら（しかけたことなら）、世界の隅々《すみずみ》までもたすけゆくから際限がない（きりハない）。

この道がまだ伝わっていないところへ行くならば（やまのなかへとゆくならバ）、教えを知らない人（立ち木）のなかから、元なるぢばへ初参拝する人（荒木《あらき》）をご守護いただくのに真実を尽くせる布教師（荒木棟梁）を連れていけ（あらきとうりやうつれてゆけ）。

初めておぢばへ帰ってきた人（荒木）が出てくれれば、凝《こ》り固まった心をほぐし、荒れた心の皺《しわ》を伸ばし（皮を削《けず》り）、よふぼくへと心こまやかに丹精《たんせい》していける人（小細工《こざいく》棟梁）の出番である（これハこざいくとうりやうや）。そして、よふぼくが誕生してくれれば、世界たすけの普請を一手一つに進めるために、よふぼく一人ひとりを適材適所に配置して取りまとめていける人（建前《たてまえ》棟梁）が必要になってくる（たてまへとうりやう）。さらに、その道中でよふぼくが身上や事情のお手入れを頂いたときは、当人や家族が心を倒さず、より心が磨かれて成人していけるように丹精する人（鉋《かんな》棟梁）も必要になってくる（これかんな）。

このたび、一れつに（このたびいちれつに）、おたすけ人（大工）も揃《そろ》ってきた（だいくのにんもそろひきた）ので、いよいよ世界たすけの普請に取りかかる。以上のように拝察する。

あとがき

かつて天理教が一派独立の認可を得るために、教義を整備し、政府の納得《なっとく》できる形で教えを表明する必要に迫られたときに、宗教学者の中西牛郎《なかにしうしお》氏に協力を仰いで、「みかぐらうた」の解釈に取り組んだことがありました。

その際に、中西氏に解釈を依頼したことについて、おさしづを伺うと、

さあ〳〵尋ねる事情〳〵、それ天然《てんねん》と言うたるで〳〵。これ一つに悟ってくれ。何程発明悧巧《なにほどはつめいりこう》な智者や学者でも、行くものやない。（中略）この道何も紋型《もんかた》無い処《ところ》から、天より天降《あまくだ》りて始め掛けたる道。誰も分からんから、天より天降りて始めた道。誰が掛かりたかて、そら分からん。

（明治33・5・31）

と仰せくださっています。

その意味するところはおそらく、この道は天然自然に成り立つ道であるから、焦って事を進める必要はなく、政府の納得を得るためにといって、「みかぐらうた」を人間の理解しやすいように勝手に解釈し、教えを歪《ゆが》めてしまっては元も子もない、ということだと拝察します。

そう考えますと、今回の「十二下りのてをどり」の解釈も、教外に向けて表明するためのものでは

なく、自らの信仰を深めるために取り組んだこととはいえ、分かりやすさを求めるあまり、知らずしらずのうちに知恵や学問に頼りすぎてしまい、をやの思召《おぼしめし》からずれてしまったところはなかっただろうかと自問してしまいます。

そもそも天理教の教えは、「学問に無い、古い九億九万六千年間のこと、世界へ教えたい」（『稿本天理教教祖伝』第六章「ぢば定め」）との深い思召から、親神様が教祖をやしろに、直々《じきじき》にこの世の表へ現れてくださり、教えてくだされたものです。したがって、「みかぐらうた」も、人間の知恵や力では到底及びもつかない領域のことをいろいろと教えてくださっているわけですから、ある意味で、すぐに分からなくても当然であり、をやから聞かせていただいたことを素直に信じることが大切なのでしょう。ただし、親神様は「みかぐらうた」の解釈をすること自体を、お止めになってはおられないように拝察します。たとえば、先ほどの中西氏への解釈の依頼について、「中西はそのまゝ仕事をさせて宜《よろ》しきや」と伺うと、

それ〳〵出て来る。連れ戻ったる。（中略）皆肥《こえ》や。どんな者もこんな者も、年限の内に立ち寄る。金銭出したとて雇《やと》われん。（中略）そこでぼつ〳〵掛かるがよい。この道具に使う。急《せ》いた処が行くものやない。ぼつ〳〵掛かるがよい。（明治33・5・31）

と仰せくださり、学者もまた親神様がおぢばに連れて帰った者であり、すべて道の肥となるのであるから、神様の道具だと思ってぼちぼち取りかかればよいと、その仕事をお許しくだされています。

＊

「みかぐらうた」に関する解説書や解釈書は、これまでにも数多くあります。どれもが先人先生方の真実の結晶であり、説明や解釈から多くのことを学ばせていただき、行間から伝わる篤《あつ》い信仰心に大いに鼓舞《こぶ》されました。

そのなかにあって、いまさら、信仰も浅く経験も少ない未熟な者が、大切なおつとめの地歌《じうた》である「みかぐらうた」について書かせてもらい、出版させてもらうのは甚《はなは》だ恐縮《きょうしゅく》ですが、これもお与えいただいた御用の一つだと思って精いっぱいつとめさせていただいた次第《しだい》です。天理教一れつ会でお育ていただき、両親の支えのおかげで、人より長く勉学の時間を与えていただいたことへの、些《いささ》かなりともご恩返しになればと願っています。

＊

『みちのとも』の連載時からお世話になった西浦忠一先生をはじめ、出版のうえに、いろいろとご尽力くだされた道友社各位には厚くお礼を申し上げます。すべてのイラストは森本誠氏の手によるもので、どれも素晴らしく、大変感謝しています。また、締め切りに追われて右往左往する私を、いつも心優しく支えてくれたばかりか、最初の読者として貴重なコメントをくれた妻にも感謝する次第です。

最後に、「十二下りのてをどり」を教えてくだされた教祖に、本当に心からお礼を申し上げます。

立教百八十四年　教祖誕生祭を前に

筆者しるす

深谷太清（ふかや・もときよ）

昭和48年（1973年）、奈良県生まれ。京都大学大学院文学研究科博士課程単位取得満期退学。ドイツ・ミュンヘン大学で Ph.D.（哲学博士号）を取得。平成17年（2005年）、青年会やまとよふき分会委員長。同18年、天理大学非常勤講師。同19年、天理教校本科実践課程講師、青年会本部委員。同20年、やまとよふき分教会長。同22年、天理やまと文化会議委員。同25年、学生担当委員会委員。同27年、天理よろづ相談所病院治験審査委員会委員。同28年、天理文化委員会委員、天理教校本科研究課程講師。
著書に『信心事始』（学生担当委員会）などがある。

十二《じゅうに》下《くだ》りのてをどりを身近《みぢか》に

立教184年（2021年）５月１日　初版第１刷発行
立教185年（2022年）３月26日　初版第２刷発行

著　者　深　谷　太　清

発行所　天理教道友社
〒632-8686　奈良県天理市三島町１番地１
電話　0743（62）5388
振替　00900-7-10367

印刷所　株式会社天理時報社
〒632-0083　奈良県天理市稲葉町80

ISBN978-4-8073-0641-1
定価はカバーに表示